narcissism
나르시시즘의 심리학

WHY IS IT ALWAYS ABOUT YOU:
Saving Yourself From The Narcissists in Your Life
by Sandy Hotchkiss
copyright © 2002 by Sandy Hotchkiss
All rights reserved.

Korean Language Translation copyright © 2004 by Gyoyangin
This Korean edition was published by arrangement with the original publisher,
The Free Press, A Divsion of Simon & Schuster, Inc.
through KCC, Seoul.

이 책의 한국어판 저작권은 (주)한국저작권센터를 통한
저작권자와의 독점 계약으로 교양인에 있습니다.
저작권법에 의해 한국 내에서 보호를 받는 저작물이므로
무단전재와 복제를 금합니다.

나르시시즘의 심리학

사랑이라는 이름의 감옥에서 벗어나기

샌디 호치키스 | 이세진 옮김

■ 머리말

타인의 영혼을 착취하는 그들은 어디에나 있다

오후 4시 45분. 당신은 평소처럼 직장에서 일하고 있다. 전화기는 쉴새없이 울려대고, 점심은 직원 휴게실에서 풍겨오는 피자 냄새로 때웠다. 모두들 당신을 못 잡아먹어 안달이 난 듯하다. 하지만 이런 방해 공작에도 불구하고 마침내 당신은 지난주 내내 골머리를 썩였던 보고서 작성을 마쳤다. 긴장이 차츰 풀어지는 것을 느끼며 전화기에 녹음된 메시지들을 살핀 당신은, 내일은 무슨 일부터 달려들어 해치울지 순서를 정한다. 이제 당신은 맛있는 식사를 하고, 욕조에 따뜻한 물을 받아 목욕을 하고, 일찍 잠자리에 들 생각에 설렌다.

갑자기 누군가가 불쑥 다가와 달콤한 몽상을 깨뜨린다. "'부장님'이 우리보고 이거 다시 맞춰보라는데……." 동료가 서류더미를 책상에 올려놓으며 말한다. "미안하지만, 오늘은 남아서 도와드릴 수 없겠어요. 주디와 저는 오늘 영화 티켓을 예매했거든요." 당신은 속으로 생각한다. '이젠 안 돼. 왜 꼭 퇴근 직전에 이런 일이 생긴담? 게다가 왜 항상 내가 늦게까지 남아야 하지? 왜 나만 들들 볶는 거냐고?'

그로부터 한 시간이 지났다. 당신은 차에 올라 시동을 걸고 집으로 향한다. 건널목 신호등 색깔이 바뀌었는데도 십대 아이들 셋이서 차가 오든 말든 상관하지도 않고 자기들끼리 시시덕거리며 느릿느릿 건너간다. 아, 저보다 더 천천히 걸을 수도 있을까? 정신 좀 차리고 빨리 지나가라고 당신은 경적을 가볍게 한번 눌러준다. 하지만 그 애들은 들은 척 만 척인 데다 그중 한 녀석은 지나가면서 상소리까지 해댄다. 아니, 언제부터 애들이 저렇게 버릇이 없어졌담?

마침내 집으로 돌아온 당신, 문을 열고 들어서니 남편은 한 손에 맥주 캔을 들고 저녁 뉴스를 보며 편안하게 쉬고 있다. 벌써 탁자에는 빈 맥주 캔이 두 개나 뒹굴고 있다. 남편이 큰 목소리로 말한다. "오늘도 늦었네. 저녁은 뭐야?" 당신은 냉장고에 먹을 것이 있다는 데 적잖이 안도하며 목청을 돋워 대답한다. "집에 있는 걸로 간단하게 먹죠." 남편은 못마땅하다는 듯 말한다. "아까부터 잘 구운 닭고기 생각이 간절했다구. 당신도 가끔은 남편을 위해 근사한 저녁을 차릴 수도 있잖아." 당신은 속으로 중얼거린다.

'그러는 당신은 손이 없냐, 발이 없냐? 일찍 왔으면 한 번쯤 식사 준비를 해도 되는 거 아냐!'

식사를 마치고 설거지를 하는데 전화 벨이 울린다. 엄마다. 수화기를 들기가 무섭게 엄마가 나무란다. "넌 왜 사흘째 전화도 안 하냐?" "아, 엄마, 어떻게 지내세요?" "엉망이야. 늘 똑같지 뭐. 집에 우유도 떨어졌고 은행에도 가야 하는데, 그 넌덜머리나는 파출부는 아예 발길을 끊어버렸지 뭐냐. 자기 일 말고 부모 일에도 신경 쓰는 딸내미가 있다면 이런 일 때문에 돈 주고 사람을 쓰지 않아도 되련만." 당신은 또 속으로 생각한다. '그건 내가 하고 싶은 말이에요, 엄마. 나야말로 내가 하루를 어떻게 보내는지 알고 이해해줄 엄마가 있다면 정말 좋겠다구요!'

밤 10시. 널찍하고 푹신푹신한 침대가 손짓한다. 당신은 오래된 플란넬 침대보 속으로 파고들어 마침내 그 안락함에 파묻힌다. 하지만 오늘 하루는 아직 끝나지 않았다. "여보." 남편이 몸을 기대오며 당신 목덜미에 코를 비빈다. "왜 지난 생일에 사준 잠옷은 안 입어?" 아, 눈치도 없는 사람! 누울 자리를 보고 다리를 뻗어야지, 지금 그런 기분이 날 것 같아?

이따금 세상이 자기밖에 모르는 사람들로 가득찬 것처럼 보인다. 어떻게 하면 남들을 내 뜻대로 이용할 수 있을까만 생각하는 사람들. 그들의 욕구는 다른 사람들의 욕구보다 훨씬 중요하다.

그들은 매사를 편하게 해결할 생각만 한다. 그들은 다른 사람들이 눈에 들어오지 않는 것 같다. 아니면, 어째서 자기들이 항상 일등일 수 없는지 이해를 못한다고나 할까. 그들은 철부지처럼 바라고 또 바란다. 그러다가 기대가 좌절되면 엄청난 분노를 느끼거나 심한 좌절감에 빠진다. 때때로 우리는 괜히 풍파를 일으켜서 피곤해질까 봐 그들에게 일부러 져준다.

우리는 누구나 이런 사람들을 한둘 이상은 알고 있다. 그들은 부모일 수도 있고, 형제자매나 자녀일 수도 있다. 배우자, 연인, 친구, 동료, 상사 가운데 한 사람일 수도 있다. 아니면 우리가 속해 있는 모임이나 조직에 이런 사람이 있을지도 모른다. 이런 사람들은 어디든지 있다. 그리고 이런 사람들과 엮이면 엮일수록 사는 게 고단하고 비참하게 느껴진다.

우리가 느끼는 이 불행은 그들의 인격적 결함의 부산물이다. 안타깝게도 이 결함은 일반적 문화 현상이 되고 말았다. 우리는 무언가 잘못됐다는 것을 느끼지만 문제점을 정확하게 꼬집어 지적할 수는 없다. 이런 문제는 일상적인 인간 관계에서 겪게 되는데, 그럴 때마다 별로 친절하지도 않고 정중하지도 않으며 관대하지도 않은 어떤 상대와 맞부딪친다는 느낌을 받는다. 직장에서 이런 느낌을 받으면 원한이나 불안에 빠져들고 지치게 되며 업무 스트레스까지 가중된다. 그러나 뭐니뭐니해도 우리가 가장 크게 상처를 받는 경우는 바로 우리 인생을 의미 있고 풍요롭게 만드는 친구와 연인, 가족과 맺는 내밀한 관계에서일 것이다.

이 마음의 질병은 본질적으로 우리를 다른 사람들로부터 고립시키고 현실을 제대로 보지 못하게 가로막는다. 나아가 우리가 소망할 수 있는 어떤 형태의 목표로도 나아갈 수 없게 가로막는 장벽이 된다. 그 질병의 이름은 바로 '나르시시즘'이다. 21세기 현대사회에서 역병처럼 번지고 있는 수많은 사회적 병폐들 배후에는 바로 나르시시즘이 도사리고 있다.

나르시시즘이 완전히 새로운 현상은 아니다. 허영심으로 가득 차 있고 탐욕스러우며 다른 사람을 교묘하게 이용하는 인격을 지닌 사람들은 항상 존재했다. 그들은 자기 자신의 모습을 부풀려서 인식하며 다른 사람들은 안중에도 없다. 오늘날 사회의 골칫거리는 이러한 인격적 결함이 폭넓게 받아들여지는 경향이 퍼져나간다는 데 있다. 우리 시대는 나르시시즘을 너그럽게 보아넘기는 정도를 넘어, 영예롭게 여기기까지 한다. 우리가 우러러보는 리더나 저명인사들 중에도 나르시시스트 기질을 과시하는 이들이 적지않다. 사람들은 그들의 도를 넘은 나르시시즘을 곧바로 흉내낸다. 그들의 터무니없는 행동이 매력적이고 흥미롭게 보이기 때문에 나도 한번 저렇게 해볼까 하는 생각을 품게 된다. 정신을 똑바로 차리지 않으면 건전한 행동방식과 그렇지 않은 행동방식을 구분하기 어렵게 되고, '남들도 다 그러는데, 뭐'라는 생각에서 자꾸만 내리막길로 치닫게 되는 것이다.

오늘날 우리는 '자기' 또는 '자아'라는 개념과 애증 관계를 맺고 있는 것 같다. 때때로 자아 개념은 이기심, 자기 중심주의, 자기 과대평가처럼 바람직하지 못한 속성들과 결부된다. 다른 한편 '자기-없음'(사심이 없음)이라는 것도 의혹을 불러일으킨다. 다른 사람들을 돌보는 데 지나치게 전념한다면, 우리는 그들을 의존적이라느니, 자기 앞가림을 먼저 해야 하느니 이야기한다. 순교는 철 지난 유행에 지나지 않는다. 그러나 '자아'라는 단어에 '인식'이니 '존중'이니 하는 말들이 덧붙으면 완전히 긍정적인 의미가 된다.

자아는 좋은가, 나쁜가? 자기에 전혀 투자하지 않고서 인간이 제 역할을 한다는 것은—생존하는 것은 별개로 치고—불가능하다. 우리 자신에게 주의를 쏟지 않으면 우리는 계발되지도 자각되지도 못할 것이다. 우리의 재능은 잠에서 깨어나지 못할 것이며, 우리의 가치 또한 형성될 수 없다. 자아 없는 세상에는 독창성도, 색깔도, 대비도 없다. 그런 세상에는 다양성도 존재할 수 없거니와 선택할 필요도 사라질 것이다. '너'에게 홀딱 반할 '나'가 존재하지 않는다면 사랑에 무슨 의미가 있으랴.

자신의 진정한 자아에 대한 에너지 투자인 건강한 나르시시즘은 이미 유아기와 유년기 초반에 그 뿌리를 내린다. 그리고 정서적으로 풍요롭고 생산적이며 만족스러운 성인기에 그 꽃을 활짝 피운다. 자신에 대해, 자기의 불완전함에 대해 웃어 넘길 수 있다면 그것은 건강한 나르시시즘이다. 그런 나르시시즘은 긍정적 성격 특성이며, 여러 사람과 더불어 살아가는 데 꼭 필요하다. 건강한 나르시시즘은 감정을 온전하게 느끼고 타인의 삶을 정서적으로 공유할 수 있는 자질이며, 진실과 환상을 분리하되 여전히 꿈을 간직할 수 있는 지혜이며, 스스로를 갉아먹는 자기 의심 없이 올곧게 성취를 추구하고 즐길 수 있는 능력이다. 건강한 나르시시즘은 진정한 자존감에 달려 있다. 그런데 우리가 보통 나르시시스트라고 부르는 사람들에게는 이 진정한 자존감이 완전히 결여되어 있다.

우리가 건강하지 못하다고 보는 나르시시스트들은, 나이에 상관없이 정서적으로나 도덕적으로 충분히 발달하지 못한 사람들이다. 자기를 현실적으로 파악하지 못하는 사람들은 자신의 내면화된 가치 체계에 따라―순전히 자기 관심사만을 따른다는 점은 별개로 치더라도―행동한다. 그는 자신의 장점을 정확하게 보지 못하며, 현실적 성취와는 아무 상관 없이 자신을 대단한 사람이라고 평가하고 자기 자신에게 과도한 중요성을 부여한다. 피할 수 없는 자기 단점에 직면했을 때 겸손한 자세를 보이기는커녕, 주체할 수 없는 커다란 수치심만을 느끼며 대개 그 수치심을 교묘하게 잘 위장한다. 또한 자기 자신과 분리돼 존재하는 다른 사람들과 그들의 감정을 존중하지 못하며, 그런 문제는 아예 인식조차 못할 수도 있다. 나르시시스트들은 위협적이고 매혹적이며 실제보다 훨씬 더 멋있게 보인다. 그러나 그들의 과장된 말과 매력이 한 꺼풀 벗겨진 자리에는 유아 수준의 도덕성을 지닌 감정의 불구자가 있을 뿐이다.

나르시시스트들의 특징적인 생각과 행동 방식들은 1부 '나르시시즘의 일곱 가지 죄악'에서 기술했다. 그중에서 '제멋대로 자격 부여하기'나 그에 수반되는 분노, 그리고 오만과 마법적 사고(과대망상과 자신이 전능하다는 착각)는 이미 우리에게 친숙한 나르시시즘의 얼굴들이다. 그러나 자신과 타인 사이의 경계를 잘 느끼지 못하고 정서적으로 얄팍함을 면치 못하는 태도가 실은 마음 깊이 감추어져 있는 수치심이나 시기심, 나아가 그런 감정과 짝을 이루는 모욕감에서 비롯되었다는 사실을 알게 되면 적잖이 놀랄 것이다. 또한 타인의 감정에 공감하는 능력이 없는 데 따르는 공허를 채우기 위해 업적 쌓기에 몰두하는 것도 과도한 자의식이나 단순한 이기심의 문제라기보다는 건강하지 못한 나르시시즘의 징표에 더 가깝다.

이런 행동과 태도는 타인의 행복을 희생시키면서까지 미숙한 자기 자아를 보호하려는 것이다. 이는 그들이 관계를 맺고 있는 모든 이들의 본래 모습을 침해하고 좌절시키기 때문에 치명적이며, 그 죄를 범한 자까지도 철저히 파괴할 만큼 큰 범죄이다. 나르시시즘의 일곱 가지 죄악은 단순히 타인에게 상처를 줄 뿐 아니라 나르시시스트들이 진정한 자아를 발달시킬 가능성마저 차단한다.

일상에서 부딪치는 나르시시스트들로부터 우리 자신을 지키는 법을 이해하려면 우선 우리의 상대가 누구인지, 어째서 그들이 지금과 같은 상태에 이르게 되었는지를 파악하는 것이 도움이 될 것이다. 2부에서는 나르시시즘이 우리 모두가 좀 더 완전한 인간이 되기 위해 유년기 초반에 거치는 정상적 단계라는 사실을 알아본다. 이 과정을 잘 통과하려면 정신적으로 건강한 부모의 도움이 필요하다. 그러한 부모들은 자기 자신의 건강하지 못한 나르시시즘을 합리적으로 진단하고, 자녀들에게 남을 배려하고 존중하는 태도를 가르치며 아이들이 독립적인 존재로 성장하도록 돕는다.

부모들 자신이 나르시시스트라면 그들은 종종 자녀들을 자기에게 봉사하는 방향으로 이용할 것이고, 결국 자녀들이 정상적인 유년기 나르시시즘을 건강하게 해결하도록 인도하는 데 실패할 것이다. 그리고 그 결과는 또 다른 나르시시스트 세대와 그러한 성격 유형에 자석처럼 이끌리는 사람들에게로 이어질 뿐이다.

3부에서는 나르시시스트들이 끼칠 수 있는 해악에 맞서 우리의 자아를 보호하기 위한 네 가지 생존 전략들을 살펴볼 것이다. 그 첫 번째 단계는 우리의 과거를 되짚어 찾을 수 있는 모든 취약점들을 확인하는 것이다. 어린 시절에 나르시시스트 부모 밑에서 자란 사람은 지금 이 순간에 관계를 맺고 있는 나르시시스트들에게도 그만큼 쉽게 말려 들어간다. 나르시시스트가 나르시시스트를 낳기도 하지만, 나르시시스트 부모는 또한 자식을 나르시시즘의 거울 이미지(mirror image)로 길러내기도 한다. 요컨대 그 자식들은 뻔뻔하지는 않으나 수치심에 유난히 민감하고, 인정받고자 하는 강한 욕구를 감추며, 타인을 이용하기보다는 타인에게 이용당하기 쉽다. 그들은 바로 자기와 타인의 경계에 대해 혼란을 느끼는 것이다. 이 혼란은 그들이 자기를 주장하는 데서 겪는 어려움과 맞물려 그들을 나르시시스트들에게 딱 맞는 먹잇감으로 만든다. 나르시시스트들은 그들의 부모가 그랬듯이 그들을 계속 착취할 것이다.

만약 당신이 유난히 나르시시스트들과 자주 엮이곤 한다면 당신이 왜 그들에게 끌리는가를 규명해보아야 한다. 환상을 넘어 현실을 직시하고, 분명히 선을 그어 내 일과 남의 일의 경계를 확실히 구분할 수 있는 용기를 끌어내야 한다. 또한 일방적이지 않고 서로 주고받는 인간 관계를 맺고 유지하기 위해 힘을 기울여야 한다. 이것이 타인의 건강하지 못한 나르시시즘에서 우리를 지킬 수 있는 최선의 길이다. 이 책을 읽고 나면 이 원칙들을 일상 생활에서 어떻게 적용할 것인가를 알게 될 것이다.

나르시시스트들은 자기를 '특별한 사람'이라고 생각한다. 그래서 이 책의 4부는 나르시시즘이 특별히 문제가 될 수 있는 특정 상황들을 깊이 있게 파헤치는 데 할애했다. 예를 들어, 청소년기나 또는 애정 관계에서는 무엇이 정상이고 무엇이 비정상인지 그 경계선이 아주 미묘하다. 나르시시스트들은 수치심에 특별히 민감하기 때문에 중독적이고 강박적인 행동에 빠지기 쉽다. 직장 상사나 나이 많은 부모의 나르시시즘에 대처하려면, 마땅히 해야 할 일에 대해서는 평정심, 존중, 연민을 품고 계속 해나가되 감정적으로는 초연할 수 있는 능력이 필요하다. 이 책에서 제시한 몇 가지 방법들이 여러분이 인간 관계에서 더 나은 결정을 내리고 평온한 마음으로 살아가는 데 도움이 되기를 바랄 뿐이다.

마지막으로, 에필로그에서는 우리의 미래와 우리를 둘러싼 건강하지 못한 나르시시즘을 통제하기 위해 어떤 일들을 해야 할지를 살펴본다. 우리 문화는 우리가 직면한 문제들 앞에서 우리를 감각 없는 존재로 만드는 나르시시즘의 영향 아래 있다. 그러한 영향을 저지하려면 자기 힘듦을 초월할 수 있을 만큼 굳건하고 현실적인 자아가 필요하다. 진정한 자부심이 어디에서 나오는가를 알고 건강한 아이들을 길러내겠다고 다짐할 때에―이것이 우리의 첫째가는 선결 과제가 될 때에―우리는 전환점을 돌아 더 나은 세상으로 나아갈 것이다.

이 책은 실제 집필에 들어가기 5년 전부터 내 머리 속에 있었다. 그 동안 많은 사람들이 그 생각이 결실을 맺는 데 도움을 주었다.

먼저 내가 그 동안 만난 환자들에게 감사하고 싶다. 그들을 만나면서 나르시시스트들이 어째서 그런 식으로 행동하는가를 다룬 책이 이 세상에 꼭 있어야 한다는 확신을 갖게 되었다. 그들은 나르시시즘에 빠진 부모, 애인, 배우자, 직장 상사, 친구들이 쳐놓은 그물에서 벗어나려고 처절하게 몸부림치고 있다. 그들의 투쟁을 보면서 정신분석 이론이 살아 숨쉬는 모습으로 다가오는 것을 느꼈고, 그 모습들을 통해 또한 어떻게 해야 유년기 이후에 완전하고 독립된 '자아'를 발달시킬 수 있을지 알게 되었다. 그중에서도 이 책에 자신의 사례를 공개하도록 허락해준 이들에게 특별한 감사를 보낸다.

멋진 남편 도널드 힐드레스(Donald Hildreth)에게도 감사한다. 그는 나를 누런 괘선용지와 볼펜, 타이프라이터와 수정액에 둘러싸인 암흑시대에서 빼내어 워드프로세서의 시대로 인도해주었다. 나는 이 책의 처음 몇 장을 남편의 작업실에서 썼다. 우리 집에서 가장 '풍수'가 괜찮다는 그 방에서, 남편은 이젤 앞에 앉고 나는 그의 컴퓨터 앞에 앉아 서로 등진 채 열심히 일을 했다. 결국 그는 내게 노트북 컴퓨터를 사주었고, 그때부터 새로운 세계가 활짝 열렸다. 나를 빛으로 인도해주고, 항상 내 인생의 빛이 되어준 남편에게 감사한다.

그리고 이 책은 의학박사 제임스 F. 매스터슨(James F. Masterson)의 의미심장한 연구가 없었더라면 출판은 고사하고 구상조차 할 수 없었을 것이다. 나는 1987년에 자아의 장애를 다루는 매스터슨식 접근법을 처음 만났다. 그가 제시한 명쾌하고 견고

하며 전적으로 타당한 접근 모델은 내가 지금까지 해온 임상 작업의 확고한 토대가 되었다. 그리고 2000년 초, 그는 이 책의 초고들을 검토해주었다. 나로서는 평생 영예롭게 생각할 만한 일이 아닐 수 없다.

이 책을 쓰면서 멋진 사람들과 친밀한 관계를 맺게 되었다. 그들은 저마다 일이 진행되어감에 따라 톡톡히 제 몫을 해주었다. 그중에서도 절친한 친구이자 동료인 심리학 박사 수전 레이크(Suzanne Lake)의 이름을 맨 먼저 거론해야겠다. 그는 초고가 한 꼭지씩 나올 때마다 꼼꼼하게 읽고, 내가 끊임없이 근심하고 고민할 때마다 지치지 않고 나를 격려해주었다. 에이전트인 피터 플레밍(Peter Fleming) 씨에게도 감사한다. 나는 그를 출판업계에서 내 생각에 처음 열의를 보여준 분으로 항상 각별하게 생각할 것이다. 초고를 읽고 좋은 의견을 내준 하버드 프레스(Harvard Press)의 엘리자베스 놀스(Elizabeth Knowles), 길포드(Guilford)의 키티 무어(Kitty Moore)에게도 감사드린다. 임상사회복지사 에밀리 브라운(Emily Brown)은 내게 좋은 모델이자 조언자가 되어주었다. 하늘이 내리신 조력자 아일린 버그(Aileen Berg)는 최종적으로 출판이 가능하도록 연결해준 사람이다.

초기의 원고를 읽고 감상을 말해준 캐시 코스(Kathy Coss), 콜린 가너(Colleen Garner), 캐럴 슈워츠(Caral Schwartz), 휘트니 와그너(Whitney Wagner)에게도 감사한다.

프리 프레스(Free Press) 출판사와는 처음부터 손발이 잘 맞았다. 트리시 토드(Trish Todd)는 친구인 아일린 버그의 이야기를 듣고 내 기획서를 필립 래퍼포트(Philip Rappaport)에게 전달해주었다. 필립 래퍼포트는 편집자로서 정말 훌륭한 사람이다. 나르시시즘을 파고들다 보면 화가 날 때가 있다. 필립은 친절하고 낙관적인 태도로 내가 원고를 고쳐 쓰는 동안 균형 감각을 유지할 수 있게끔 도와주었다. 아울러, 초고를 디스크에 정리해준 편집자 엘리자베스 헤이메이커(Elizabeth Haymaker)에게도 감사한다.

차례

머리말

1부 | 나르시시즘의 일곱 가지 죄악

1. 환상 속의 그대 · 25
   - 현실을 왜곡하는 마법적 사고

2. 세상에서 가장 우월한 나 · 31
   - 터지기 쉬운 자아의 보호벽, 오만

3. 그 사람, 사실 별것도 아니야 · 38
   - 경멸 뒤에 감춘 시기심

4. 부끄러움을 모르는 철면피 · 45
   - 가면 뒤의 수치심

5. 어떻게 감히 네까짓 게… · 52
   - 제멋대로 자격 부여하기

6. 영원히 나를 사랑해줘 · 59
   - 타인에 대한 끝없는 착취

7. 내 것은 내 것, 네 것도 내 것 · 66
   - 경계를 침범하는 이기심

2부 | 나르시시즘의 탄생

'나'와 '너'를 분리하기 · 77
— 유년기의 나르시시즘과 '나'의 탄생

'내 아이는 나처럼 완벽해야 돼' · 96
— 나르시시즘에 빠진 문제 부모

3부 | 나르시시스트들의 세상에서 살아남기

첫 번째 전략 · 119
— 나의 감정을 들여다보자

두 번째 전략 · 131
— 현실을 받아들이자

세 번째 전략 · 139
— 경계를 정하고 끝까지 지켜내자

네 번째 전략 · 150
— 주고받는 관계를 만들어 가자

4부 | 나르시시스트 연인, 상사, 자녀, 부모

나르시시스트와 사랑에 빠졌을 때 · 159
- 지금 여기에서 사랑하라

나르시시스트가 지배하는 직장 · 193
- 그들보다 빛을 발하지 마라

청소년기의 나르시시즘 · 225
- 아이의 감정을 이해하고 존중하라

나르시시스트들도 나이를 먹는다 · 255
- 싸우지 않는 단호함으로 대하라

에필로그 | 바람직한 부모가 되는 법 · 279

주석 · 298
옮긴이 후기 · 304

1부_나르시시즘의 일곱 가지 죄악

1. 환상 속의 그대
_현실을 왜곡하는 마법적 사고

무슨 수를 쓰든 창피만은 당하고 싶지 않다는 욕구는 나르시시스트를 끊임없는 딜레마에 빠지게 한다. 인생에는 쉽게 처리할 수 없는 창피스러운 경험들을 주기적으로 덜어내는 방식이 있다. 세상에는 항상 더 잘나고, 더 똑똑하고, 더 예쁘고, 더 성공한, 내가 생각해낼 수 있는 것 이상으로 대단한 그 누군가가 있게 마련이다. 그러나 나르시시스트들은 완벽한 사람은 없다는 사실에서 거의 위안을 얻지 못한다. 왜냐하면 자신들이야말로 이 자연법칙에서 벗어난 특별한 존재라고 생각하는 까닭이다. 그들의 결정적 목표는 잔뜩 부풀린 자기 내면에 요지부동으로 처박힐 방법을 찾아냄으로써 가혹한 현실을 완전히 제압하려는 데 있다. 이들이 즐겨 사용하는 전형적인 방법에는 심리학자들이 '마법적 사고(magical thinking)'라고 부르는 엄청난 왜곡과 환상이 있다.

셀레스트란 한 여성의 예를 들어보겠다. 해마다 12월이면 그녀는 휴일을 하루 잡아서 손님들을 집으로 초대하여 연말 파티를 연다. 그녀는 이 행사를 계획할 때마다 몇 달씩 고심한다. 그녀는 한참 전부터 어떤 음식과 음료를 대접할지, 넓고 멋진 집을 어떻게 꾸밀지, 누구누구를 손님 명단에 올릴지, 특히 그날 어떻게 차려입을 것인지를 생각하느라 강박증에 걸릴 지경이 된다. 무엇보다도 그날의 디바(Diva, 오페라의 여자 주인공)로서 손색 없는 드레스를 찾는 일은 대단히 중요하다. 파티가 무르익을 무렵 셀레스트가 아들의 피아노 반주에 맞추어 〈오, 거룩한 밤〉을 부르는 것이 고정 레퍼토리이기 때문이다.

셀레스트는 자기가 지금 남편이 된 젊은 변호사의 열렬한 애정 공세에 넘어가지만 않았어도 평생 전 세계의 웅장한 오페라 하우스들을 누비며 커튼콜 세례를 받았을 사람이라는 환상 속에 산다. 그녀가 곧잘 하는 말대로라면, 비록 남편이 자신에게서 기회를 빼앗아버렸지만 '하늘이 내린 재능'만큼은 녹슬지 않았고 그녀는 교양 있는 청중들에게 그 재능을 음미할 기회를 주어야 한다. 이 교양 있는 청중들이란 해마다 그녀의 노래를 청하는 '가까운 벗들과 숭배자들'이다.

하지만 실상은 정반대여서 해마다 손님들은 이 고문을 견디느라 바에 앉아 사지를 뒤틀고 있다. 그러나 셀레스트는 손님들이

거북하고 불편해한다는 것을 전혀 알아차리지 못하며, 이 '가까운 벗들과 숭배자들' 중 어떤 사람은 그녀를 '그냥 알고 지내는 별난 여자' 이상으로 생각하지 않는다는 것도 눈치채지 못한다. 파티가 벌어지는 밤, 그 밤을 준비하는 모든 시간들, 그리고 셀레스트의 환상에 현실이 끼어들 여지는 전혀 없는 것이다.

셀레스트는 내면의 공허로부터 자신을 보호하기 위해 환상에 빠져들게 되었다. 그녀는 자기 세계를 아주 로맨틱한 방식으로만 보고, 자신과 자신이 사랑하는 이들에게 이상화한 역할을 부여한다. 그녀 마음 속에서 자기 재능은 비범하고, 남편과 아들은 거의 동화 속 영웅 수준이며, '친구들'은 특별히 고귀하고, 자신의 삶은 결코 끝나지 않을 아름다운 동화인 것이다. 그녀는 자신이 창조해 낸 이야기 속에 푹 빠져 있는 덕분에 자신이 **특별**하다고 느끼고, 잘 살아온 인생이라고 생각하며 이 환상을 파괴할 위험이 있는 것은 무엇이든 간단히 무시하거나 생각에서 지워버린다. 가족이나 가까운 지인들은 이와 같은 현실 부정을 살얼음을 밟듯 조심스럽게 다루는 법을 터득한다. 그녀가 만들어놓은 이 거품 속에서는 무엇 하나만 살짝 틀어져도 자기 기만에 대한 수치심이 폭발하면서 그 밑바닥에 깔린 분노를 쏟아낼 위험이 있기 때문이다.

이상화에 의존하는 사람들이 모두 다 자기를 환상의 중심축으로 삼는 것은 아니다. 사실 어떤 이들은 무대 조명을 끔찍하게 싫어하며 오히려 다른 이를 비추는 빛의 '잔광(殘光)을 입는' 편을 선호한다. 이 '감춰진 나르시시스트'들은 바로 '자신이' 잔뜩 바람을 불어넣을 수 있는 타인을 통해 자신의 위대성과 전능함을 유지한다.[1] 따라서 이들은 아첨의 명수요, 누구보다 헌신적인 연인이나 친구이다. 단, 그 어떤 이유로 자신이 선택한 이가 특별하다는 환상을 더는 유지할 수 없게 되는 시점이 닥치기 전까지만 말이다. 그때가 닥치면 찬미는 덧없이 스러지고—때로는 일말의 예고도 없이—그들은 새로운 숭배의 대상에게로 떠나간다.

여러분도 이런 사람들과 엮였다가 어느 날 갑자기, 자정을 알리는 종이 친 후 호박과 쥐, 누더기 차림의 제 모습을 발견한 신데렐라처럼 초라한 기분을 맛보았던 적이 있을 것이다. 이때 곰곰이 되돌아보면 그 전에 일이 잘 풀릴 때, 그들이 여러분에게 대단한 사람이라도 된 듯한 기분을 맛보게 할 때 쓴 방식 또한 다소 비현실적이었음을 깨달을 것이다. 하지만 썩 재미있는 농담을 하는 것도 아니고 번득이는 아이디어를 내놓는 것도 아닌데 어느 곳에 들어설 때마다 누군가의 얼굴이 나를 보고 기쁨으로 빛난다면, 그 유혹에 누가 저항할 수 있으랴.

나르시시스트의 환상 세계에는 유혹적인 미끼가 있다. 그 미끼는 우리를 그 특별함으로 감싸주겠다고 약속한다. 나르시시스트들의 외적인 매력은 마법 같은 효과를 발휘할 수 있다. 여러분을 자기애의 그물(관계망)에 끌어들일 때의 그들은 이해하기 어렵고 화려하며 몹시 자극적이다. 어떤 경우든 시선을 독차지하는 대상이 될 때의 감각은 중독성이 강하다. 하지만 내게 숭배를 보내는 사람이 나르시시스트라면 그 멋진 기분은 돌연 예기치 않은 방향으로 치닫기 쉽다. 그의 연약한 자아를 부풀리는 데 당신이 더는 도움이 되지 못하는 바로 그 순간부터, 당신의 자아 역시 갑자기 내팽개쳐진 채 바람이 빠져버리기 때문이다. 이러한 상황은 아주 처참한 결과를 불러올 수 있다. 특히, 가족이나 상사와의 관계처럼 중요한 관계들에서 이러한 일이 반복적으로 일어난다면 그 결과는 매우 파괴적일 것이다.

이러한 사람들이 앞에 있으면 통제당하고 조종당한다는 느낌을 받거나 무력감과 분노를 느끼고 또 감정의 롤러코스터 위에 올라탔다는 느낌에 시달리게 된다. 나르시시스트들은 강력한 힘의 장(force field)을 생성하는데, 거기에 저항하기도 어렵거니와 일단 끌려들어가면 제어가 거의 불가능하다. 우리가 유아기에 해결하지 못했던 자기애적 취약점들, 그것이 무엇이든 나르시시스트들은 바로 그 부분을 공략한다.

마법적 사고 외에도 나르시시스트들이 현실을 왜곡하는, 좀 더 치명적인 방법들이 있다. 그중에서도 가장 중독성이 강한 방법은, 수치심을 일깨우는 것은 무엇이든지 타인에게로 떠넘기는 것이다. 심리학자들이 '투사(projection)'라고 부르는 이 방법을 나는 '수치심 떠넘기기(shame-dumping)'라고 부른다.

수치심 떠넘기기는 나르시시스트들의 가정에서 흔하게 볼 수 있는 현상이다. 예를 들어, 자신의 성적 욕망 때문에 갈등하는 어느 어머니가 십대 소녀인 딸을 창녀 같은 계집애라고 몰아세운다. 심지어 소녀는 어머니가 붙인 이 꼬리표를 그대로 받아들이고 실제로 난잡한 생활에 빠져들기도 한다. 어머니는 자신이 받아들일 수 없는 육체적 욕망을 딸이라는 하얀 스크린에 투사한 셈이다. 이로써 나르시시스트 어머니는 수치심을 효과적으로 모면할 수 있지만 딸은 치명적인 상처를 입는다. 이렇게 해로운 환경에서 성장한 아이들은 부모가 투사한 수치심이 그들 정체성의 일부가 되어버린 까닭에 평생 자존감을 갖지 못하고 괴로워하는 경우가 많다.

마법적 사고, 타인을 이용하는 이상화, 수치심 떠넘기기, 깎아내리기 등 나르시시스트들이 자기가 불완전하고 무의미한 존재라는 느낌을 회피하기 위해 동원하는 이런 전술들은 최선의 경우에도 진정한 친밀감이나 수용적 태도를 만들지 못한다. 이러한 성격의 소유자와 관계를 맺으면, 당신의 실제 모습 그대로 사랑받고 인정받는다는 것이 어떤 것인지 결코 알 수 없게 된다. 그리고 최악의 경우, 우리는 그 사람의 끝없는 왜곡에 혼란을 느끼며 우리 자신의 자존감마저 잃게 될 것이다.

2. 세상에서 가장 우월한 나
_터지기 쉬운 자아의 보호벽, 오만

많은 나르시시스트들이 세상에 내보이는 페르소나(persona, 외적 인격)는 종종 다른 이들에게 '우월감'으로 비친다. 그러나 그 오만한 가면 뒤에는 터지기 쉬운 자존감의 풍선이 숨어 있다. 그 자존감은 '잘했다' 혹은 '아주 잘했다'라는 기준으로 충족될 수 없으며, 반드시 '누구보다 낫다'라고 해야만 비로소 충족된다. 남보다 낫지 않다면 아무 소용이 없다. 가치는 언제나 상대적이며, 절대적 가치란 없다.

이들의 관점에서 보면 누군가가 상승하면 자동적으로 자신은 그만큼 떨어진 셈이 된다. 바꾸어 말하자면, 이들은 자기 입지가 위축된다고 느낄 때 누군가를 그만큼 축소하고 깎아내리고 떨어뜨려서 다시 우쭐한 기분을 되찾는다. 바로 이 때문에 나르시시스트들은 종종 대장 행세를 하고, 타인을 심판하려 들며, 완벽주의를 내세우고, 권력에 집착하게 된다. 이들은 오직 자신의 결함과 수치심으로부터 최대한 벗어나기 위해 이런 고압적 위치를 확보하려고 애쓰는 것뿐이다. 만약 그 자존감의 풍선이 인생사의 풍파를 못 견디고 터져버린다면 그들은 즉각 다른 사람들에게서 자기보다 못한 점들을 들추며 수리 작업에 들어갈 것이다. 때때로 이 작업은 아주 교묘하게 이루어진다.

프랜신은 거의 한 달 가까이 공황(panic) 상태에 시달리다가 나를 찾아왔다. 의식적 차원에서 그녀의 불안은 주로 최근에 남편이 겪고 있는 우울증, 특히 직장을 잃을지도 모른다는 남편의 두려움에 집중되어 있었다. 프랜신은 남편과 성생활이 아주 만족스럽고 그 때문에 문제 많은 10여 년간의 결혼 생활도 잘 유지될 수 있었다고 말했지만, 최근에 남편이 겪고 있는 정서적 위기 때문에 남편을 낮추어 보게 된 것만큼은 분명했다. 프랜신은 사실 이혼도 진지하게 고려해봤다고 털어놓았다. 남편과, 나아가 남편이 겪을지도 모르는 실패와 거리를 두는 것만이 평정을 되찾을 수 있는 유일한 방법처럼 생각되었던 것이다.

프랜신은 자신이 아주 훌륭한 교육을 받았고, 예술적 자질이 풍부하며, 살아오면서 겪었던 갖가지 개인적 불행들을 잘 극복해왔음을 내가 알아주기를 원했다. 그녀에게는 첫 번째 결혼 실패, 약물 중독, 파산, 우울증 등의 문제가 있었다. 그중에서 가장 심각한 것이 우울증이었는데, 우울증은 직장에서 존중받지 못하고 있으며 일을 제대로 통제하지 못한다는 데서 비롯된 것이었다. 그녀는 이 모든 사연들을 초연하게 털어놓았다. 이로써 그녀 자신은 사실 그 모든 문제들에 대해 아무 책임이 없다는 느낌을 주었다. 감정적 초연함은 나르시시즘에 빠진 사람들이 수치심을 회피하기 위해 이용하는 전형적인 방법이다. 그녀가 말하는 태도에서는 고통도 당혹감도 찾아볼 수 없었다. 오히려 자기 같은 사람에게 얼마나 안 좋은 일들이 무더기로 일어날 수 있는가를 특별히 강조하는 태도였다. 프랜신은 자기 자신을 온갖 불운을 딛고 일어선 고결한 희생양으로 여기고 있었다.

프랜신이 가입한 의료보험의 조건 때문에 '해결책 위주'의 단기 상담 방식으로 치료할 수밖에 없다는 문제가 있긴 했지만, 내가 어떤 구체적인 방법을 제시해서 프랜신이 행동 목표들을 정할 수 있도록 도와주려 할 때에 그녀가 보인 저항은 만만치 않았다. 내가 그녀의 곤란한 상태를 해석하려 시도하면 프랜신은 곧장 내가 부정확하게 해석한다고 반박했다. 나는 곧 가급적 말을 적게 하고 그녀가 지닌 정신적 힘을 단순히 반사하는 거울 역할에 머물러야 함을 깨달았다. 우리 관계에서 내가 우위를 차지하고 있는 한 그녀에게 아무런 도움을 줄 수 없었다. 프랜신은 자기보다 우위에 있는 대화 상대는 절대 받아들일 수 없었기 때문이다. 그래서 나는 이따금 내가 불필요한 존재요, 그녀의 정신적 회복에 도움이 될 수 없는 사람인 것 같다는 기분을 느끼곤 했다. 하지만 프랜신이 원했던 것은 바로 내가 그런 기분을 느끼는 것이었다. 상담자의 역할을 미묘하게 축소하는 것이 그녀에게는 치료의 일부였다.

나는 프랜신의 말에 설명을 요구하거나 그녀의 뜻과 어긋나는 해석을 시도하지 않고 나를 밟고 일어서 우월감을 느끼고자 하는 그녀의 욕구를 인정해주는 증인 역할에만 충실했다. 그러자 프랜신은 남편의 부족함에 쏠려 있던 주의력을 망가진 자기 이미지를 회복하는 방향으로 옮겨갔다. 그리고 그녀는 자기 몸의 복잡한 상태에 몰두하기 시작했다. 산더미같이 매트리스를 쌓아놓고도 그 밑에 깔려 있던 콩 한 알 때문에 잠을 못 이루었다는 동화 속 공주처럼 음식이나 복용하는 약물에 민감하게 반응하는 것이었다.

그녀는 자신을 성장시키기 시작했고 자신감을 찾았다. 얼마나 자신만만해졌는지 커리어를 새로운 방향으로 열어줄 수지맞는 일에 도전해서 성공을 거두기까지 했다. 그녀의 미묘한 깎아내리기 수법에 내가 자발적으로 넘어가준 덕분에 같은 수법으로 깎아내림을 당하던 남편도 자기 문제를 극복할 만한 시간을 벌 수 있었다. 특별한 전기가 없었는데도 이들의 결혼 생활은 위기를 넘겼고, 프랜신의 공황 상태도 가라앉았다. 그녀를 다시 꼭대기로 되돌려놓은 것은 자기가 꿈꾸던 일 자체가 아니라 일단의 경쟁자들을 제치고 뽑혔다는 사실이었다.

나르시시스트들에게 모든 종류의 경쟁은 우월함을 재확인하는 길이다. 그러나 이들은 오직 승산을 미리 점칠 수 있을 때에만 경쟁에 뛰어든다. 이들은 패배의 수치심으로 인한 타격이 크기 때문에 너무 많은 위험이나 노력을 무릅쓰지 않고도 빛을 발할 수 있는 무대를 고른다. 그러다가 그 경쟁에서 성공을 거두면 강박감에 사로잡혀 완벽함을 추구하는 데 더 강박적으로 매달리게 된다. 이 과정에서 이들은 타인의 찬사를 갈망한다. 나르시시스트들이 찬사를 갈망한다는 사실은, 이들이 자신의 우월함에 확신을 갖지 못하며 자꾸만 확인받고 싶어한다는 것을 보여준다.

재능이나 기량을 성공적으로 개발하지 못한 사람들은 자기가 우월하다는 감정을 유지하기 위해 시덥잖은 방책으로 '잘난 사람' 행세를 하기 쉽다. 이런 사람들은 유명인사의 친구를 사칭하거나, 그럴 듯한 자리를 얻으려고 애쓰고, 자기가 실제 성취한 것으로는 다른 사람보다 낫다는 것을 증명할 수 없지만 세상에 모르는 것이 아무것도 없다는 듯 떠들고 다닌다. '속이 뒤틀린 패배자들' 중에는 자기가 최고보다 못한 것으로 드러나는 상황을 견디지 못하는 나르시시스트들이 더러 있다. 그들은 평범하거나, 평균적인 존재로 보이는 것도 받아들이지 못한다. 우월할 수 없다면 아무것도 아닌 것이다.

나르시시스트들이 우월감을 계속 유지할 수 있는 경우는 아주 드물다. 그래서 이들은 각광받기를 원하고 타인의 인정, 찬사, 박수 갈채에 기대어 우쭐한 기분을 유지한다. 이들은 타인의 평가에 극도로 민감할 수 있으며, 종종 실제로 높은 평가를 받을 만한 역량을 발휘하지 못했으면서도 무조건적인 동의와 찬사를 받을 거라는 허황된 기대를 품기도 한다. 감식안을 갖춘 사람이 이런 사람을 상대한다면 다행이고, 그에 대해 어느 정도 통제력까지 발휘할 수 있다면 더욱 다행이다.

나르시시스트들에게 권력은 자기 우월성을 확인시켜줄 뿐 아니라 '자기애적 보급품(narcissistic supplies)'을 확보하기 위해 타인을 조종하는 수단이기도 한다. 나르시시스트들은 깨지기 쉬운 자아를 부풀린 채 지키기 위해 계속 그러한 보급품이 필요하다. 권력을 지니면 지닐수록 타인을 멋대로 깎아내려 자기 자신을 높일 수 있기 때문에 그들은 권력을 갈구한다. 개인의 나르시시즘에 봉사하는 권력 남용 사례들은 오늘날 직장에서 너무나 쉽게 찾아볼 수 있다. 이러한 권력 남용은 직장에서 도덕적 문제, 업무 수행상의 문제들을 야기하고 가정에서는 치명적인 역기능을 초래한다. 타인에게 해를 끼치는 이 악의 뿌리에는 실제적 혹은 상상적 열등함에 대한 과도한 수치심을 제거하고자 하는 욕구가 깃들어 있다.

오만하고 우월한 태도는 나르시시스트들의 불완전함이 들통나지 않도록 막아주는 보호벽 구실을 한다. 자신의 부족함에 대한 수치심을 참을 수 없기 때문에 그러한 감정을 차단하는 보호벽이 필요한 것이다. 이런 사람은 눈에 불을 켜고 자녀의 잘잘못을 들추며 수치심을 자극하는 부모가 되기 쉬운데, 어떤 일이 있어도 그런 부모만은 되지 말아야 한다. '오만'과 마주칠 때 우리가 보고 있는 것은 진짜 자부심이 아니요, 가치 없는 존재가 될까 봐 두려워하는 비이성적이고 뿌리 깊은 공포일 뿐이다. 오만한 나르시시스트들이 그 공포를 가라앉힐 수 있는 유일한 방법은 자기가 중요한 사람이라고, 그 '어떤 사람보다도' 대단한 사람이라고 느끼는 것뿐이다.

3. 그 사람, 사실 별것도 아니야
_경멸 뒤에 감춘 시기심

우월감을 확보하려는 나르시시스트의 욕구는 자기에게 없는 그 어떤 것을 지닌 사람이 등장하는 순간 벽에 부딪힌다. 타인이 '나'의 우월함을 위협하면 마음 속의 풍선이 펑 소리를 내며 터지고, 이 파열은 나르시시스트의 무의식 깊은 곳에 입력된다. "위험! 위험!" 마음 속의 경고음이 마구 울린다. "중화제가 필요해!" 날뛰는 수치심을 잠재우기 위해 나르시시스트가 선택하는 무기는 과연 무엇일까?

그 해답은 '경멸'이다. "그 사람이 어쩌구저쩌구라면서 대단한 줄 아는데 말이야, 그건 사실 별것도 아니야." 여기서 '어쩌구저쩌구'가 정말로 대단한지 아닌지, 이런 말에 공격적인 의도가 있는지 없는지는 신경쓰지 말라. 이것은 '수치심 떠넘기기'와 유사한 나르시시스트 고유의 왜곡이고, 현실과는 아무 관련도 없다. 그 다음에는 보통 타인의 결점을 세세하게 까발리는 말들이 쏟아져 나오는데, 아주 추잡한 수준까지 갈 수도 있다. 나르시시스트 자신도 대개 자각을 못하지만 그 의도는 타인을 더럽혀서 나르시시스트 자신이 비교우위를 되찾으려는 데 있다. 이것은 아마도 경멸의 감정으로 자각될 수도 있겠으나—물론, 이 경멸은 항상 정당화된다.—시기심만은 끝내 부정된다. 자기가 그를 시기하고 있다고 인정하면 자신의 열등함까지 인정하는 것이 되기 때문이다. 그것은 나르시시스트에게 절대 있을 수 없는 일이다.

경멸은 보통 언어를 통해 표출되지만 행동으로 나타날 수도 있다. 수치심에 대한 민감함이 지나쳐서 결혼 생활에 심각한 문제를 안고 있던 부부를 본 적이 있다. 두 사람 모두 변호사였고 사람을 쥐고 흔드는 데 익숙한 부류들이었다.

처음 상담실에서 만났을 때 남편은 조금 늦게 왔는데, 약하게 술 냄새가 났다. 서로 자기 소개를 하고 인사를 하는데 이 사람이 나에게 "당신네 덤불(bush, 중의적으로 '음모(陰毛)'를 가리킨다—옮긴이)에다 오줌을 쌌습니다('사정'을 연상시킨다—옮긴이)."라고 하는 게 아닌가! 나는 잠시 할 말을 잃었다. 그러나 곧 결혼 생활의 어려움을 생면부지의 타인에게 내보인다는 것이 이 사람에게는 얼마나 견디기 힘든 고통인가를 깨달았다. 그는 자신의 약점이 계속 감춰진 상태로 있기를 원했던 것이다. 우리가 만나기 직전까지도 그는 아마 이렇게 생각했을 것이다. "나를 심판하겠다고 앉아 있는 저 여자는 누구야?" 그래서 그는 나의 '덤불'을 욕보였고, 그 사실을 나에게 일부러 분명하게 통보했던 것이다.

조엘이라는 젊고 영리한 대학원생이 있었다. 그는 가족사로 인해 자기애적 상처를 안고 있었는데, 어느 날 자기의 시기심 문제를 발견하게 되었다. 그는 내게 말했다. "나와 함께 같은 프로그램을 수행하는 사람이 있는데, 그 사람 때문에 미치겠습니다. 그런데 이유를 모르겠어요. 그는 사실 아주 괜찮은 친구입니다. 그리고 벌써 결혼했고요. 그런데 어떤 이유에서인지 그 친구가 결혼했다는 사실이 신경에 거슬립니다. '저 친구도 클럽을 전전하며 여자들에게 추근대던 시절이 그리울 거야.'라는 생각이 머리 속을 떠나지 않아요. 무슨 말이냐 하면, 우리는 동갑이거든요. 그런데 나는 여전히 밖에서 재미를 보고, 그 친구는 이제 유부남이니까요. 그 친구가 결혼을 했든 말든, 내가 왜 신경을 쓰는 걸까요? 왜 그런 일로 내가 그 친구를 업신여기려 드는 걸까요?"

조엘의 가족사를 잠시 들여다보자. 그의 아버지는 자기 야망을 이루지 못했기 때문에 아들에게도 아주 비판적이었다. 어머니는 아마 남편을 실패자로 치부하고 아들이 아버지보다 더 나은 사람이 되기를 노골적으로 기대했던 것 같다. 따라서 조엘은 성공해서 출세가도를 달려야 한다는 압박감에 항상 시달렸다. 그래서 어쩌다가 기대했던 대로 일이 성사되지 않을 때면 조엘은 훈계를 늘어놓는 자기 내면의 목소리를 듣곤 했다. 그 목소리는 부모처럼 느껴졌다. 하지만 그런 목소리를 들을 때마다 조엘은 항상 화가 났다. 조금이라도 열의와 노력이 흐트러지는 순간이면 그는 갈등으로 혼란에 빠진 듯한 느낌, 수세에 몰리는 느낌을 경험했다. 그가 '재미'라고 생각했던 것들은 마음 속의 비판적인 부모를 극복하기 위해 하지 않을 수 없는 강박적 탐색에 지나지 않았다. 조엘에게는 클럽을 전전하고 주말마다 술을 마시며 아무 의미도 없이 여자들을 꼬드기는 행위가 모두 그저 정상적인 남자가 되기 위한 필사적인 노력의 일부, 비판적이고 요구가 많은 내면의 부모에 대한 도전이었다.

그러다가 정말로 행복하게 결혼하고 정착한 동료를 보게 되었다. 20대 남성에게 기대되는 모습에 대해 갑자기 넘어야 할 장벽이 나타났던 것이다. 조엘로서는 도저히 뛰어넘지 못할 벽이었다. 내면의 부모는 다시 잔소리를 시작했다. "너는 왜 아직도 그 모양이니? 어째서 가정을 꾸릴 만큼 책임감 있는 어른이 되지 못했어?" 하지만 조엘은 듣지 않았다. 그는 자기에게 해가 미치지 못하게 서둘러 부모의 목소리를 막았다. "'나'에게는 아무 문제도 없어. 나는 스물네 살의 혈기왕성한 젊은이다운 일을 하고 있을 뿐이야. 이 나이에 결혼한 놈이 이상한 거지. 생각 좀 해봐, 스물넷에 웬 결혼?" 조엘 마음 속의 방어기제는 그렇게 외쳤던 것이다.

조엘은 처음에 그가 느끼는 감정이 시기심이라는 생각에 저항했다. 그러나 조각을 하나하나 맞추어가자 앞뒤가 완벽하게 들어맞았다. 그는 분명히 자기 동료가 결혼했다는 사실을 시기하지는 않았다. 그러나 그 동료의 성숙해 보이는 모습을 선망했다. 그 때문에 조엘은 주말마다 흥청망청 지내는 자기 모습을 그 친구와 비교했을 때 철없어 보인다고 느꼈던 것이다. 시기심은 직관적으로 공격이 곧 최선의 방어라는 점을 알아차린다. 그래서 조엘은 동료를 경멸하는 마음을 품기 시작했던 것이다.

때때로 시기심의 오만불손한 얼굴이 지나친 칭찬이나 찬탄으로 위장된다. 이러한 가식적 칭찬이나 찬사 뒤에는 자기 비하적인 발언이 따라올 때가 많다. "여태껏 먹어본 치즈케이크들 중에서 '제일' 맛있어! 나는 빵을 구울 줄 아는 사람을 보면 '너무' 신기해. 너도 알다시피, 내가 부엌일엔 영 젬병이잖아. 너는 어떻게 일이면 일, 요리면 요리, 못하는 게 없니? 넌 정말 '재주'도 많아!" 이로써 당신의 치즈케이크는 나르시시스트의 서툰 요리 솜씨를 폭로하는 데 이용된 셈이다. 그런 서투름에 대해 준비된 변호의 여지는 없다. 그래서 나르시시스트는 아주 과장된 제스처로 '부엌'이라는 영역을 당신에게 양보하는 대신 자신의 우월함을 도덕적 영역으로 이동시킨 것이다. '나는 빵 따위는 못 구울지도 몰라.

하지만 나처럼 그런 장점을 잘 알아주는 너그러운 사람이 또 어디 있겠어? 치즈케이크를 맛있게 굽는 것도 괜찮지. 하지만 그래도 내가 너보단 나아.'

나르시시스트가 일단 자기의 우월성을 화제와 연관시킬 수 있게 되면 그때부터 대화가 얼마나 급속도로 다른 화제로 옮겨가는지 관찰해보라. 이제 당신이 뭘 굽든 신경도 안 쓸 것이며, 당신의 어떤 재주에 대해서도 일언반구 없을 것이다.

권력을 쥔 자에 대한 아첨 역시 시기심을 위장하는 또 다른 태도이다. 어떤 이의 권력이 나르시시스트에게는 엄청난 위협이 될 수 있다. 나르시시스트는 그에게 시기심과 경멸감을 느끼지만 앙갚음을 당할까 봐 두려워하는 마음도 있다. 이럴 때 나르시시스트는 알랑거리는 태도를 취함으로써 위험한 생각과 충동을 억제하는 동시에, 다른 이들에 대한 통제력을 획득하고자 한다. 권력자의 비위를 잘 맞춰서 자기도 어느 정도 권력을 획득하거나 자기보다 우월한 사람과 연결됨으로써 '그 사람의 후광을 입어' 떡고물을 챙기는 것이다.

시기는 인간에게 너무나 보편적인 결점이며 《성경》에 등장하는 일곱 대죄(교만, 인색, 음욕, 분노, 탐식, 시기, 나태의 일곱 가지 죄를 가리킨다—옮긴이)에도 속한다. 부유하고 유명하며 똑똑하고 아름다운 인물이 요절하거나 명예롭지 못한 파국을 맞는 이야기에 우리가 매료되곤 하는 이유들 중 하나가 바로 이 시기심이다. "거물일수록 추락도 혹독한 법"이라는 말은 지나친 오만에 대한 경고 이상의 의미를 담고 있다. 우리 안에는 잘나고 대단한 사람들이 권좌에서 흔들릴 때 고소해하는 어두운 면이 있다. 우리는 잘난 사람들의 결점과 불운을 좋아한다. 그로써 그 사람들도 우리와 그리 다르지 않다는 사실을 절감하게 되기 때문이다.

자기애적 시기심은 우월해지고 싶다는 필사적인 욕구를 먹고 자라며, 매우 모호한 감정이다. 나르시시스트의 내면에서 진행되는 다른 여러 감정들이 그렇듯, 시기심도 무의식적이거나 의식되더라도 부인되기 십상이다. 바로 그 때문에 시기심은 더욱 위험하다. 나르시시즘에 빠진 개인들 자신은 시기심도, 우월성에 대한 욕구도 자각하지 못한 채 그저 독선적인 경멸감만을 느낄 것이다. 그것이 바로 증오의 또 다른 이름이다.

4. 부끄러움을 모르는 철면피

_가면 뒤의 수치심

스테파니는 공이 자기 라켓을 맞고 나가는 것을 똑똑히 느꼈고, 그 공이 백 코트 깊이, 베이스라인 바로 안쪽에 떨어지는 것을 지켜보았다. 그녀는 공의 움직임을 따라 주의를 집중했다. 온몸이 팽팽하게 긴장했다. 그녀는 자기 자신에게 말했다. '공을 봐. 측면을 사수해서 쳐내고 끝내버리는 거야.' 포핸드에 이어진 포핸드. 그녀는 공격의 리듬이 의식적인 통제 노력을 따라올 때까지 줄곧 주문을 되뇌고 또 되뇌었다. 잠시 동안이지만 그녀는 모든 것이 잘 돌아가고 실수가 전혀 없는, 운동선수로서 최고의 순간이라 할 수 있는 상태에 있었다.

그녀는 속으로 쾌재를 부르며 짜릿한 흥분을 느꼈다. 문득 자기가 오늘 얼마나 경기를 잘 이끌어 가고 있는지 남편 더그가 보고 있을까 하는 의심이 들었다. 바로 그때 상대 선수의 육중한 언더스핀이 그녀의 백핸드를 노리고 날아들었다. 공은 스테파니의 라켓 테두리를 맞고는 코트 바깥으로 날아가 떨어졌다. "당신은 그 스핀 절대로 못 읽지." 더그가 코트 바깥 저쪽에서 잔소리를 했다. '절대로' 그 한마디가 스테파니의 가슴 속에서 메아리쳤다. 갑자기 그녀는 마치 몸 안에서 타이어가 터져버린 듯한 기분이 되었다. 한 줄기 고통이 휩쓸고 지나갔고, 가슴이 턱 막혔다. 다리는 움직일 수 없을 만큼 무겁게 느껴졌다.

그녀는 자신을 향해 날아오는 저 작은 테니스의 공을 손에 쥔 라켓으로 맞힐 수도 없을 만큼 무력한 기분에 사로잡혔다. "이 경기 잘하기는 글렀어." 그녀는 비참한 생각에 젖어 연달아 세 번이나 공을 네트에 메다꽂고 말았다. 바로 조금 전의 의기양양한 기분은 흔적도 없이 사라져버리고 이제는 바보가 되어버린 듯한 대책 없는 절망감만 남았다.

스테파니는 목울대에 치미는 울음을 삼키며 자신을 학대했다. '내가 원래 그렇지, 뭐.' 그녀는 짐을 싸서 집으로 돌아갈 채비를 하며 중얼거렸다. "당신, 또 무서워서 도망치는 거야?" 더그가 소리쳤다. 그는 그냥 약을 올려서 그녀의 사기를 다시 북돋워보겠다는 심사였을 뿐이다. 그러나 그 말은 채 아물 틈도 없었던 상처에 소금을 뿌리는 격이었다. 이제 다시는 테니스를 치지 않을 테다.

"어허, 이 남자도 참. 아내 성미를 봐가면서 다뤄야지." 여러분은 그냥 이 정도로 생각할지도 모른다. 그 생각이 옳을 수도 있다. 그러나 정신분석학과 심리학에서는 이것을 '자기애적 상처(narcissistic injury)'라고 부른다. 겉에서 보기에 이 상처를 덧나게 하는 원인들은 너무나 사소해 보이지만 정작 상처를 입는 당사자는—이 사례에서 스테파니가 그랬듯이—고통으로 초토화된다. 그냥 지나칠 만한 일들이 사실은 아주 오랜 상처를 파헤쳐 다시 벌어지게 한다. 신뢰 관계는 '파장이 맞지 않는' 커뮤니케이션(스테파니의 희열과 충돌하는 남편의 비난)으로 깨져버린다. 상처를 준 것도 모자라 모욕까지 가했으니 스테파니의 듬직한 남편은 아내의 고통을 덜어주는 데 실패한 것이다. 스테파니의 예민함, 즐거운 상태의 갑작스러운 붕괴, 감정의 균형을 회복하지 못하는 어려움은 모두 그녀의 정신 깊은 곳에, 나아가 의식적인 기억 저 너머에 코드화되어 있는 아주 근본적인 경험의 국면을 대변한다. 그것은 다름 아닌 수치심이란 감정의 강력한 발동이다.

인간의 온갖 감정들 중에서도 수치심은 연령과 지위를 초월하여 가장 참기 어려운 감정이다. 수치심은 죄책감과 달리, 잘못한 소행과 관련된 문제가 아니라 전반적인 인격적 결함(pervasive personal flaw)이라는 고통과 관련된 문제다. 우리는 맨 먼저 엄마, 혹은 그에 버금가는 강한 애착으로 맺어진 존재의 눈에서 수치심을 경험한다. 아이는 돌 무렵에 엄마에게 흥분 상태를 표현한다. 그런데 엄마는 아이와 그 기쁨을 나누기는커녕, 얼굴을 찌푸리면서 "안 돼!"라고 꾸짖는다. 예기치 못했던 엄마의 비난은 자신이 힘 있고 중요한 존재라는 아이의 착각을 단숨에 깨뜨린다. 그런데 바로 그 착각이란 다름 아닌 우리가 생애 초기에 엄마와의 결합에서 이끌어낸, 우리 자신을 바라보는 방식이다. 우리는 아무 경고도 받지 못한 채 한순간에 이 낙원에서 추방당했다. 우리가 나쁜 짓을 했기 때문에 그런 일이 일어난 것이다. 우리가 나쁘다고 느끼기 때문에, 우리는 나쁜 것이다.

어떤 아이들은 이러한 경험을 사회화 과정을 통해 반복하고 또 반복한다. 때로는 그 반복적 경험이 너무 압도적이어서 영원히 극복할 수 없을 정도가 되기도 한다. 이들은 부끄러움을 느끼는 일을 회피하는 것으로 평생을 다 보낸다. 최근 신경생물학계의 연구는, 아동의 사회화가 시작될 무렵의 뇌는 강렬한 수치심을 느끼는 경험을 처리할 정도로 발달하지 못했음을 보여준다.[2] 이 결정적인 시기에 정서적으로 안정된 부모가 옆에서 따뜻하게 지지해주지 않는다면 극도로 불쾌한 감정들을 조절하는 경로가 정상적으로 발달하지 못하며, 그 여파는 평생을 간다. 아이의 뇌가 적절하게 발달할 수 있도록 도우려면 부모가 어린아이들의 뇌가 아직까지 감당할 수 없는 것, 즉 그들에게 타격을 준 치명적인 수치심을 달래주고 완화해주는 역할을 해야 한다.

캐서린에게는 제이니라는 두 살짜리 딸이 있다. 제이니는 아주 쾌활한 여자아이다. 캐서린에게는 눈에 넣어도 아프지 않을 만큼 귀여운 딸이다. 그런데 어느 날 제이니가 집에 놀러온 아기에게 엄마가 관심을 보이자 화가 나서 그 아기를 때렸다. 캐서린은 깜짝 놀라서 딸아이를 꾸짖고는 창피해서 우는 아이를 방으로 쫓아보냈다. 하지만 딸이 안쓰러워 그렇게 창피한 상태로 오랫동안 방치하지 않고 조금 있다 살짝 방으로 들어갔다. "아기를 때리는 건 나쁜 행동이야. 다시는 그러면 안 돼. 우리 제이니는 착한 아이지? 엄마는 제이니를 사랑해. 자, 이제 가서 아기에게 '미안해.'라고 말하자." 캐서린은 이렇게 말하면서 딸을 안아주었다. 엄마와 딸은 함께 거실로 나갔고, 캐서린은 제이니가 아기에게 사과하도록 했다.

만약 부모가 캐서린이 아이의 수치심을 달래주었던 것처럼 하지 않는다면 아이는 자기 나름의 보상 수단을 개발한다. 즉, 참을 수 없는 감정에 대해 벽을 쌓고 그 벽 뒤의 괴물과 자신을 분리하는 환상에 의존하게 되는 것이다. 그런 아이들은 자기가 특별하고 힘 있고 대단한 사람이라는 생각에 매달린다.

나르시시스트에게 수치심이란 도저히 참을 수 없는 감정이기 때문에, 아예 그 감정을 경험하지 않으려는 수단을 개발한다. 심리학에서는 이를 '회피된 수치'라고 일컫는데 마치 창피를 모르는 뻔뻔함이나 양심의 부재처럼 보인다. 그러나 사실은 그 배후에 부인, 냉담, 비난 혹은 분노를 차단하기 위한 벽이 숨겨져 있다. 이러한 고통스러운 감정을 처리할 수 있는 건강한 내적 메커니즘이 없기 때문에 수치심을 바깥쪽으로, 즉 자기에게서 완전히 벗어난 영역으로 추방한다. 그래서 이들에게는 절대로 '내 잘못'이 없다.

십대 후반에서 이십대 중반까지 나에게 치료를 받았던 한 젊은 여성이 기억난다. 그녀는 응석받이로 자라다가 부모가 이혼하면서, 자기 중심적인 아버지에게 무시를 당했다. 그녀는 자신이 무가치하다는 몸에 밴 느낌에서 벗어나려고 안간힘을 썼다. 그녀는 자기가 바보 같다고 생각했고, 스스로를 무능하다고 여기고 있음을 보여주는 행동을 반복했다. 그러나 이러한 느낌들, 그리고 이에 수반된 부끄러움은 그녀가 아버지에게 거부당하고 버림받았을 때 느꼈던 굴욕감과 비교하면 표피적인 것에 지나지 않았다. 이 고통의 깊이는 어느 날 그녀가 아버지가 암을 진단받았다는 소식을 들었을 때 극적으로 표출되었다. "이제 내가 막 결혼하려고 하는데 말이에요." 그렇게 말하는 그녀의 입가는 심술궂은 냉소로 일그러져 있었다. "지금까지 아버지는 단 한 번도 내 삶에서(잘못에 대한) 대가를 치른 적이 없어요." 아버지가 죽을 수도 있다는ㅡ다시 말해 자기를 궁극적으로 저버릴 수도 있다는ㅡ공포는 그녀를 과거로 몰아붙였고, 부적절한 수치심이 차갑게 얼어붙은 분노로 표출되었던 것이다. 그녀는 그토록 냉담한 감정을 쏟아내면서 조금도 곤혹스러워하는 기색이 없었다. 그저 날것 그대로의 상처받은 치욕감만이 남아 있었다.

좀 더 전형적으로는, 나르시시스트들의 뻔뻔함은 냉정하고 무관심하며 도덕 관념이 없다는 것으로 나타나기도 한다. 우리는 이런 사람들을 정서적으로 깊이가 없다고 느끼며, 자기 자신을 과신하고 냉담하기 짝이 없는 철면피라고 생각하기 쉽다. 그러다 갑자기 그들이 너무나 사소한 사건, 대수롭지 않은 모욕에 펄펄 뛰는 모습을 보고 깜짝 놀라게 된다. 수치심이 내면의 장벽을 넘어 빠져나오면 이들 '뻔뻔한' 사람들의 가면이 벗겨지고 극도로 수치심에 민감한 그들의 실체가 드러난다. 그런 때에 우리는 그들이 안고 있는 상처를 순간적으로 보게 될 것이며, 그 다음에는 그들이 내지르는 분노와 비난을 보게 될 것이다. 수치심의 냄새가 자신들이 쌓은 벽을 뚫고 풍기기 시작할 때, 나르시시스트들은 복수심으로 타오른다.

수치심은 모든 건강하지 못한 나르시시즘의 밑바닥에 도사리고 있는 감정이다. 수치심을 건강한 방식으로 처리하지 못한다면, 다시 말해 수치심과 정면으로 맞서고, 그 감정을 완화하며, 건강한 사람들이 그렇게 하듯 계속 다스리지 못한다면, 나르시시스트 특유의 자세, 태도, 행동으로 치달을 수밖에 없다.

5. 어떻게 감히 네까짓 게…

_제멋대로 자격 부여하기

얼마 전의 일이다. 결혼을 불과 몇 주 앞둔 젊은 여성이 극도로 심란한 상태에서 나를 찾아왔다. 그녀는 엄마가 자기와 말도 안 한다며 눈물을 펑펑 쏟았다. 이 모든 일이 고작 신부 들러리 드레스 색깔을 놓고 의견이 엇갈린 것 때문에 일어났다고 했다.

사정인즉슨, 딸은 평소와 달리 이번만큼은 엄마에게 자기 뜻을 굽히지 않고 자기가 직접 고른 색깔을 밀어붙이려고 했다. 그러자 엄마는 단단히 화가 났다. 그래서 딸하고 말도 안 할 뿐 아니라 결혼 선물 파티(bridal shower, 결혼식 전에 신부 친구들이 신부를 위해 각종 선물을 준비해주는 모임)에도 참석하지 않겠다고 공표했다. 게다가 만나는 사람마다 자기 딸이 그렇게 엄마 은혜를 저버릴 줄은 몰랐다고 호소하고 다니는 게 일이었다. 나의 상담자, 즉 그 딸은 이 일로 무척 괴로워하며 어떻게든 사태를 바로잡아보려고 애썼다. 그래서 그녀는 엄마에게 작은 선물을 보내며 이렇게 멋진 결혼식을 올릴 수 있게 해줘서 감사하다고 솔직하게 마음을 전했다. 그러나 엄마는 꿈쩍도 하지 않았다. 엄마는 선물을 열어보지도 않고 돌려보냈을 뿐 아니라 대망의 결혼식 당일에 자기가 얼마나 섭섭한지를 노골적으로 표현했다. 신부 어머니라는 사람이, 예식에만 형식적으로 참석하고 피로연 자리에는 얼굴도 비치지 않았던 것이다. 심지어 따로 현상해서 보낸 결혼 사진조차 받지 않았다.

딸은 어떻게든 엄마와 화해를 하려고 계속 노력했다. 그러나 겨우 엄마와 전화를 주고받을 수 있게 되기까지 몇 달이나 걸렸다. 그렇게 석연치않게나마 모녀 관계를 회복한 이후에도 엄마는 그동안 두 사람 사이가 틀어졌던 것이 어느 정도 자기 책임이라는 점을 전혀 자각하지 못했다. 순전히 딸이 잘못했기 때문이었다고만 생각하고 있었던 것이다.

그까짓 드레스 색깔을 놓고 의견이 어긋났다고 사랑하는 딸의 소중한 결혼식을 망치다니, 이렇게 고집 센 엄마의 모습은 상상하기가 쉽지 않다. 그러나 나르시시스트들의 주 특기인 '제 멋대로 자격 부여하기(entitlement)'는 이처럼 지극히 주관적인 관점에서만 상황을 보는 것이다. 그 주관적인 관점은 이렇게 말한다. "내 느낌, 내 욕구가 제일 중요해. 나는 무엇을 원하든 반드시 얻어내고 말아."

상호 의존이니 호혜주의니 하는 개념들은 이들에게 낯설기 짝이 없다. 그들에게 타인은 자신에게 동의하고, 순종하고, 아첨하고, 위안을 주기 위해 존재할 뿐이기 때문이다. 요컨대, 타인은 '나의' 욕구를 내다보고 채워주기 위해서만 존재한다. 만약 '나의' 욕구를 채우는 데 쓸모가 없는 사람이라면 그 사람은 아무 가치도 없고 아무렇게나 다루어도 그만이다. 나아가 '나의' 의지에 감히 도전하는 자는 '나의' 분노를 감당할 준비를 해야 할 것이다. 나르시시스트가 한을 품으면 오뉴월에도 서리가 내린다.

나르시시스트들은 자기가 특별히 좋은 대접을 받을 것이라든가, 타인이 자기에게 자동적으로 고분고분하게 나올 것이라는 식의 불합리한 기대를 버리지 않는다. 그들은 자기만 특별하다고 생각하기 때문이다. 여러 사회적 상황에서 우리는 그들에 대해, 혹은 그들의 관심사에 대해 이야기하게 될 것이다. 그 이유는 그들이 그 어떤 사람보다 더 중요하고, 더 인정받을 만하며, 더 매혹적이기 때문이다. 그들에게 다른 주제는 다 지겹고 흥미가 없다. 그들이 보기에 자기들은 마땅히 특별한 대접을 받아야 할 사람이다.

대인 관계에서도 나르시시스트들은 남들이 자기 뜻을 받들어야 한다고 생각할 뿐, 자기가 남들의 말에 귀기울이거나 이해해야 할 의무는 없다고 생각한다. 만약 누구든지 나르시시스트들이 하는 식으로 행동하려 든다면 당장에 '골치 아픈 사람' 혹은 자신의 권리에 도전하는 사람으로 찍힌다. 그들은 속으로—심지어는 실제로도—이렇게 물을 것이다. '어떻게 감히 네까짓 게 내 앞에서 나설 수 있어?' 그리고 실제로 권력을 쥐고 있다면 그들은 구미에 맞는 대로 사람을 이용할 권리가 자기들에게 있다고 생각할 것이다. 아무도 그들의 권위에 토를 달 수 없다. 비위를 못 맞추면 그건 무조건 그들의 우월성을 공격하는 것으로 받아들인다. 그들의 의지에 대한 도전은 분노와 독선적 공격을 불러일으킬 수 있는 자기애적 상처를 남긴다.

자기에게 자격을 부여할 권한이 있다는 확신은 유년기 초기, 즉 만 1~2세의 자기 중심적 단계의 잔존물이다. 이 시기에 아이들은 자신이 대단한 존재인 듯한 감정을 경험하게 되는데, 이것은 자연스러운 일이다. 이 감정은 어린아이들의 정신 발달에 없어서는 안 될 부분이다. 이것은 과도기적 단계이며, 그 다음에는 타인에 대한 존경을 포함하여 사물의 전반적인 질서 속에서 어린아이들의 자존감과 전능감을 자신의 실제 위치에 대한 자각과 통합할 필요가 있다.

그러나 이 '특별함'의 거품이 영영 터지지 않는 사례들도 더러 있다. 또한 어떤 경우에는 그 특별함이 너무 혹독하거나 급작스럽게 깨질 수도 있다. 예를 들어, 부모나 양육자가 지나치게 창피를 주거나, 수치심이 일어날 때 적절히 달래주는 역할을 하지 못하는 경우가 그렇다. 수치심에 압도당하거나 수치심을 적절하게 막아내지 못할 때에 아이들 특유의 환상은 타인과의 관계 속에서 자신에 대한 균형 잡힌 시각으로 점진적으로 변화되어 가는 것이 어려워진다. 이런 아이들은 자기가 세상의 중심이라는 믿음을 끝내 극복하지 못하고, 자기 자신에게만 열중하는 '멋대로 자격을 부여하는 괴물들'이 되고 만다.

이들은 사회적으로 잘 적응하지 못하고 대인 관계에서 호혜성을 수립하는 데 꼭 필요한 최소한의 자기 희생도 감당하려 들지 않는다. 어릴 때 자기가 특별하다는 거품이 빠지지 않은 아이는 타인이 항상 자신의 뛰어남을 비추는 거울이 되어줄 것으로 기대하는 오만한 어른이 되는 것이다. 이런 사람이 권력을 쥐면 자기 본위의 폭군이 되어 그 어떤 사람의 말도 듣지 않고 자기 생각을 밀고 나간다.

자격 부여를 방해받았을 때 일어나는 분노는, 수치심과 마찬가지로, 우리가 조화로운 인성을 지닌 부모의 도움을 받아 다스리는 법을 배워야 할 기본적인 정서이다. 어린아이의 정상적인 자기애적 분노는[3] 생후 18~30개월에 이르러 가장 그악스러운 지경에 이른다. '미운 세 살'(만 나이를 사용하는 미국에서는 '끔찍한 두 살(terrible twos)'이라고 한다-옮긴이)에게는, 아이의 떠오르는 자아를 위협하거나 모욕하지 않을 정도로 '적절한 좌절'이 필요하다. 그러지 않고 이 중요한 순간에 화를 잘 내는 부모가 아이를 경멸하거나 약을 바짝 올린다면 발달 중인 아이의 뇌에 부모의 얼굴

이미지가 저장되었다가 장차 그 아이가 어른이 되었을 때 때때로 공격성을 심화시키는 스트레스로 떠오를 수 있다. 나아가, 이 결정적 단계에 부모의 조화로운 개입이 실패하면 공격적 행동을 금지하는 두뇌 작용의 발달이 저해되어 아이가 평생 동안 공격 충동을 통제하는 데 어려움을 겪을 수도 있다.

반대로 적절한 상황에 놓인 아이들은 '조용히 도움을 주는' 부모에 대한 기억을 내면에 코드화한다. 이러한 부모들은 아이가 제멋대로 구는 행동을 받아주면서도 견제하고, 아이가 분노와 수치심을 조절하며 반응을 늦출 수 있도록 도와준다. '부모다운' 부모들은 아이의 강력한 부정적 감정을 참아내며, 자제력이 있기 때문에 곧바로 앙갚음하는 말을 퍼붓지 않는다. 핵심은 이렇다. 아이는 부모의 공감 어린 행동을 받아들인다. 그리고 그것이 곧 아이가 자기 자신을 가치 있다고 느끼는 감정의 일부가 된다.

나르시시스트가 "나는 그럴 만하니까."라고 말할 때 느끼는 것은 자기 자신이 가치 있다는 감정이 아니다. 나르시시스트의 자격 부여는 진정한 의미에서의 자존감과 하등 상관이 없다. 진짜 자존감은 실질적 성취와 자기 이상에 대한 충실함에서 오는 것이다. 자기 자신은 존중받을 자격이 있다고 생각하면서 남은 그렇게 여기지 않는 사람, 노력하지 않으면서 보상을 바라는 사람, 조금이라도 불편한 일은 감당하지 않으려는 사람—이들에게는 자기 운명을 개척하기 위해 써야 할 힘이 남아 있지 않다. 그들은 본질적으로 수동적인 역할만 맡고 외부의 힘에 의존해서 행복해지려 한다. 그리고 기대했던 일이 일어나지 않으면 무력감을 느끼는 것이다. 나르시시스트들은 자격을 주장함으로써 한두 살짜리 아기의 환상 세계에서만 살아가기를 원한다. 그들이 분노하고 있다는 사실은 전혀 놀랍지 않다.

자격 부여와 그에 수반되는 분노는 건강한 발육이 정지할 수도 있다는 경고이다. 그리고 바로 그 발육 정지 상태가 나르시시즘이다.

6. 영원히 나를 사랑해줘
_타인에 대한 끝없는 착취

감정 이입 능력, 타인의 감정을 정확히 포착하고 그에 대한 반응으로 공감할 수 있는 능력은 잠깐 동안 우리 자신을 외부로 투사하여 타인과 파장을 맞추어야 발휘될 수 있다. 즉, 우리 자신의 관심사들이 내는 잡음을 잠시 꺼놓고 다른 사람들이 표현하는 바에 우리 자신을 열어야 하는 것이다. 우리는 그들이 표현하는 감정을 공유할 수도 있고 그러지 못할 수도 있다. 그러나 적어도 그 감정들을 우리 편한 대로 판단하거나 왜곡하지 않고 있는 그대로 받아들일 수 있어야 한다. 우리가 타인의 감정에 동화되는 순간에도 우리와 그들은 여전히 별개의 존재들이다.

 감정을 이입하는 순간에 우리가 실제로 다른 사람과 하나가 되는 것은 아니지만, 적어도 서로 다른 두 존재는 가까워진다. 그러나 우리가 자신을 개별적인 존재로 받아들이지 못한다면 이런 감정 이입은 일어날 수 없다. 아이가 자기를 엄마와 하나가 아니라 분리된 자율적 존재로 인식하는 일은 발달 과정에서 획기적 이정표로서, 대개 1세에서 4세 사이에 자연스럽게 이루어진다. 타인의 마음을 정확히 읽어내려면 우리는 먼저 우리 자신을 현실적인 관점에서 올바로 인식하고 우리의 감정이 우리 자신의 것임을 확인해야 한다.

아이가 격렬한 감정을 느낄 때 부모가 옆에서 그 감정에 공감해주는 것이, 타인에 대한 아이의 공감 능력을 기르는 데 가장 도움이 된다. 아이가 생후 10~14개월 정도일 때는 엄마가 고민에 빠져 있는 모습을 보면 정서적으로 동요하거나 불안해한다.[4] 이러한 모습이 정서를 표현하는 초기 형태로, 장차 타인에게 감정 이입을 할 수 있는 토대가 된다. 정서적으로 건강한 아이라면 생후 18개월 정도에는 자기 고민을 내적으로 조절하여 타인을 편안하게 배려해줄 수 있다.

그러나 아이가 자기를 분리된 존재로 자각하지 못한 상태라면, 또한 수치심 같은 감정들을 감당할 수 없다면 그 아이는 감정 이입 능력이 발달하지 않는다. 회피된 수치심―나르시시스트들이 너무나 깊이 억누른 탓에 의식적으로는 자각되지 않는 수치심―은 감정 이입 능력을 기르는 데 방해가 된다. 그런데 타인에게 공감하는 능력이 부족한 사람은 공격 충동을 제어하는 데 큰 어려움을 겪게 된다.

 수치심에 휘둘리고 분노와 공격성을 쉽게 폭발시키는 나르시시스트는 절대로 타인의 감정에 동화되는 능력을 발달시킬 수 없다. 심지어 타인의 욕구와 감정을 인식하는 것 자체가 불가능할 수도 있다. 정서적 발달의 관점에서 이런 사람들은 만 1~2세 상태에 고착되어 있다고 할 수 있다. 이들은 타인을 개별적인 존재가 아니라 자기 자신의 연장이라고 본다. 그래서 다른 사람들이 자기가 고집하는 대로 따라야 한다고 생각하는 것이다. 이러한 생각이 제대로 발달되지 못한 의식과 맞물려 이들은 대인 관계에서 타인을 이용하고 착취하는 경향이 있다.

 전에 나에게 우울증 치료를 받았던 멜라니라는 한 젊은 여성 이야기를 해보겠다. 멜라니는 치료를 받은 지 몇 달 만에 마침내 용기를 내어 자신의 심각한 가족 문제를 털어놓았다. 멜라니 어머니는 직장 생활을 하다가 은퇴했다. 어머니는 멜라니 이름으로 신용카드를 만들어서 오랫동안 카드를 무분별하게 긁어댔다. 카드 대금으로 엄청난 돈이 청구되었지만 어머니는 갚을 생각을 전혀 하지 않았다. 멜라니는 자기 살림하기도 빠듯한 박봉의 공무원이었다. 멜라니는 어떻게든 카드 대금을 갚으려고 고군분투했지만 어머니는 계속 자기가 쓴 돈 문제를 딸에게 떠넘겼다. 나는 멜라니에게 어떻게 그런 상황을 참고 있을 수 있느냐고 물었다. "엄마를 화나게 하고 싶지 않거든요!" 멜라니는 주저하지 않고 그렇게 대답했다. 나는 그러한 반응이 거액의 카드 빚보다 더 좋지 않은 문젯거리라고 생각했다.

어머니라는 사람은, 멜라니의 신용을 엉망으로 만드는 것 외에도 갖은 방식으로 딸을 가혹하게 착취했다. 그녀는 가계 수입이 부족할 때마다 딸이 집세를 내주기를 기대했고 여동생의 학비도 보태야 한다고 주장했다. 멜라니의 소망이나 욕구에는 관심도 없었고, 과연 그런 것을 생각해본 적이나 있는지도 의심스러웠다. 상황은 사실 아주 좋지 않게 돌아갔다. 어머니는 딸의 감정을 배려하지 않고 착취함으로써 멜라니가 극히 제한된 방식으로만 자기 자신을 가치있게 여길 수 있도록 만들어버렸다. 멜라니가 남들을 돌보고 도와줄 때에만 자신이 가치 있는 사람이라는 기분을 느끼는 것도 무리는 아니다. 실제로 그녀는 자기 주장을 펴는 데 심각한 어려움을 겪고 있었다. 멜라니는 자기보다 중요한 타인과 관계하고 있을 때에만 현실적인 기분을 느낄 수 있었다.

착취는 여러 가지 형태로 나타날 수 있지만, 항상 타인의 감정이나 흥미를 배려하지 않고 그 사람을 이용하게 마련이다. 여기에서 타인은 대개 자기보다 아래에 있는 사람, 즉 자기에게 저항하기 어렵거나, 아예 저항이 불가능한 사람일 확률이 높다. 때때로 이 아랫사람의 추종은 겉으로 드러난 것보다 더 비현실적인 수준까지 이르기도 한다. 한쪽이 일방적으로 베푸는 공평하지 않은 친구 관계에서나 이기적인 애인이나 이것저것 요구가 많은 상사와의 관계에서처럼 가벼운 수준의 공격(착취)이 있을 수도 있으며, 직장에서의 성희롱, 성적 유린처럼 끔찍한 사태로 나타날 수도 있다.

　제스는 화학공업 계열 대기업에서 최고 실적을 자랑하던 세일즈맨이다. 그는 자식 딸린 40대 초반의 이혼남으로 3년간 한 여자와 헤어졌다 만났다를 반복해 왔다. 어느 날, 여자친구가 그에게 정신치료 상담을 받지 않으면 영원히 절교하겠다고 선언했기 때문에 나를 찾아온 것이었다. 제스는 그 여자를 잃고 싶지 않았다. 그녀의 심기를 거스르지만 않으면 두 사람의 성생활은 아주 만족스러웠고 그녀는 그가 좋아하는 요리도 해주곤 했다. 게다가 제스는 내게 살짝 윙크를 하면서 이 말도 덧붙였다. 회시 피디에 킥테일 드레스를 입은 그녀와 함께 등장하면 다른 사내들이 드러내놓고 질투를 하곤 했다고.

　제스는 같은 여자로서 내가 여자친구를 지키는 데 도움이 될 만한 말을 해주기를 바랐다. 나는 그에게 여자친구가 도대체 무엇을 원하는 것 같으냐고 물었다. "아, 그녀는 기약이랄까, 뭐 그런 것을 원합니다. 내가 그녀를 위해주고, 나도 가정적인 사람이 될 수 있다는 걸 보여주면 좋아하겠지요. 또한 앞으로 아이도 낳고 싶어 할 겁니다. 그녀도 나이가 있으니까, 아이를 낳을 수 있는 시간이 얼마 남지 않은 셈이거든요. 그런데 나는 벌써 애가 둘이나 있습니다. 뭐, 아시다시피, 사실 나는 애는 더는 원치 않아요." 그래서 나는 다시 물었다. "그럼 당신에게 필요한 건 뭔가요, 제스?" 그의 대답은 이러했다. "나는 그냥 지금처럼 지내길 바랍니다. 그저 여자친구가 항상 그렇게 화를 내지 않았으면 좋겠어요. 그녀가 나한테 하는 짓은 정말 짜증이 나거든요."

제스는 여러 면에서 매력적이고 호감이 갈 만한 사내였다. 그는 목표 지향적이고 에너지가 넘쳤다. 또한 그는 좋은 시간을 보내는 법을 잘 알고 있었다. 그는 뼛속까지 비열한 나쁜 남자도 아니었고, 남에게 공감을 표하지 못하는 사람도 아니었다. 그러나 제스는 얄팍한 인물이었고, 뭐든지 자기 편한 대로만 생각했다. 다른 사람들이 그에게 무신경하다고 화를 냈지만, 그는 남들이 화를 내거나 말거나 크게 신경 쓰지 않았다. 오히려 제스는 그저 자기는 계속 잘해보자고, 좋은 게 좋은 거라고 생각하려 애쓰는데 왜 상대가 화를 내는지 모르겠다며 어리둥절해하기만 했다. 그는 나르시시즘의 현저한 특질들을 여러 가지 드러내 보였다. 다른 사람을 자기 본위로 이용하고 있을 뿐 아니라 그러한 성격적 결함에 대해 전혀 자각하거나 의식하고 있지 않았던 것이다.

제스는 여자친구와 거리를 두기로 했지만 그녀가 그와 성관계를 유지하고 싶어하는 동안은 관계를 완전히 끊지 못했다. 그녀를 조금씩 덜 만나게 되면서부터 그녀의 분노를 사는 일도 줄어들었다. 그러나 제스는 오히려 불안과 외로움을 느꼈다. 그는 옛 여자

친구 두세 명을 다시 만나 관계를 맺었으며, 여전히 자신에게 미련을 버리지 못하는 전처와도 잠자리를 같이했다. 그는 새삼스럽게 아이들에게 관심을 쏟기 시작했고, 나에게도 자기가 열여섯 살이 된 딸아이와 얼마나 관계가 좋아졌는지 떠벌이곤 했다. "우리 딸은 나한테 최고의 친구 같습니다. 우리는 뭐든지 털어놓고 이야기할 수 있어요." 그는 자랑스럽다는 듯 말했다. 그는 자기가 전처와 가까이 지내는 것이 딸에게도 좋은 일이라고 생각했다. "전처는 우리가 다시 가족이 된 기분이라고 하더군요." 물론, 이 '가족 같은 기분'은 오직 제스의 욕구와 맞아떨어지는 동안에만 유지될 수 있는 덧없는 감정이었다.

7. 내 것은 내 것, 네 것도 내 것
_경계를 침범하는 이기심

우리는 사회적 존재로 타고난다. 그래서 가족, 친구, 공동체와 의미 있는 관계를 맺어야만 잘 살아갈 수 있다. 우리는 모두 어떤 것 혹은 우리 아닌 다른 누군가에게 속할 필요가 있다. 그럼에도 불구하고 우리는 유일하고 독보적인 개체들이다. 우리는 모두 우리 자신에게만 속하는 나름의 사고, 개별적인 감정과 신체를 갖고 있다. 비록 우리가 바다에 떠 있는 섬들처럼 완전히 다른 사람들과 떨어져 자기에게만 몰두하며 살아갈 수는 없지만, 태어나는 그 순간부터 자율적인 자아를 가지고 분리된 개체로서 살아가도록 정해져 있는 것이다. 자기와 타인들을 건전하게 경계 짓는 일은, 나 자신을 지각하는 방식은 물론이요, 타인을 경험하는 방식, 더 넓게는 타인이 우리를 대하는 방식에도 영향을 끼친다. 경계를 의식하고 나와 타인의 개별성을 인정해야만 건강한 인간 관계를 맺을 수 있다.

나르시시스트들은 자의식을 발달시키는 데 심각한 인격적 결함이 있기 때문에 고통을 받는다. 이 결함 때문에 어떤 이들은 사람들 사이에는 경계가 있으며 타인은 자신의 연장이 아니라 별개의 존재라는 단순한 사실을 인식하지 못한다. 이들은 타인이 자기들의 욕구를 충족시키기 위해 존재한다고 생각한다. 혹은 아예 타인이란 존재하지도 않는 듯 여긴다. 따라서 나르시시스트는 자기를 만족시켜줄 가능성이 보이는 사람들을 자신의 일부인 양 다룬다. 또한 그런 사람들에게 나르시시스트의 기대를 채워주는 존재로서 살아야 한다는 바람을 자동적으로 투사한다.

나르시시스트들이 이런 식으로 행동하는 이유를 살펴보려면 어린 시절로 거슬러 올라가야 한다. 어린아이를 키워본 사람이라면 잘 알겠지만, 아이들은 자신이 아주 대단한 천하무적의 존재인 양 느끼는 '자기 중심적' 단계를 거치며 성장하게 마련이다. 이 단계는 보통 걸음마를 시작하는 시기에서부터 만 두 살 무렵까지 지속된다.

이 시기 아이들의 자기 중심적 행동은 어른들이 볼 때 귀여운 애교 수준에서 분통 터지게 하는 수준까지 다양하게 나타나지만, 그러한 행동이 대단히 중요한 기능을 한다는 점만은 분명하다. 이 단계의 아이는 비로소 자기를 일차 양육자(특히 엄마)와 분리된 존재로 받아들이기 시작한다. 그리고 아이는 자기가 중요한 사람이라는 과장된 기분을 밑거름 삼아 자기의 사기를 꺾는 두려움이나 의심에 사로잡히지 않고 세상을 탐색해 나갈 수 있다.

아이는 이 단계에 이르기 전에는 자기가 가장 애착을 느끼는 존재, 자기를 책임지고 길러주는 양육자와 자기 자신을 심리적으로 구별할 수 없다. 아기는 자기를 돌봐주는 사람을 능력 있고 대단한 존재로 보는 한편, 자기도 그렇다고 생각한다. 아기의 마음 속에서 그 사람과 자신은 별개가 아니라 하나이기 때문이다. 그러다가 아기가 자신의 작고 보잘것없는 모습을 바라보기 시작하면서부터 양육자는 여전히 위대해 보이는 반면 자신은 그렇지 않다고 생각하게 된다. 이리하여 아기의 마음 한구석에는 능력 있고 훌륭한 양육자와 하나가 되고 싶다는 환상에 매달리고 싶은 소망이 생긴다. 만약 양육자와 자기 사이에 아무 경계가 없다면 아기는 자기 욕구를 충족시켜주는 사람을 자기 마음대로 휘두를 수 있다는 느낌을 계속 갖게 될 것이다.

부모들은 아이가 이 단계를 거치는 동안에 연약한 정서를 다치지 않도록 세심하게 보살펴주어야 한다.[5] 부모는 아이가 비록 혼자 서기에는 상대적으로 힘 없는 분리된 존재이지만 현실의 그 모습 그대로 가치 있는 사람이라는 사실을 받아들이도록 도와야 한다. 아이가 자신을 현실과 달리 대단한 존재처럼 생각하도록 내버려두거나 부모가 아이의 뜻에 따라 마냥 휘둘린다면, 그 아이는

'나는 힘센 아빠, 엄마를 마음대로 할 수 있어. 그러니까 나는 힘이 세!'라는 식의 유아적 환상에서 영영 벗어나지 못한다. 아이는 자신의 실제 능력을 제대로 파악하고 자립할 수 있다는 자신감을 발달시키는 데 어려움을 겪게 될 것이다.

이런 아이는 주변 환경에서 자신의 결핍이나 욕구를 채워줄 수 있는 사람들을 탐지하는 기술만 는다. 그 사람들에게 자기가 특별하다는 믿음만 줄 수 있다면 나르시시스트는 그들의 찬사를 받을 것이요, 그들의 힘에서 덕을 볼 것이다. 나르시시스트들이 이용할 수 없는 사람들은 잊혀진다. 그러나 부모들처럼 유용한 사람들은 자아의 연장으로 지각하고, 자신과 전혀 분리되지 않은 존재로 취급한다.

내가 치료했던 한 여자 상담자의 이야기가 생각난다. 어느 날 집에 돌아오니 시어머니가 거실 가구를 완전히 바꾸어놓았다. 시어머니는 며느리에게 '깜짝 선물'을 주기 위해 한마디 상의도 없이 멋진 소파와 거기에 잘 어울리는 의자들을 골라서 배달을 시키고 낡은 가구들은 치워버렸던 것이다. 내 상담자가 시어머니의 기대대로 '깜짝' 놀란 것은 사실이다. 그녀는 새 가구를 쇼핑하러 나갈 기대에 부풀어 있었고, 자기가 직접 마음에 드는 것을 고르고 싶어했는데 시어머니는 며느리가 어떻게 하고 싶어하는지 생각해보지도 않았던 것이다.

그 집은 원래 시어머니가 살던 집이었는데, 아들과 며느리가 그 오래된 집을 사들였다. 그래서 시어머니는 그 거실에 어떤 가구를 놓으면 좋을지 자기가 더 잘 안다고 생각했던 것이다. 게다가 시어머니는 가구들을 '선물한다'는 기분을 한껏 내고 싶었다. 사실 아들과 며느리는 모두 시어머니 밑에서 일했는데, 시어머니는 아들 부부의 삶을 쥐고 흔들곤 했다. 그래서 이 가족 사이에는 서로 간의 경계를 침범하는 일이 다반사였다.

이렇듯 자기 경계를 침범당해도 별 말 없이 참는 사람들 역시 나르시시스트들처럼 분리된 자아에 대한 확고한 의식이 형성되지 않기는 마찬가지이다. 대개 이런 사람들은 어릴 때 성장하는 과정에서부터 이러한 침입을 받아들이는 데 길들여진다. 가정 환경 자체가 자율성을 기르는 방향으로 이들을 지원해주지 않았던 것이다.

그러나 비슷한 환경에서 성장했어도 이러한 침입에 대해 아주 민감하며 자신을 보호하기 위해 오히려 경계를 강화하는 이들도 있다. 이들은 가까운 사람들과 지내면서 신뢰와 친밀감을 쌓는 데 어려움을 겪는다. 이들은 타인이 어떤 식으로든 자신의 영역을 침범해 오지 않을까 두려워하기 때문에 친밀한 관계를 불안해하고 걱정하는 태도를 보인다. 건강한 경계 의식을 경험하지 못한 이들은 때때로 타인이 경계를 침범해 들어오면 혼란스러워하거나 불안정해진다. 시어머니가 거실 가구를 멋대로 바꾸어놓았을 때 내 상담자가 처한 상황이 바로 그러했다. 그녀는 그 선물을 받고 조금도 행복하지 않았지만 되레 시어머니에게 감사한 마음이 들지 않는 자기 자신을 원망했다. '이렇게 멋진 새 가구를 마다할 사람이 어디 있겠어? 내가 이상한 거야.' 그녀는 그렇게 생각했다. 그녀는 나와 오랫동안 이야기를 나누고 나서야 자신이 왜 그 가구 선물을 받고 나서 마음이 불편했는가를 겨우 이해할 수 있었다.

나르시시스트는 타인의 개인적 영역을 침범하면서도 그 사실을 알아차리지 못한다. 다른 사람의 우편물이나 일지, 일기를 읽으면서도 그것이 경계를 침범하는 행동이라는 것을 깨닫지 못한다. 그들은 닫혀 있는 욕실이나 침실 문도 아랑곳하지 않는다. 지갑이나 소지품 주머니도 마구 뒤진다. 남의 옷이나 화장품 따위도 언제든 '빌려' 쓴다. 대화를 엿듣는 것쯤은 예사요, 남의 아이디어를 자기 것인 양 도용하기도 한다. 그들에게 "아무에게도 말하지 마."라고 하면서 무슨 말을 털어놓으면 순식간에 동네방네 퍼진다. 싫다고 뿌리치는데도 그 사람 기분은 아랑곳 않고 포옹이나 키스 또는 그 밖의 스킨십을 억지로 퍼붓는다. 내가 만났던 상담자들은 그런 사람들이 "네 기분은 지금 그런 게 아냐."라느니 "네 생각은 이거야.", 심지어 "너는 원래 어떠어떠한 사람이야."라는 식의 말을 자주 한다고 지적했다. 이러한 침범이 저항에 부딪힐 때에 나르시시스트는 난처해하거나 어리둥절해한다. 네 것 내 것이 없는 세상에 사는 사람이 노크를 해야 할 필요성을 왜 느끼겠는가?

지금까지 살펴본 나르시시즘의 일곱 가지 특징의 상당수 혹은 대부분이 한 개인에게서 나타난다면, 그 사람은 아마 자기애성 인격장애(Narcissistic Personality Disorder)로 진단할 수 있을 것이다. 이런 경우는 비교적 보기 드물다. 미국정신의학회(APA)는 1백 명 중 겨우 한 명 정도가 이 엄격한 병적 나르시시즘의 진단 기준들을 모두 충족시킨다고 보고 있다.[6] 그렇지만 이러한 특징들이 심각한 걱정을 끼칠 정도로 나타나는 사람들은 생각보다 많다. 또는 본인은 그렇지 않지만 가까운 관계를 맺고 있는 다른 사람들에게서 이러한 특징을 발견할 수 있는 경우 또한 적지 않다.

그런데 이런 특징을 지닌 사람들은 수치심을 전혀 감당하지 못하기 때문에 자신의 나르시시즘을 결코 자각하지 못한다. 그래서 정신건강 전문가를 찾아오는 법도 거의 없다. 이들은 고통스러운 일이 있을 때 오히려 타인을 원망하는 경향이 있다. 설령 정신과를 찾아오더라도 우울증, 불안, 인간 관계의 문제, 업무 스트레스 같은 이유로 찾아오지, 그 문제들의 배후에 깔린 자기애성 인격장애는 생각지도 못한다.

많은 심리치료사들이 나르시시즘이라는 문제를 놓치거나 무시하는 경향이 있다. 그 이유는, 진료비를 부담하는 보험회사들이 최근에 선호하는 단기적인 치료로는 나르시시즘이 호전을 보이기 어렵기 때문이다. 안된 일이지만 이런 환자들에게 단기 치료는 아무런 효과가 없다. 나르시시즘에 빠진 사람일수록 행동 패턴이 경직되어 있어서 변화에 대한 저항이 크기 때문이다.

자기애성 인격장애에 대한 임상적 기준에 완전히 맞아떨어지는 사람은 매우 드물지만—또한 타인에게 수치심을 유발할 수 있는 꼬리표 붙이기는 피해야겠지만—우리 사회에 나르시시즘이 위험한 수준으로 창궐해 있음을 입증하는 증거들은 널려 있다. 우리가 만나는 사람들에게서, 심지어 우리 자신의 모습에서 일곱 가지 특징을 찾을 수 있는 가능성은 얼마든지 있다. 이 책은 이러한 경험의 의미를 깨닫고 남에게 이용당하지 않도록 돕기 위해 구상한 것이다. 그렇게 타인에게 이용당하면 우리의 건강한 자존감이 손상당한다.

이 책을 읽으면서 자신의 건강하지 못한 나르시시즘을 발견하게 되더라도 놀랄 것은 없다. 자기애적 성향이 농후한 부모 슬하에서 자랐다면 그것은 당연한 결과이다. 그러한 가정에서 성장한 사람은 여러 가지 면에서 나르시시즘에 공격당하기 쉬울 수밖에 없다. 당신도 지독한 나르시시스트처럼 대인 관계에서 경계를 분명하게 파악하지 못하거나, 유별나게 수치심에 민감하다든가 사실을 왜곡하는 성향이 있거나, 설명하기 힘들 정도로 지나친 분노를 느낄 수 있다. 혹은 이 책을 읽으면서 자신이 나르시시스트들에게 쉽게 말려들고 다른 사람들보다 유독 잘 반응하는 타입이라고 느낄지도 모른다. 그러나 우리의 정신력은 능히 수치심을 이기고 이 문제에 대한 배움을 얻어 삶의 질을 높이는 방향으로 나아갈 수 있다. 그 방법은 이 책 3부에서부터 하나하나 알게 될 것이다.

우선 나르시시스트가 어떻게 그런 상태가 되었는지 이해할 필요가 있다. 이로써 우리는 우리가 무엇을(혹은, 누구를) 상대하는지 정확하게 알 수 있다. 먼저, 유년기의 정상적인 나르시시즘을 전반적으로 살펴볼 것이다. 이를 통해 아이를 양육하는 방식이 그 아이의 앞날에 얼마나 큰 영향을 미치는지 알게 될 것이다.

2부_나르시시즘의 탄생

'나'와 '너'를 분리하기
_유년기의 나르시시즘과 '나'의 탄생

모든 아이들은 나르시시스트가 될 수밖에 없는 심리적 틀을 안고 태어난다. 사실, 이것은 '미운 세 살'이 미운 짓을 하게 만드는 여러 가지 요소들 중 하나이다. 이 나이의 아이들이 자기가 대단하고 전능하다고 여기는 것은 아주 자연스러운 일이다. 아이는 이러한 태도와 더불어 자기 마음대로 자격을 부여할 수 있는 듯한 기분에 빠지는데, 이 의지가 좌절당하면 분노가 폭발할 수 있다. 이 단계 초기만 해도 수치심은 감정의 레퍼토리들 가운데 포함되어 있지 않다. 그러나 수치심은 초기 정서 발달이 완성되기 전에 아이가 상대해야 할 주요한 힘으로 곧 등장하게 된다. 수치심을 다루는 법을 아이가 얼마나 잘 배우느냐가 궁극적으로 나르시시스트가 되느냐 아니냐를 결정짓는 관건이다.

이 모든 것이 자기를 양육자와 구별되는 존재로 파악하는 건강한 자의식 형성 과업—심리학에서 '분리-개별화 과정'[1]이라고 부르는—과 함께 시작된다. '분리(separation)'라는 개념은 자아와 타자들 사이의 경계 수립, '나'와 '너'를 분간할 수 있는 능력과 관련된다. 앞에서 이미 보았듯이 나르시시스트에게는 그러한 경계가 분명하지 않다. 그러나 사실 우리 모두는 세상에 태어나서 처음 한동안은 그런 상태에 있었다.

최초의 나르시시즘과 제2기 나르시시즘

약 한 세기 전, 지그문트 프로이트(Sigmund Freud, 1856~1939)[2]는 어린아이의 '자기 성애' 단계를 '최초의 나르시시즘'으로 기술했다. 그는 이 개념을 통해 아기의 '리비도(Libido, 삶의 본능, 프로이트가 성적 충동 및 인간의 모든 건설적 행동과 관련된 본능적인 생리적·심리적 에너지를 표현하기 위해 만들어낸 개념)' 혹은 생명력이 온전히 자기 자신과 자기 욕구에만 집중되어 있음을 설명하고자 했다. 프로이트는 연구 활동 초기에 '자극 장벽(stimulus barrier)' 곧 '자연스런 심리적 방패' 이론을 내놓았다. 외부로부터 과도한 감각적 하중이 전달될 때 어린아이의 미성숙한 신경 체계가 이러한 장벽 혹은 방패 장치를 써서 스스로를 보호한다는 것이다. 어린아이는 자기를 보호하는 고치 속에 들어앉은 정서적으로 자기 충족적인 존재이긴 하지만 아직까지 '자기'에 대한 개념이 없고, 마찬가지 이유에서 타자들 역시 상상할 수 없다고 프로이트는 보았다.

그러나 우리는 이제 어린아이를 이런 식으로 생각하지 않는다. 유아를 대상으로 한 여러 연구 덕분에 우리는 신생아들이 얼마나 지각 능력이 뛰어난지를 알게 되었다. 오늘날 우리는 아주 어린 아기들조차 자기들이 감당할 수 있는 한도 내에서는 자극을 원한다는 것을 안다.[3] 또한 출생 직후 아이들의 '대인 세계(interpersonal world)'에 대한 간단한 가설을 세우고 검증해볼 수도 있다. 그럼에도 불구하고 프로이트의 나르시시즘 개념은 그 후학들의 연구와 수정 작업을 거쳐 오늘날까지도 아이의 '심리적' 발달, 유년기 초반의 '자아' 개념의 탄생을 이해하는 데 기본적인 토대가 되고 있다.

프로이트는, 아기가 생후 2개월부터 더 많이 울기 시작하는 이유가 이 무렵부터 자극 장벽이 무너져 내리고 외부 세계가 아기에게 불쾌한 방식으로 다가오기 때문이라고 가정했다. 그는 아기가 경기를 일으킬 듯 그악스럽게 울어대는 것을 묘사한 적 있는데, 아기가 자기 충족이라는 호사를 누리지 못하고, 자기를 둘러싼 고치 바깥에서 오는 위안을 인식해야 하는 상황에 강제로 처했기 때문이라고 보았다. 타자에 대한 개념은 아이의 자아 개념이 확립된

다음에야 발달할 수 있지만, 자기에게 위안을 주는 양육자의 젖가슴, 팔, 얼굴, 목소리 등은 이러한 '자기애적' 관점에서 초보적인 '나'의 일부가 된다. 이런 점에서 아기는 마치 노른자위가 두 개 들어 있는 새알에 비유할 수 있다.

프로이트는 아기가 자기 아닌 다른 존재를 '돌봐주는 사람'으로 자각하는 것을 최초의 자기 성애 상태에서 타자들에 대한 사랑의 초기 형태로 넘어가는 발달 과정이라고 보았다. 이때도 여전히 아이는 자신의 세계에서 '중심'이자 '핵심'이다. 정상적인 경우, 이 '최초의' 나르시시즘은 생후 1년 간 지속되는 것으로 보인다. 그 다음에는 '제2기' 나르시시즘이 온다. 이 단계에서는 자기 자신을 전능하다고 생각하는 아이의 환상이 부모에 대한 부풀려진 인식(부모를 위대한 존재로 여김)과 연결된다. 아이는 자기가 강력한 부모와 함께 있기 때문에 세상에 두려울 것이 없다는 기분을 느끼게 되는데, 바로 이러한 기분에 힘입어 아이는 자신을 둘러싼 환경을 탐색하기 시작하는 것이다.

이제 막 걸음마를 배워 사방팔방으로 아장아장 걸음을 내딛으며 모험을 시작하는 만 한 살 정도의 아기를 생각해보라. 세상은 온통 위험투성이지만 이 단계의 아이는 안전하게 보호받고 있기 때문에 두려울 것이 없다. 아이는 새로운 발견에 대한 탐구심으로 가득차 있고, 자기는 작고 연약한 존재이며 주변의 모든 것들이 크고 위험할 수 있다는 사실을 거의 깨닫지 못한다.

한 시상식장에서 여자 아기가 뒤뚱거리는 걸음으로 엄마가 한눈을 판 사이 무대 위에 올라가는 장면을 본 적이 있다. 모든 사람들이 아기를 쳐다보고 있을 때, 아기는 눈을 동그랗게 뜨고 미소 짓고 있는 사람들을 둘러보고는 음악에 맞추어 빙글빙글 돌기 시작했다. 모두들 아기가 귀여워 어쩔 줄을 몰라했고, 아기는 그러한 사람들의 반응을 즐기는 것 같았다. 아기 엄마는 가장자리 쪽에 서서 적잖이 당혹스러워하며 어찌할 바를 몰랐다. 엄마는 시상식이 열릴 수 있도록 아기를 어르고 달래서 겨우 무대에서 내려오게 했다.

이 아기가 유난히 무대 체질이었던 걸까? 그럴 수도 있다. 하지만 이렇게 부풀어오른 자신감은 유년기 초반에 아주 자연스러운 모습이며, 아기에게 '자기'에 대한 부풀려진 지각이 있음을 보여준다. 이 지각은 최초의 양육자에 대한 똑같이 부풀려진 지각에서 나온다. 심지어 양육자가 잠깐 동안 보이지 않을 때조차도 부풀려진 지각은 유지된다.

이러한 팽창된 자신감은, 좀 더 나이가 많은 나르시시스트의 '마법적 사고'를 어린아이 판본으로 바꾼 것처럼 보이는데, 실제로도 그러하다. 그러나 걸음마를 배울 무렵의 제2기 나르시시즘은 여전히 자연스러운 과도기 단계일 뿐이다. 건강한 아이라면 누구나 거치는 단계, 심리적으로 좀 더 성숙해지면 자연스럽게 벗어나게 될 단계에 불과하다. 아기는 차츰 진짜 자질들을 발달시키면서 자기애적 상태에서 벗어날 준비를 한다. 그러한 진짜 자질들은 부풀려진 환상에 기대지 않고도 자신감과 자존감을 확증할 수 있게 해주기 때문이다.

'나'의 탄생

심리학자들이 '자아'라고 부르는 것은 타고나는 것이 아니다. 물론, 태어나는 순간부터 추위나 배고픔, 고통과 안락함에 대한 감각은 있다. 또한 빛과 소리, 조금 더 특수하게는 냄새 등을 지각하는 능력도 있다. 젖을 빨거나, 만족스럽지 않을 때 울고 싶은 충동을 느끼는 본능도 있다. 우리 모두는 독특한 유전적 성격과 이른바 '기질(temperament)'이라는 것을 타고난다. 그러나 우리가 자궁에서 나올 때 지니고 있던 이 원료들의 총합은 아직 '자아'를 구성하지 못한다. 좀 더 기다려야만 각각의 개인들이 '나'라고 생각하는 것의 심리적 탄생에 이를 수 있다.

신체나 정신과 마찬가지로 자아도 일련의 순차적 방식에 따라 발달한다. 자아는 우리를 사랑하는 누군가의 눈길, 자기도 모르게 끌려들어갈 듯한 그 눈길에서 시작된다. 그러한 눈길이 없다면 우리는 살아갈 수가 없다. 여기서 따사로운 눈길을 보내는 얼굴이 우리의 일부라는 믿음이 생겨난다. 최초의 어설픈 '나'는 프로이트가 말한 노른자 두 개짜리 알과 비슷하다. 이 '나'에는 아이가 살아갈 수 있도록 돌봐주는 특수한 타자도 들어 있다. 그 타자는 (대개) 너무나 중요하고 강한 사람이기에 결국 그 사람이 '나'가 아니며 분리된 별개의 존재라는 사실을 완전히 깨닫기까지는 몇 달씩 걸린다. 그 깨달음이 오기 전까지 아이는 그 타자에게서 힘을 얻는다.

생후 2~4개월 무렵이 되면 아기는 특정 양육자를 자기에게 먹을 것을 주고, 자기를 달래주고 편안하게 해주는 사람으로 인식할 수 있게 된다. 아기는 이 양육자에게만 '특별한' 미소를 보낸다. 바로 이 상태를 '공생(symbiosis)'이라는 심리적 단계의 시작으로 볼 수 있다. 심리적 공생은 나르시시즘이 발달하는 방식을 이해하는 데 대단히 중요한 개념이다. 공생이란 어린아이의 자아 인식이 자기를 보살펴주는 타자―특히 엄마―와 융합되어 있음을 뜻한다. 그 나머지 세상사는 아기에게 그리 중요하지 않다. 엄마와 아기는 두 사람만의 낙원에서 살아가는 셈이다.

그러나 불과 몇 달만 지나면 아이는 이 공생의 알을 깨고 나오기 시작한다. 아기는 차차 다른 사람들에게도 눈을 돌리며, 그들이 엄마와 다르다는 점을 깨닫는다. 아기는 엄마 아닌 다른 사람이 자기를 안아줄 때 그 사람을 자세히 관찰하고 될 수 있으면 눈, 머리카락, 코, 입, 안경, 장신구 따위를 만져보려 한다. 이때 엄마가 옆에 있으면 엄마를 물끄러미 쳐다보면서 엄마와 그 사람을 서투르게나마 비교해본다. 이로써 아기는 '타자성(otherness)'이라는 개념을 파악한다. 이제 아기는 엄마가 '나'의 일부가 아니라 타자들 중 한 사람이라는 것을 받아들여야 하는데, 그 과정은 다음 단계에서 이루어진다.

생후 7~10개월 된 어린아이는 엄마 품에서 빠져나와 다른 곳으로 기어가거나 올라갈 수 있고, 엄마가 도와주는 가운데 저 혼자 설 수도 있다. 아기의 눈에 엄마는 여전히 극도로 소중한 사람이다. 그러나 아기는 이제 넓은 세상으로 눈을 돌려 탐색의 발걸음을 내딛기 시작한다. 이제 혼자서도 움직일 수 있기 때문에 아기는 엄마 품에서 벗어나 거리를 둘 수 있고, 엄마를 자기와 분리된 별개의 실체로 바라볼 수 있다. 그러나 심리적으로는 엄마를 여전히 자신의 연장으로 여긴다. 몸은 엄마와 떨어져 있을지언정 마음으로는 아직도 엄마를 자신과 분리된 완전한 개체로 받아들일 수 없는 것이다.

아이는 생후 10~12개월에 이르러 혼자 걸을 수 있게 될 때까지 자아에 대해 이렇게 '혼란스러운' 느낌을 품고 있다. 이어 과열된 흥분기가 오고 그러한 상태는 생후 16~18개월까지 지속된다. 우리의 어린 모험가는 여기저기 부딪히고 넘어지고 그 밖의 온갖 역경이 끊이지 않는 가운데 불굴의 의지를 발휘한다. 아기는 엄마에게서 점점 더 멀리 떨어진 곳까지 모험을 떠난다. 아기는 모험에 너무 열중한 나머지 때때로 엄마가 옆에 있다는 사실조차 잊어버리는 것처럼 보인다.

그러다가 혼자서 마구 뛰어다니던 아기는 갑자기 '재충전'을 하려는 듯 엄마에게 돌아온다. 만약 아기가 돌아오려는 순간 엄마를 찾을 수 없다면 태도가 완전히 달라진다. 아이는 천천히 움직이고 주위 환경에 대한 흥미를 갑자기 잃어버리며, 우울한 듯 보일 것이다. 분석적인 관찰자는 이것을 아기가 자기 내면에서 엄마의 이미지를 찾으려고 내부로 눈길을 돌리는 상황이라고 기술한다. 이럴 때 다른 사람이 엄마 대역을 한다면 아기는 아마 항의의 표시로 울음을 터뜨릴 것이다. 오직 엄마와 '재결합'한 후에야 아기는 계속해서 즐거운 모험에 몰두할 수 있다. 엄마가 여전히 자기와 일체라는 느낌은 아기가 자신감을 갖는 데 여전히 필요하다.

이 시기('활동기')에 들어선 지 얼마 안 되는 아기는 혼자 걷기 시작하지만 아직까지는 감정을 독립적으로 조절할 수 없다. 아기의 내면은 여전히 엄마와의 심리적 융합 상태로 특징지을 수 있다. 엄마와의 심리적 일체감과 더불어 엄마가 아기 옆에 있어주는 것은 아기가 격렬한 발견의 흥분을 겪도록 도와줄 뿐만 아니라 넓은 세계에서 자신이 너무나 보잘것없고 연약한 존재라는 좌절감에 대처할 수 있게 해준다. 분리 시기 이후에도 엄마가 아이의 기분에 공감해주는 것은 아이의 두뇌 발달에까지 영향을 미칠 정도로 중요하다.

아동의 뇌 연구는 두 번의 결정적인 시기에 뇌의 감정 조절 부위가 고착되고 그것이 평생 간다는 사실을 보여주었다.[4] 그 첫 번째 시기는 생후 10~12개월이고, 두 번째 시기는 생후 16~18개월이다(각각은 '활동기'가 시작하는 시기와 끝나는 시기에 해당한다). 사실상 이 시기에 아이가 '활동에 옮기는' 것들 중 하나는 자신의 감정을 처리하는 방법이다. 자기가 분리됐다는 느낌, 자율적인 '나'라는 느낌을 얻기 위해서는 감정을 조절하는 능력이 반드시 필요하다. 민감한 엄마는 아이의 기분을 맞춰줄 줄 알며, 아이가 너무 흥분하거나 낙담할 때는 부드럽게 누그러뜨려주거나 달래준다. 또한 그런 엄마는 언제쯤 정신적으로 좀 더 긴장시켜서 정서적 참을성을 발달시켜야 할지도 판단할 수 있다.

아이와 엄마의 관계는 대략 생후 10개월에서 18개월 사이의 활동기 단계를 거치면서 눈에 띄게 변화한다. 만일 엄마가 심리적 공생 단계에서 충분히 즐거움과 관심을 보여주었다면, 아이는 아주 기분 좋은 상태로 엄마에게서 서서히 떨어질 수 있게 된다. 생후 10개월 정도가 되면 아이는 전보다 훨씬 더 많은 시간을 깨어서 보내고 하루에 여섯 시간 가량을 놀면서 보낸다. 처음에 엄마는 놀이 동무 내지는 보모 같은 존재이지만, 그로부터 6개월쯤 지나면 "안 돼, 안 돼."라고 연발하는 엄마가 되어버린다. 엄마는 아이에게 '해서는 안 될 행동들'을 늘어놓으면서 사회화 경험이라는 찬물을 끼얹는다. 이 단계 초기에 아이에게 나타났던 특징적인 의기양양함은 '울적한 각성 단계'로 넘어간다. 이 상태는 어른의 침울한 기분, 심지어 가벼운 우울증이 어린아이 버전으로 나타나는 것과 비슷하다.

그러나 '기분이 가라앉은' 이러한 상태는 정상적이며, 아주 중요한 기능을 한다.[5] 바로 뇌에서 에너지 보존과 정서적 억제를 관장하는 부분이 성장하도록 돕는 것이다. 이 울적한 각성 단계를 넘나들면서 아이는 너무 강렬하거나 불쾌한 감정들을 외부의 도움 없이 가라앉히는 법을 배운다. 이러한 새로운 방법들을 배우면서 아이는 조금 더 자기 자신을 믿을 수 있게 되고 심리적 자율성을 향해 나아갈 수 있게 된다.

아이는 타인들의 세계와 조화를 이루며 살아갈 채비를 한다. 이 과정에서 사회화는 바람직하지 못한 행동을—아이가 아주 좋아하는 행동들도 포함하여—억제하는 것을 목표로 삼는다. 아이가 쾌락을 포기하도록 설득하려면 수치심이라는 강력한 감정을 일깨우지 않으면 안 된다.

아이는 엄마와 자기가 완벽한 일체라는 환상, 이때까지 유지해오던 이 환상이 배반당할 때 처음으로 수치심을 경험한다. 사랑스럽던 엄마의 얼굴이 일순간 기쁨이나 흥분을 앗아가버리며 수치심을 뿜어낸다. 이제 아이는 엄마에게서 힘을 얻기는커녕 위축감을 느끼고, 심지어 상처를 입기까지 한다. 그러나 이 상처는 교육적이고 꼭 필요한 것이다. 아이는 이 상처를 통해 엄마가 나와 분리된 사람일 뿐 아니라 나와 다른 사람이라는 점을 배운다. 또한 자기가 항상 세상 꼭대기에 올라앉아 있을 수는 없다는 점도 배운다. 하지만 이 상처가 감당하기 힘들 만큼 지나치게 가혹해서는 안 된다.

돌밖에 안 된 아이에게 수치심은 너무 무거운 짐이다. 그러므로 섬세하고 적절한 대응을 해줄 수 있는, 정서적으로 가까운 양육자가 아이를 달래주어야만 한다. 부드러운 눈길, 따뜻한 손길, 다정다감한 말을 건네줄 엄마나 엄마 노릇을 대신할 양육자가 꼭 있어야 하는 것이다. '의기양양함-수치심-회복'의 경험은 수치심을 다루는 법을 배우는 데 아주 좋은 연습이 된다.[6] 더욱이 이러한 경험은 건강한 자아 의식을 발달시키는 데 디딤돌이 된다. 아이는 상처받은 감정이 치유될 수 있다는 것과 자기가 쓸모 있는 존재라는 것을 배우며, 양육자를 신뢰하게 된다.

이런 과정을 거치지 않으면 아이는 자기 욕구와 느낌이 수치스럽고 받아들여질 수 없는 것이며, 자신을 나쁜 아이라고 생각하게 된다. 정서적으로, 어린아이는 감정을 조절할 때 따뜻한 공감을 받아야 하고 지나치게 압도적인 감정으로부터 보호받아야 한다. 아이의 뇌가 충분히 성숙해서 남의 도움 없이도 자신의 감정을 조절할 수 있을 때까지는 그러한 도움과 보호가 필요하다.

한편, 수치심은 활동기에 완전히 전면에 드러나는 타고난 이기심을 억제하는 역할을 한다. 그리하여 수치심은 아이가 타인들과 교류하는 데 좀 더 익숙해질 수 있도록 돕는다. 아이들은 자기가 유일무이하고 중요한 존재이지만 '다른 어떤 사람보다', 특히 자기 부모보다 더 독보적이고 대단한 존재는 아니라는 사실을 배워야 한다.[7] 아이를 기르는 사람은 아이를 모욕하거나 제압하지 않으면서도 아이가 '위대하고 훌륭한 엄마와 융합되어 있으니 나도 위대하고 전능해.'라는 생각에서 벗어나 이제는 현실에 토대를 둔 '분리된 자아' 인식으로 나아갈 수 있도록 도와야 한다.

위로(회복)가 따르는 적절한 수치심의 경험은 아이가 자기가 위대하다는 착각에서 벗어나 좀 더 현실적인 자아 상(像)으로 옮겨갈 수 있게 도와준다. 부모나 양육자는 아이의 정서적 발달을 위해 이런 종류의 가벼운 스트레스도 줄 줄 알아야 한다. 이런 일은 아이에게도 쉽지 않지만, 때때로 아이를 돌보는 어른에게도 힘겨울 수 있다.

생후 18개월 무렵, 즉 활동기 막바지에 이르면 아이와 엄마는 사실상 더는 공생하는 '우리'가 아니다. 엄마는 전능하다는 환상은, 차츰 엄마와 나는 다른 사람이며, 엄마는 나와 떨어져서 다른 사람, 다른 활동에 관심을 가질 수도 있다는 인식으로 바뀐다. 아이가 자신만만하게 세상을 탐색하러 나설 수 있었던 것은 자신이 위대하다는 망상이 있었기 때문이었는데, 이제 그 망상이 무너지기 시작한다. 이때에 정서적 불균형 상태가 나타난다. 한때 그토록 기운이 넘치던 아이는 대략 만 세 살 때까지 자신의 현실적인 연약함을 의식하고 엄마가 어디에 있는지, 엄마가 나를 두고 떠나지는 않는지에 신경을 쓰게 된다. 엄마가 곁에 있으면 아이는 엄마가 자기와 모든 것을 함께해야 한다고 요구한다. 이것이 바로 '재접근(rapprochement, '접근' 혹은 좋은 관계의 회복을 뜻하는 프랑스어-옮긴이)'이다. 그래서 분리-개별화 과정의 최종 단계에 '재접근기'라는 이름이 붙은 것이다.

재접근기에 있는 생후 18~36개월의 아이는 걸음마를 시작했을 때의 아기보다 실질적으로 더 많은 능력을 가지고 있으나 훨씬 더 두려움이 많다. 이 정도 성장한 아이는 자기가 위대하고 전능하다는 환상도, 자기와 엄마가 융합되어 있다는 환상도 간직하고 있지 않기 때문이다. 아이의 기분과 행동은 양면적 특성을 보여준다. 예를 들어, 아이는 엄마에게 다가가 자기 세계를 함께하면서 공생의 기쁨을 다시 누리다가도 갑자기 엄마에게서 물러나 화를 내며 자신의 독립성을 주장하기도 한다. 이 시기의 분노와 불끈하는 기분은 절대성이 사라진 상대적 질서 속에서 자기가 실제로 차지하는 위치에 대한 자각, 한때 자기 손이나 얼굴처럼 자신의 일부였던 강하고 자애로운 엄마를 조종할 수 없다는 자각에 대한 아이의 분노를 표현한다.

건강한 아이는, 들러붙었다가 극적으로 돌아서기를 반복하는 이 도전적인 단계 막바지에 이르러 진정한 자아 의식을 갖고 타인의 자율성을 인정하게 된다. 이런 과정은 보통 만 4세 이전에 다 이루어진다. '개별화'가 이루어진 것이다. 아이는 이제 (엄마와) 분리되고 (자기 자신과) 통합된 '나'의 의식을 지닌 것으로 간주된다.

다음 이야기는 자녀들의 감정에 공감해줄 줄 아는 한 어머니가 재접근기의 몇 가지 문제들을 어떻게 극복했는지 보여주는 사례이다.

생후 27개월 된 에밀리는 오후 낮잠에서 깨어났을 때 웬 낯선 사람이 집에 있음을 알아차렸다. 에밀리가 자는 동안 엄마가 점심을 같이 먹자고 친구를 집으로 불렀던 것이다. 닫힌 방문 너머로 낯선 목소리가 들려왔다. 에밀리는 침대에 앉아서 큰소리로 엄마를 불렀다. 엄마는 금방 달려왔다. "에밀리, 지금 엄마 친구가 와 있단다." 엄마는 에밀리가 아직 완전히 잠에서 깨지 않은 것을 보고 부드럽게 말했다. "에밀리, 실비 이모 만나러 나갈까?"

엄마와 딸은 잠깐 동안 두 사람만의 오붓한 시간을 보내고는 침실에서 나왔다. 에밀리는 엄마 품에 푹 파묻혀 자기의 금발머리로 엄마의 상반신을 온통 감싸버렸다. "애가 옷을 벗고 자는 걸 좋아하거든." 에밀리가 벌거벗고 있었기 때문에 엄마는 손님에게 지나가는 투로 말했다. 모녀는 꼭 껴안은 채 식탁에 앉았다. 엄마는 에밀리를 부드럽게 토닥이며 어른들끼리 대화를 계속했다.

오래 지나지 않아 에밀리는 주위를 두리번거리면서 낯선 손님을 경계심 가득한 눈으로 쳐다보았다. 엄마는 어린 딸을 이 만남에 끼워주기로 하고 먹을 것과 마실 것을 가져다주었다. 대화는 에밀리도 끌어들이는 방향으로 흘러갔고, 아이는 엄마에게 이러니저러니 말을 걸면서 서서히 대화에 합류하기 시작했다. 이따금 에밀리는 젖가슴에 매달리고 싶은 듯 엄마 셔츠에 손을 뻗쳤다. "애가 이제 막 젖을 뗐거든." 엄마가 친구에게 설명했다. 엄마는 때로는 에밀리가 손을 꼭 잡아도 모른 척하고 또 어떤 때는 손을 가볍게 빼고 딸의 주의를 다른 데로 돌리기도 했다. 그러나 엄마의 반응에 불쾌한 기색은 전혀 없었다. 딸에게 창피를 주려는 듯한 행동도 전혀 없었다. "애, 넌 이제 다 컸잖니." 같은 책망도 하지 않았다.

시간이 좀 지나자 에밀리는 완전히 잠기운을 떨쳤고 낯선 손님에 대해서도 긴장이 풀렸다. 그러나 엄마가 자기한테만 신경을 써주지 않아서 기분이 좋지 않았다. "이제 그만 말해." 에밀리가 말했다. 엄마와 엄마 친구는 대화를 중단하고 에밀리를 끼워주려고 했다. 두 사람이 대화를 계속 나누면서도 에밀리가 소외되지 않게 하려 했던 것이다. 하지만 에밀리는 대화 따위에 끼고 싶지는 않았다. "그만 말해. 그만 말하라니까." 에밀리는 이 말만 반복하며 떼를 썼다.

에밀리는 음식을 만지작거리며 놀기 시작했다. 게다가 엄마가 지난번에 분명히 그러지 말라고 했음에도 불구하고 체리 씨를 꿀꺽 삼켜버렸다. "에밀리, 먹을 걸 바닥에 던지면 안 돼." 이번에도 엄마는 에밀리에게 화를 내거나 창피를 주지 않고 차분하게 주의를 주었다. "에밀리, 체리 씨는 먹으면 안 돼. 왜냐면 씨가 목에 걸려 숨을 쉬지 못할 수도 있어." 엄마는 에밀리를 무릎에 안아 올린 채 계속 친구와 대화를 나누었다. 그러면서도 에밀리와 신체적·언어적 상호작용을 멈추지 않았다. 에밀리는 음식으로 장난치는 걸 그만두고 체리 씨를 뱉었다. "자, 우리 아가씨, 실비 이모한테 에밀리 방을 보여줄래?" 엄마가 에밀리에게 말했다.

에밀리는 자기 방에 가서 손님에게 사진과 장난감을 잔뜩 보여주었다. 특히 에밀리는 거울에 비친 자기 모습을 보여주며 아주 신나했다. 그 다음에는 이것 좀 보란 듯이 유아용 변기에 앉아서 오줌을 누었다. "우리 에밀리, 쉬야도 잘하네." 엄마의 이 한마디는 무엇인가를 해냈다는 에밀리의 성취감과 딱 맞아떨어졌다. "이거 에밀리가 화장실에 가서 버릴래?" 에밀리는 화장실 변기에 오줌을 쏟고 물까지 내렸다. "에밀리, 참 잘했어요." 엄마는 과장되지 않은 말투로 이렇게 말해주었다.

에밀리 엄마의 육아 방식에서 인상적인 점은 아이가 정확히 어떤 발달 단계에 있는지 자연스럽게 파악하고 있다는 것이다. 또한 이 엄마는 아이를 가르치고 격려하는 데서 온건한 사회화로, 더 나아가 즐거운 놀이로까지 매끄럽게 오가고 있다. 만 두 살 정도의 아이는 이제 아기가 아니다. 하지만 이 또래의 아이는 아직 아기 때의 즐거움을 박차고 나올 준비가 되어 있지 않다. 아이가 엄마의 몸을 차지하고 싶어하는 마음, 낯선 손님을 인정하지 않다가 서서히 마음을 여는 모습에 주목할 필요가 있다. 또한 아이가 얼마나 의도적으로 자기 자신과 주변 환경을 통제하는 데 초점을 맞추는지 눈여겨볼 필요가 있다. 엄마가 아이에게 지속적으로 반응을 보여줌으로써 아이의 거센 몸부림을 부드럽게 누그러뜨리고, 사회화를 너무 강조하거나 너무 무시하는 일 없이 아이의 막 나타난 자율성을 존중해주었다는 점도 눈여겨보아야 한다. 그리고 그 결과를 보라! 에밀리는 건강하고 분리된 자아 의식을 향해 제대로 나아가고 있다.

생후 2, 3년은 나르시시즘의 시기이다. 이 시기에는 아직 자아가 발달하지 않고 타자가 타자임도 자각하지 못하는 게 정상이다. 자기가 위대하고 전능하다는 느낌, 마법적 사고, 수치심에 대한 민감한 반응, 나와 타인 사이 경계의 불분명함이 한꺼번에 나타난다. 우리는 이 단계를 벗어나게 되어 있지만, 그 과정을 거치는 동안 우리를 사랑으로 감싸줄 수 있는 부모의 도움이 필요하다.

부모는 어린아이가 알지 못하는 경계를 분명히 잡아주어야 하고, 아이가 실제로 어떤 모습인지 그리고 앞으로 어떤 모습이 될 것인지 인식하도록 도와주어야 하며, 수치심을 다스리고 분노를 억제할 수 있도록 도와주어야 한다. 부모는 아이에게 타자들의 세상에서 살아가는 방법을 가르쳐주어야 한다. 만약 그런 도움을 받을 수 없다면, 아이는 유년기 나르시시즘에 고착되어버린다. 분리-개별화 과정을 완수하는 데 실패하면 자기애성 인격장애(병적 나르시시즘)로 치닫고 마는 것이다.

다음에는 아이들이 이 과정을 잘 거칠 수 있도록 올바르게 이끌지 못하는 부모들을 살펴보겠다. 부모에게 중대한 나르시시즘 문제가 있다면 그 결과는 불 보듯 뻔하다. 그 자녀들 중 일부는 나르시시즘에 빠진 부모의 클론(복제인간)처럼 부모와 똑같이 닮은 모습으로 자란다. 또 일부는 희한할 정도로 너무나 낯익은 인간 관계, 즉 자기를 희생해야만 하는 관계에 자꾸만 휘말린다.

'내 아이는 나처럼 완벽해야 돼'
_나르시시즘에 빠진 문제 부모

곰곰이 생각해보면, 한 아이가 나르시시즘의 암초를 헤치고 분리-개별화 과정을 무사히 거치도록 이끄는 것은 아주 힘든 일이다. 그러자면 자기 중심주의, 변덕, 불끈하는 기분 같은 아이의 반응을 아우를 수 있어야 한다. 또 매우 중요한 발달 과제를 수행하려 안간힘 쓰는 양육자에 대한 반항을 아우르고 건강하고 자율적인 자아의 형성을 이끌 수 있어야 한다. 이 과정에는 인내심이 있고 사려 깊으며 나와 너의 경계가 분명한 어른이 필요하다. 이 과정을 잘 이끌려면 부모나 양육자는 자기 자신과 아이 모두에 대해 현실적인 시각을 갖고 있어야 한다. 또한 자신의 공격 충동을 잘 통제할 수 있어야 하고, 무엇보다도 아이들을 자기 욕구를 채우기 위한 수단으로 '이용'해서는 안 된다. 요컨대, 이 어른들 자신이 분리-개별화 과정을 성공적으로 완수한 사람이어야 한다는 말이다. 그런데 만약 양육자가 그렇지 못하다면?

자기애적 어머니

인생의 서곡은 엄마와 아이의 듀엣곡으로 들려온다. 아이가 장차 보이게 될 문제들이 대부분 자아가 분리되어 형성될 당시의 문제에서 비롯된다고 보는 전문가들은, 아이에게 가장 큰 힘을 발휘할 수 있는 어머니야말로 그 아이에게 가장 책임 있는 존재라고 생각한다. 아빠의 역할도 중요하기는 하나, 그것은 어디까지나 조력자 역할에 불과하다. 이 분야의 논문들 역시 자기애적 아버지보다는 자기애적 어머니 쪽에 더 많은 관심을 할애하고 있다.

그러나 아이의 인격이 형성되는 이 시기에 가장 중요한 인물, 아이의 심리 발달에 가장 큰 영향을 끼칠 인물은—꼭 어머니가 아니더라도—사실상 아이가 심리적 공생 관계를 맺는 양육자이다. 오늘날에는 그 사람이 어머니가 아니라 아버지 같은 (남자아이의 경우) 동성의 양육자일 수도 있고, 입양 부모나 부모 대신 아이를 키워주는 친척(할아버지, 할머니), 유모, 아주 어린 아기들을 돌보는 어린이집 보모 등이 될 수 있다. 어머니 혼자서만 이 역할을 떠맡으란 법은 없다.

아이를 돌보는 어머니가 나르시시스트일 경우, '공생' 과정 자체가 위협받을 수 있다는 점을 명심해야 한다. 그 이유는, 아이와 어머니 사이에 정상적인 방식의 유대 관계가 맺어지지 않기 때문이다. 나르시시스트 어머니는 자신이 아무리 간절히 원한다고 해도 아이와 건강한 애착을 형성하지 못한다. 그녀는 지극히 자기애적인 이유로 모성적 역할에 빠져들기 때문이다. 그녀를 매혹하는 것은 양육자로서 자신의 이상화된 모습이고 또는 아기를 갖고, 낳고, 젖을 빨림으로써 자기 자신을 '완성'하려는 욕망이다. 자신을 원형적 여성상으로 그리면서 그녀는 자신의 위대함에 바람을 넣고 자격을 부여할 수 있다는 기분을 한껏 부풀린다. 심지어 임신하기 전부터 그녀는 상상 속의 아이를 자신의 연장, 자기를 특별하다고 느끼게 해주고 타인들의 존경을 받기 위해 이용할 수 있는 존재로 여긴다.

물론, 자기애적 어머니는 생명을 주는 자, 양육자로서 '자신이 지닌' 완벽함을 그대로 반영할 만큼 '완벽한' 아이를 원한다. 실제 태어난 아이가 어떤 식으로든 이 기대를 저버린다면—자기가 바라던 성별이 아니었다든지, 못생겼다든지, 어떤 장애가 있다든지—그 어머니는 자기 자신에게 하자가 있다고 느끼고 수치와 분노를 폭발시킬 것이다. 그러나 아이에게 다른 이미지, 자신에게 우쭐한 기분을 느끼게 해주는 좀 더 마음에 드는 이미지를 투사함으로써 어머니는 자신의 추한 감정을 숨기고 타인들의 감탄을 상상 속에서 계속 유지할 수 있다. 자기 아이가 '완벽'하다고 느끼든, 내심 실망감을 맛보든 자기애적 어머니는 실제 아이보다 자기가 꿈꾸는 환상 속의 아이와 더 강한 유대 관계를 맺는다.

 어머니의 나르시시즘은 임신했을 때부터 명백하게 표가 난다. 이런 엄마들은 임신 기간 동안 몸매에 유난히 신경을 쓰고 자기 몸 편할 생각만 한다. 또 다른 사람들이 자기에게 신경써주기를 바라고, 임신 기간 동안 손가락 하나 까딱하려 들지 않으며, 분만을 극도로 두려워한다. 어떤 여자들은 완벽한 임산부의 모습, 완벽한 어머니가 되는 것에 강박적으로 사로잡히기도 한다.
 반면, 어떤 경우에는 장차 자기애적 어머니가 될 여성이 너무나 자기밖에 몰라서 출산 전에 응당 받아야 할 진료나 절차를 밟지 않거나, 약물이나 알코올, 그 밖에 태아에게 해를 끼칠 수 있는 나쁜 습관을 버리지 못하기도 한다. 이런 여성은 새 생명을 맞아들일 준비를 소홀히 하거나, 혹은 정반대로 자신의 현실적인 재정 형편은 생각지 않고 '내 아이는 무조건 최고로 키운다.'라는 강박관념에 사로잡힌다. 그래서 친척이나 친구들에게 과도한 선물을 기대하기도 하고, 실제로 아기를 자기 인생에 받아들일 준비보다는 아기 방을 예쁘게 꾸미고 이것저것 아이 물건을 모으는 것 같은 부수적인 문제에 더 매달린다. 자기애적 예비 엄마는 자신의 임신 상태에 전혀 신경을 쓰지 않거나 반대로 임신 그 자체에 지나치게 에너지를 쏟아붓는데, 어느 쪽이든 곧 자기 몸에서 태어날 새 생명보다는 자기 자신의 경험에 초점을 맞춘다는 점에서는 마찬가지이다.

아기가 태어난 뒤에 자기애적 어머니는 우울증에 빠지기 쉽다. 갓난아기는 이것저것 돌보아주어야 할 것이 많아서 자기애적 어머니의 거대한 환상을 충족시킬 만한 기회가 줄어들기 때문이다. 이 단계에서 모성은 응당 헌신적으로 아기를 돌보게 마련이지만, 자기애적 어머니가 헌신적으로 되기란 너무나 어려운 일이다. 그녀는 빠져나갈 방법을 찾는다. 그녀는 주저 없이 다른 사람에게 도움을 청하며 자기가 진 짐의 일부 혹은 전부를 내려놓으려 할 것이다. 만약 자기 일, 그것도 아주 좋아하는 일이 있다면 원래 예정했던 것보다 더 빨리 직장에 복귀할 수도 있다. 만약 빠져나갈 구멍이 없다면 그녀는 다른 사람이 지켜보지 않을 때에는 아기에게 별 관심을 보이지 않고 건성으로 아기를 돌볼 것이다.

아기가 태어나고 처음 힘든 몇 달 동안은 아기가 어머니의 나르시시즘을 채워주기가 어렵다. 이 기간 동안 자기애적 어머니는 아기를 돌보는 데 태만하거나, 반대로 지나치게 불안해하거나, 아기를 무슨 인형 다루듯 감정적으로 무심하게 기계적으로만 돌보기 쉽다. 이런 엄마의 특징적 태도는 아기의 행동에 말도 안 되는 의미를 갖다 붙이는 데서 엿볼 수 있다. "애는 그냥 나를 열받게 하려고 우는 거예요!" 이런 식의 말들이 단적인 예이다.

그렇게 몇 달이 지나고 나면 아기는 엄마와 공생 관계에 들어갈 준비가 된다. 자기애적 어머니들 중 일부는 이미 최초의 양육자 역할을 떠넘길 다른 사람을 물색해두었다. 그러나 계속 아기를 돌봐야 하는 경우라면 아기와 지내면서 차차 여러 가지 즐거움을 맛볼 것이다. 아기가 엄마에게만 보여주는 '특별한 미소'로 그간의 노력에 보상을 받으면서 적어도 그 순간만큼은 다시 자신을 특별한 존재로 느끼게 된다.

자기애적 어머니는 원래 자아와 타자 사이의 경계를 뚜렷하게 인식하지 못하고 자신과 타자가 뒤죽박죽 얽히는 관계를 선호하기 때문에 아기와 맺는 공생 관계는 그녀에게는 아주 자연스럽다. 아기는 사랑을 담뿍 담은 눈길로 엄마를 바라보고 엄마의 일거수일투족과 표정을 살핀다. 오직 엄마의 손길과 목소리만이 아기를 편안하게 해줄 수 있고, 엄마도 같은 식으로 아기에게 반응한다.

그 어떤 사람도 아기만큼 엄마에게 자신이 특별하고 중요한 사람이라는 기분을 느끼게 해주지 못했을 것이다. 까마득한 어린 시절을 제외하면, 여태껏 자기에게 그렇게 완전히 속해 있던 존재는 없었을 것이다. 엄마의 마음 깊숙이 어떤 감정의 현이 강하게 울린다. 그 감정은 자신의 어린 시절, 그 한없는 기쁨의 시절을 떠올리게 한다. 이제 엄마는 아이에게 푹 빠지고, 아이와 엄마는 심리적으로 하나가 되어버린다. 아기가 아니면 그 누구와도 이런 관계는 기대할 수 없다.

그러나 애석하게도 아기는 곧 이 더할 나위 없는 행복한 결합을 배신한다. 아기는 원래 그 단계를 넘어서서 성장해야 할 존재이다. 아기는 두 사람만의 낙원에서 나와 넓은 세상에서 자기 운명을 개척해야 한다. 그런데 아기가 차차 다른 사람들에게도 반응을 보이고 엄마가 대수롭지 않게 여기는 것들에 관심을 보이기 시작하면, 자기애적 어머니는 화를 내거나 아기를 영영 잃지는 않을까 두려워한다. 이런 어머니는 아기가 자율성을 기를 기회를 제한하려 할 것이고, 또는 수치심을 지나치게 자극하여 아기를 지배하려 든다. 또한 자신의 이기적인 기대에 부응할 때 상을 주거나, 아니면 이 기간 동안 아이에게 으레 나타나는 의기양양함을 지나치게 부풀림으로써 아이를 자기 맘대로 휘두르기 시작한다. 그리하여 아이는 좀 더 현실적인 자아상을 발달시키는 데 어려움을 겪을 수밖에 없게 된다.

앞에서 다루었던 생후 27개월의 여자아이 에밀리의 사례를 기억해보자. 에밀리는 잠에서 깨어나 집에 낯선 손님이 있다는 것을 알아차렸다. 에밀리의 어머니는 분리-개별화 단계 막바지의 문제들을 슬기롭게 조절할 줄 아는 여성이었다. 이 어머니는 아이의 감정에 공감할 줄 아는 능력에서 양육자의 모범이 될 만하다. 그런데 똑같은 상황에서 자기애적 엄마는 완전히 다른 광경을 연출한다. 자기애적 엄마는 자신의 이기심을 위해서 아이가 스포트라이트를 받을 수 있도록 상황을 만듦과 동시에 손님 앞에서 관대하고 너그러운 어머니 역을 연기해 보인다. 이리하여 아이가 스스로 위대하다고 느끼는 기분은 더욱더 강화된다. 그러나 이런 상황에서 엄마가 사려 깊은 어머니상을 연기하는 것은 엄마 자신이 스스로 위대하다는 느낌을 맛보기 위한 훈련일 뿐이다.

자기애적 엄마의 또다른 독특한 반응은 어쩌다 어른들끼리 이야기를 나눌 때 애가 깨어서 방해를 하면 아주 귀찮아하거나 화를 참지 못하고 신경질을 낸다는 것이다. 아이가 목이 터져라 울 때까지 모른 척하거나, 자기를 방해하지 말고 다른 일을 하라고 아이의 등을 떠다미는 엄마들이 있다. 물론, 두 돌 지난 어린아이에게 그런 일이 가능할 리가 없다. 그래서 아이가 계속 엄마의 주의를 끌려고 애쓰면 결국 엄마는 불같이 화를 내고 아이에게 있는 대로 창피를 주면서 좀 더 의젓하게 굴라고 야단을 친다. 이제 아이도 화가 나서 자기가 기분 좋은 오후 한때를 완전히 망칠 수 있다는 것을 확실하게 보여준다. 엄마와 아기의 힘 겨루기가 계속되는 것이다.

어떤 자기애적 엄마는 아이의 실제 욕구 따위에는 관심도 없고 자신의 나르시시즘이라는 풍선을 부풀리는 데 아이를 이용한다. 또 어떤 자기애적 엄마는 아이의 나이에 맞는 욕구와 행동을 고려하지 않고 무조건 혼내고 야단쳐서 아이를 사회화시키려 한다.

생후 10개월에서 30개월에 이르는 활동기 및 재접근기는 아이와 공생 관계를 맺은 자기애적 어머니가 아이의 나르시시즘을 확대하는 힘을 발휘할 수 있는 시기이다. 이로써 장차 나르시시스트가 한 사람 더 늘어나게 된다. 엄마가 자기 마음에 든다는 이유로 아이의 의기양양한 기분, 전능한 느낌을 부추기거나, 엄마가 아이를 좀 더 현실적인 자아상으로 원만하게 이끌어주지 못한다면, 분리-개별화 과정은 중단된다. 그런 엄마는 아이가 자기 모습을 현실적으로 파악하도록 돕기는커녕 자기가 특별하고 대단하다는 환상에 기대어 헛된 자존감만 부풀리게 만든다. 바로 엄마 자신이 그런 식으로 자존감을 얻어 살아왔기 때문이다. 아이는 자기애적 상태에 고착된 채 엄마의 연장으로서 살아가게 된다(엄마 역시 아이의 연장으로 인식된다).

자기애적 엄마는 수치심을 견디는 능력이 없기 때문에 아이의 행동이 곧잘 걱정스럽다고는 해도 분리-개별화에 필요한 적절한 역경을 아이에게 제공할 수 없다. 아이가 자기 뜻을 거스르거나 사람들 앞에서 자기를 당혹스럽게 하면 자기애적 엄마는 무섭게 화를 내고 지나치게 나무란다. 엄마도 수치심을 누그러뜨리는 법을 모른다는 점에서 아이와 똑같은 셈이다. 그런 엄마는 아이가 발달 단계에 나타나는 장애물을 극복하도록 도와주지 못한다. 엄마는 감정 이입하는 능력과 공격성을 제어하는 능력의 본보기가 될 수 없고 아이는 끝내 그러한 능력들을 배우지 못한다. 아이는 그저 엄마의 분노와 적개심에만 유난히 민감한 상태로 머물게 된다. 수치심을 다스리고 타인에게 공감하며 공격성을 통제하는 능력을 기르지 못한 아이는 나르시스트로 성장할 확률이 매우 높다. 그야말로 '모전자전(母傳子傳)'이다.

자기애적 아버지

아이가 어릴 때에는 전통적으로 엄마가 양육자 역할을 하기 때문에 엄마의 나르시시즘이 아이의 자아 개념에 가장 직접적인 영향을 미치는 것으로 알려져 있다. 그러나 상황에 따라서 아버지가 최초의 양육자 역할을 맡을 경우에 아이는 아버지와 공생 관계를 맺을 수도 있다. 이 경우, 아버지의 나르시시즘은 어머니의 나르시시즘 못지않게—같은 이유에서—아이의 건강한 심리적 발달에 장애물이 된다.

그러나 엄마가 아이를 돌보는 전통적인 가정에서도 아버지의 나르시시즘은 아이가 만 두 살이 될 때까지 간접적으로 영향을 주기도 한다. 특히 이것은 아버지가 어머니를 어떻게 대하느냐에 달려 있다. 출산한 지 얼마 안 되는 엄마는 신체적으로나 정서적으로 아이의 욕구에 끌려다니기 쉽다. 따라서 엄마가 아이를 키울 힘을 얻으려면 의지와 도움이 되는 배우자가 꼭 필요하다. 그런데 아버지가 오로지 자기밖에 몰라서 엄마에게 힘을 주지 못한다면 엄마는 아이에게서 자신의 정서적 욕구를 채우려는 경향을 보인다. 때문에 엄마가 아이와 지나치게 '가까워져서' 차후의 분리-개별화 과정이 어려워질 수 있다. 자기애적 아버지와 자녀에게 집착하는 어머니 밑에서 자란 아이는 종종 평생 동안 건강하지 못한 방식으로 어머니에게 매이게 된다.

아이가 '자기'라는 개념을 향해 마지막 발걸음을 내디딜 즈음엔, 엄마에게서 심리적으로 분리되는 과업을 완수하려면 아버지의 도움이 필요하다. 아버지는 나와 엄마가 뒤섞여 있는 공생 상태에서 볼 때 흥미진진한 외부 세계를 표상하는 인물이다. 하지만 아버지가 아이에게 관심이 없거나 아이에게 도움이 안 된다면 아이를 자율성으로 이끄는 중요한 연결 고리가 영영 끊어지고 만다. 그러나 자기애적 아버지라고 해서 모두 다 아이와 소원하거나 유대 관계를 맺지 않는 것은 아니다. 어떤 아버지는 아이가 아버지에게 점점 더 관심을 보이면서부터 힘이나 찬사를 얻고 싶은 자기 욕구를 채우기 위한 수단으로 아이를 이용하기도 한다.

전형적인 자기애적 아버지는 아주 상반된 두 가지 방식의 부모상으로 나타난다. 그러나 어느 쪽이든 '나'에게 초점을 맞춘다는 점에서는 차이가 없다. 우선, 그는 자기는 전혀 아버지가 될 생각이 없었으며 다만 아내가 임신을 했기 때문에 말려들었고 마지못해 아버지가 되었다는 식으로 행동할 수 있다. 그리고 아내의 몸매가 임신과 더불어 변해가는 모습을 보며 혐오감을 느끼기도 한다. 아내가 신체적으로나 정서적으로 그의 욕구를 충족시킬 수 없는 방향으로 달라지면 그는 거부감, 배반당한 기분, 태아에 대한 질투심 등과 싸우며 괴로워한다. 이러한 감정들 뒤에 숨어 있는 수치심은 종종 아내나 아내의 몸에 대한 가혹한 비난, 가학적이고 상처를 주는 농담으로 나타난다. 극단적인 경우에는 아내에게 폭력을 휘두르기도 한다.

아이를 아내를 통제할 수단으로 여긴다거나 자기랑 똑같은 복제품을 얻는 수단으로 여기는 남자 역시 나르시시스트이기는 마찬가지이다. 이런 남자의 거대한 환상은 멀리 미래를 내다보고 있다. 자기에게 의존하는 사람들(아내와 아이)을 이용해서 앞으로 자기가 엄청난 영향력을 발휘할 수 있고 대단해질 거라는 생각을 품고 있는 것이다. 그는 자신이 아내와 아이를 부양하기 때문에 그들을 지배하고 자기 뜻대로 조종할 수 있을 것이라 생각한다. 이런 남편은 아내를 지나치게 이상화하거나 아주 냉담하게 대하면서 아버지가 된다는 것을 장기적으로 자기 가치를 부풀리는 수단으로 생각한다.

자기애적 아버지는 아이가 처음 태어났을 때는 전혀 신경도 안 쓰고 자기만의 이기적 관심에 매달려 아이에게 시간이나 돈을 쓰는 것을 몹시 아까워할 수도 있다. 그에게는 아버지가 되는 데 따르는 경제적 책임감이 준비되어 있지 않을 수 있고, 아이를 키우는 데 돈이 들어간다고 화를 낼지도 모른다. 그는 산모의 건강과 평안함에는 별 관심을 보이지 않으며, 자기 욕구를 우선적으로 채우기 위해서 아기 엄마와 관계를 유지한다. 그는 '정신없이 바빠서' 예비 부모 교실 같은 데 참석할 시간을 낼 수도 없고, 심지어 아내가 애를 낳는 순간에도 와보지 못하며, 부모로서 져야 할 책임을 대부분 회피하려 할 것이다. 다른 사람이 그런 태도를 고쳐 보라고 하면 그는 '저 사람이 나를 속박하려 드는구나' 정도로밖에 생각하지 못한다.

이런 남자는 기저귀 갈기, 새벽 3시에 우유 먹이기 같은 아이 돌보는 일이 자기와 전혀 상관없는 일이라고 생각할지 모른다. 자기가 아기에게 어떤 것을 주든 그것으로 충분하다고 생각한다. 그는 아버지라는 새 역할에 적응하려 애쓸 필요 없이 자기 인생을 꾸려나가도 된다고 제멋대로 결정한 것이다. 만약 아이 엄마가 자신의 성욕이나 정서적 욕구를 채워주지 못하면 그는 다른 곳에서 재미를 찾는 것이 당연하다고 생각한다. 물론 이런 남자도 가끔 자신에게 이득이 있다고 생각될 때 아이를 봐주지만, 그 관심도 그리 오래가진 못한다.

다른 한편으로, 좀 더 지배욕이 강한 자기애적 아버지는—자기를 부풀리기 위해 아버지라는 지위를 이용하는 남성의 경우—아이에 대해 단념할 줄을 모른다. 이런 아버지는 아내와 아이 위에 군림하며 모든 영향력의 핵심이 되고자 한다. 그의 지나친 경계심은 불안을 느끼고 있다는 표시이다. 그는, 엄마와 아이의 유대가 강하고 자기가 그 관계에서 큰 역할을 하지 못한다는 점을 불안해한다. 만약 임신했을 때부터 소유욕이 강하고 이것저것 요구가 많은 남자였다면 아예 자기가 배제되었다는 기분마저 느낄 것이다. 아내는 아이에게 매달려 자기 시중을 들어주지 않는다. 아이가 생기면 아내를 더 꽉 쥐고 흔들 수 있을 줄 알았는데, 그 반대이다. 이때 그는 아이와 경쟁하기 위해 골을 내거나 아내에게 더 많은 것을 요구할 것이다. 또는 이런 아버지는 아이를 장난감이나 다른 재미있는 놀이로 꼬드겨 엄마에게서 떼어놓기 위해 아내와 경쟁할지도 모른다. 그런데 그런 장난감이나 놀이가 아이의 발달 단계에 잘 맞지 않는 경우가 많다. 이것은 곧 그 아버지에게 아이의 눈높이에 맞추는 공감 능력이나, 아이의 실제 능력에 대한 자각이 부족함을 보여준다. 심지어 "왜 아빠가 퇴근해서 집에 왔는데 딸이 좋아하지를 않는 거지?" 같은 말로 비현실적인 기대를 드러내기도 한다.

아버지들은 아이가 태어나는 순간부터 아이에게 매우 중요하다. 만약 평소 아이 돌보기에 열심히 참여한다면 아버지들도 나름의 남성적 방식으로 어머니들만큼 아이와 친밀한 관계를 맺을 수 있다. 그러나 분리된 자아 의식의 발달이라는 면에서 볼 때 오직 하나의 공생 관계만 존재할 수 있다. 그리고 아이는 대부분 그 관계를 엄마와 맺는다. 그래서 아버지는 몇 달 정도 아웃사이더 같은 기분을 느끼게 되고, 바로 그 덕분에 아버지는 아이의 분리-개별화 과정에서 중요한 역할을 맡게 된다. 이러한 아버지의 역할은 비록 어머니의 역할과는 다르지만 중요성은 결코 뒤지지 않는다.

공생은 유년기 나르시시즘처럼 과도기적 단계일 뿐이다. 그리고 아버지의 역할은, 아이에게 적절한 시기가 왔을 때 아이와 엄마만의 낙원 너머에 드넓은 세상이 있음을 보여주는 것이다. 아이가 심리적으로 준비되어 있다면 그것은 모험을 향한 새로운 유혹이 될 것이다. 그러나 이때 아이를 인도하는 것은 자기가 위대하고 전능하다는 유아적 환상이 아니라, 진짜로 무엇인가를 배운다는 전망이어야 한다. 이 단계의 아이는 매일매일 성장하며 엄마라는 이름의 배로부터 차차 떨어져 나올 준비를 한다. 이때 아이가 물속을 탐험할 수 있도록 유도하고 마침내 혼자 힘으로 헤엄칠 수 있을 때까지 엄마와 함께 아이를 이끌어주는 것이 바로 아버지가 해야 할 일이다.

그런데 아버지가 나르시시스트라면 불행히도 이 과정이 방해를 받는다. 분리-개별화 과정 초기에 있는 아이들은 자극이 되는 상호작용에 매우 민감하게 반응한다. 그리하여 자기애적 아버지는 엄마와 아이가 맺는 것과 같은 공생 관계에 맛을 들인다. 갑자기 아버지가 '아이가 제일로 좋아하는 사람'이 되어버린다. 그러면 그는 아이에 대한 소유욕을 불태우며 자신을 높이기 위해 아이를 두고 아이 엄마와 경쟁할 것이다.

만약 아버지가 이런 기분을 계속 드러내면 가족간의 힘 겨루기는 더욱 극단적인 방향으로 치닫게 될 것이고, 아이는 유아적인 자만심을 현실과 조율하는 데 어려움을 겪는다. 그러나 아이가 아버지의 환상에 호응하는 한, 자기애적 아버지는 그런 것에 신경쓰지 않는다. 이런 아버지는 아이가 자율성을 꽃피우려는 노력을 보이면서 엄마와 대립하는 일이 많아지면 매우 좋아한다. 그래서 아이에게 분명한 한도를 정해주지 못하고 마지못해 아이의 기강을 잡는 시늉만 할 것이다. 물론, 이것은 어디까지나 아이의 자기 중심주의가 아버지 자신의 자기 중심주의와 충돌하지 않을 때의 이야기이다. 이 시기에 자기애적 아버지는 사사건건 요구가 많아지고, 아이를 통제하거나 비난하려 들거나, '나쁜 행동'에 대해 지나치게 수치심을 조장할 것이다. 그는 아이를 이런 식으로 다룰 때, 자기가 아버지로서 당연한 특권을 행사하고 있다고 생각한다.

어린아이를 둔 부모는 누구나 힘들고 까다로운 육아 과정에서 때때로 지치고 몹시 화가 나며 압도당하거나 당혹스러운 기분을 느낀다는 사실을 명심해야 한다. 부모도 아이를 부끄럽게 느낄 수 있으며 후회할 일을 저지르기도 한다. 하지만 그런 일 때문에 아이가 나르시시스트가 되지는 않는다. 세상에 완벽한 부모는 없다. 완벽한 부모가 되겠다는 생각 자체가 자기애적인 자만이다.

그러나 분명히 자기애적 부모들은 '존재하고' 그들은 온통 자신의 욕구에만 열중해 있기 때문에 아이에게 공감하지 못하거나 아이의 실제 욕구에 적절하게 반응하지 못한다. 이런 부모의 행동에는 자기가 위대하다고 생각하고 제멋대로 자격을 부여하는 전반적 특질이 배어 있다. 현실에 대한 과도한 부정 역시 완벽함에 대한 부모 자신의 욕구, 자식을 이상화하고 그 자식들에게 이상적으로 보이고 싶다는 욕구에서 비롯된 것이다. 이런 부모들은 비현실적인 기대를 걸고, 그 기대가 충족될 때에만 융통성을 발휘한다. 요컨대, 이들의 메시지는 이렇게 요약할 수 있다. "내가 의도하면 그렇게 되어야 하는 거야!"

사실상 육아에서 결정적 지점은—특히 아이가 아주 어릴 때—아이의 발달 단계상 적절한 행동을 언제, 어떻게 받아들일 것인가를 아는 데 달려 있다. 한 아이에게서 용납할 수 있는 행동이, 그보다 조금 더 자란 아이에게서는 받아들여지지 않을 수 있다. 부모는 적절한 수준을 지각하여 아이가 자기 속도대로 성장할 수 있도록 도와야 한다. 부모가 어느 한쪽으로 길을 잘못 들면 아이의 심리적 분리와 개별화는 난항에 빠진다. 또 그와 정반대 방향으로 치닫는 것도 아이의 거짓 자아가 발달하도록 돕는 셈이 된다.

'거짓 성숙한' 아이

'거짓 성숙한 아이'는 겉으로는 유년기를 별 탈 없이 잘 보낸 것처럼 보인다. 만약 시간을 되돌려 그런 아이들이 만 2~3세였을 때로 돌아가 볼 수 있다면, 부모의 자기애적 기질을 맞춰주는 데 벌써 적응되어 있는 '작은 사내' 또는 '작은 엄마'를 보게 될지 모른다. 이 아이들은 본질적으로 부모의 무리한 요구와 기대를 충족시키려고 안간힘을 쓰며 자란 아이들이다.

연구자들은 이런 아이들이 엄마에게 "어린애처럼 굴면 안 된다."라는 용기를 꺾는 말을 지겹도록 듣고 자랐으며 아주 어릴 때부터 '다 큰 아이처럼' 행동하도록 강요당했음을 보여주었다.[8] 이런 엄마들은 스킨십보다 언어를 중요하게 생각히고, 아이가 화를 낼 때 아이와 신체적인 접촉을 하기 싫어한다. 아이들은 엄마가 자기를 다른 사람에게 맡기고 나가도 엄마 마음을 불편하게 해서는 안 되며, 아이들 자신도 분노, 모욕, 무력감을 표현하기는커녕 품어서도 안 된다. 이 나이 때에는 엄마가 자기를 두고 나갈 때 그렇게 분노나 모욕감을 느끼는 것이 지극히 정상인데도 말이다.

이런 메시지를 주입받으며 자란 아이들, 자신의 수치, 분노, 공격성을 다루는 기술을 개발할 수 있도록 지원받지 못한 아이들이 한편으로는 어른에게 의존하는 경향이 강하며 다른 한편으로는 겉보기와 달리 정서적으로 더욱 유약하다는 것은 전혀 놀랄 일이 아니다. 이 아이들은 칭찬과 찬사에 목말라 있기에 남의 이목을 끄는 머리가 특출나게 발달한다. 그러나 이들은 '최고' 지휘관 역을 맡아야만 하고, 어떤 경쟁에서든 남을 이겨야 한다. 이들은 자기 일을 알아서 처리할 만큼 조숙하고 좌절을 회피하는 데 능숙하지만, 일단 당황하게 되면 무섭게 고함을 치고, 흐느껴 울고, 심지어 공격적으로 욕설을 퍼붓기까지 한다. 또 이들은 누구에게서든 도움받기를 싫어한다. 특히 또래 아이가 자기를 도와준다는 것을 용납하지 못한다. 다른 아이들은 자신에게 지배받아야 할 대상일 뿐이니까. 이런 아이들은 어른들에게 아주 매력적인 아이로 보인다. 하지만 이들은 유아적 나르시시즘을 극복하지 못한 상태이기 때문에 자신의 자존감을 유지할 수 있는 어떤 통제 상태에 놓여 있기를 절망적으로 갈구한다.

'거짓 성숙한 아이'와 '멋대로 자격을 부여하는 괴물'은 모두 다 자기애적 부모들의 양육에서 비롯된다. 앞의 경우가 조숙해질 수밖에 없도록 강요당해서 실제보다 더 유능해 보이는 거짓 자아를 형성한 경우라면, 뒤의 경우는 부모의 자기애적 거품 속에 아이가 붙잡혀버린 경우이다. 양쪽 다 정서적 파탄 상태에 있는 어머니로부터 분리되는 데 실패했다는 점은 마찬가지이다. 이런 아이들은 부모가 바라는대로, 다시 말해 자신의 실제 모습보다 더 큰 상태로 되어야만 한다. 이들의 깨지기 쉬운 자존감은 다른 사람들의 평가에 의존하고 있다. 그러면서도 이들은 남에게 의지하거나 친밀한 관계를 맺는 것을 두려워한다. 혹시 그랬다가 자기들의 연약함, 참을 수 없는 수치심이 드러나지나 않을까 두려운 것이다. 이들은 남보다 우월하다는 평가를 받기 위해 안간힘을 쓰고, 자기에게 없는 것을 가진 타인들을 시기할 것이다. 이들은 언뜻 보았을 때 아주 매력적이지만, 정말로 감정을 이입하며 공감하는 사랑을 해본 적이 없기 때문에 아주 냉담하거나 반대로 애정에 굶주린 듯한 면이 있다.

수치심을 참아낼 능력이 없거나 어린 시절의 위대함, 전능함이라는 부풀려진 느낌을 버리지 못하는 사람은 나르시시스트가 될 것이다. 반면, 더 많은 사람들은 수치심에 쫓겨 나르시시스트 부모를 닮은 사람들에게 번번이 끌리며, 현실과 환상을 혼동하게 된다. 특히 이런 사람들에게 다음 3부에서 소개하는 생존 전략들이 절실히 필요하다.

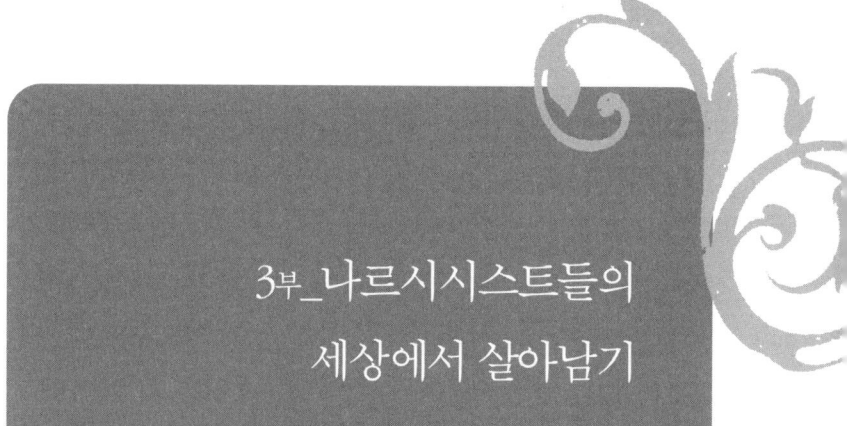

3부_나르시시스트들의 세상에서 살아남기

첫 번째 전략
_나의 감정을 들여다보자

나르시시스트들이 보이는 태도와 행동은 그들과 관계를 맺으며 살아가는 사람들의 다양한 감정들을 자극할 수 있다. 이런 사람들은 현실을 감쪽같이 왜곡하기 때문에 이들의 말을 듣다 보면 '내가 잘못 알고 있었나'라고 반문하거나 의심할 지경에 이른다. 이들의 뻔뻔함, 오만함, 멋대로 자격을 부여하는 행동에 화가 나고 분통이 터질 때도 있을 것이다. 또한 이들이 자기 시기심을 처리하는 방식들은 여러분을 위축시킬 것이다. 그들의 분노, 착취, 자기와 타인 사이의 모호한 경계 등은 놀랍기 짝이 없다. 이런 방식들은 우리에게 무력감, 모독당한 기분을 남길 것이다.

나르시시스트에게 어떻게 대응하느냐는 대부분 예전에 이런 사람을 만났을 때의 경험에 의해 결정된다. 우선, 부모 중 어느 한쪽이, 혹은 양친 모두가 나르시시스트였을 수 있다. 형제나 자매에게 심하게 창피를 당하거나 조롱을 받으며 자랐을 수도 있다. 너무 수줍음이 많고 소극적인 아이라서 다른 아이들에게 이용당하기 일쑤였는가? 가까운 인간 관계나 직장 내에서 배신당하고 나르시시스트에게 이용당했다는 느낌을 받은 적이 있는가? 만약 그렇다면, 그런 경험이 없는 사람들보다 나르시시스트에 대해 한층 더 민감할 것이다.

우리는 사회화 과정을 통해 타인에게서 무엇을 기대할 것인가, 그리고 우리 자신을 어떻게 느끼고 인식할 것인가를 익혀왔다. 그렇기 때문에 나르시시스트를 다루는 제일 좋은 도구는 나 자신의 경험을 살피고 내가 변변치 못하게 대응한 것 때문에 얼마나 나 자신이 곤란하고 힘들었는지 깨닫는 데서 찾을 수 있다. 우리의 목표는 무슨 일이 일어나고 있는지 똑바로 보는 것이며, 그 일이 더 진행되지 않도록 중단시킴으로써 우리 자신을 보호하는 것이다.

물론, 말은 쉽다. 나르시시스트를 대하는 우리의 반응은 아주 복합적인 경우가 많고, 항상 부정적이지만도 않다. 때때로 우리는 그들의 실제보다 과장된 자질, 어떤 방식이든 그들이 대단하고 능력 있는 사람이라는 분위기에 우리 자신도 편입될 때 느끼는 특별한 기분에 혹해서 그들에게 말려들고 만다. 그들 삶의 일부가 됨으로써 자신의 삶이 더 충만하고 흥미진진해진다면 우리는 기꺼이 그 대가를 치르고서라도 그들과 얽히기를 선택할 수 있다. 아니면 상대가 나르시시스트라는 사실을 부인하려 들지도 모른다. 어쨌든, 이런 사태가 발생하면 결국 우리는 공허하고 상처만 남길 환상을 위해 우리 자신을 희생하는 것으로 끝을 보게 될 것이다. 나르시시스트의 그물에 얽히면 나 자신은 뒷전으로 밀려난다.

나르시시스트는 타인의 자기애적 취약점들을 공략해 그를 끌어들인다. 만약에 희생자가 자기애적 부모와 관계를 성공적으로 마무리하지 못했다면 그렇게 될 확률은 더욱더 높아진다. 그런 사람은 생애 초기의 경험 탓에 자신에 대해 비현실적 기대를 품고 있거나, 부모의 기대를 만족시키지 못했을 때 느끼는 수치심을 치유할 필요가 있다. 그런데 미처 치료하기 전에 자기애적 부모를 닮은 어떤 사람이 나타나 미소를 지어 보인다. 우리는 자신의 문제를 치료할 기회를 얻기 위해 그 나르시시스트에게 무의식적으로 끌리는데, 이것은 인간의 자연스러운 경향이다. 나르시시스트에게 애착을 느끼면서 우리는 그 사람의 후광에 기대어 자기 자신이 특별하다고 느끼고 싶은 욕구를 충족시킨다.

나르시시스트의 관심을 끌기 위해 그를 기쁘게 해주는 방향으로 살아가면서 우리는 그에게 다음과 같은 신호를 보내는 셈이다. '당신은 당신 욕구를 채우기 위해 나를 이용할 수 있습니다.' 이로써 그들이 전형적으로 사용하는 착취와 수치심 떠넘기기의 활로가 열린다. 가장 위험한 부류들은 가혹한 비판과 교묘한 조종을 오가며 우리를 추어올려주면서 절대 자기 곁을 떠나지 못하게 계속 붙잡아놓을 것이다.

　테리는 나르시시스트 친구나 애인들에게 계속 얽매여 살아온 젊은 여성이다. 그녀는 직장에서도 같은 문제로 고통받고 있었다. 아버지와 어머니가 모두 나르시시스트인 가정에서 자란 탓에 테리는 오래 전부터 애정에 몹시 굶주려 있었다. 그래서 그녀는 다른 사람들에게 칭찬을 받는 사람이 되려고 무진장 애를 썼다. 쉽게 위축되고 종종 우울해한다는 점에서 테리도 나르시시스트와 마찬가지였다. 또한 나르시시스트들처럼 자신이 재미있고 대단한 사람이라는 기분을 느끼기 위해 흥미로운 타인들과의 관계를 이상화하는 경향이 있었다.

　그러나 테리는 자신이 결코 뛰어나지 않다고 느낄 때의 마음 속 깊은 곳의 수치심을 자각할 수 있었고, 그 부분을 털어놓고 바로잡기 위해 노력할 줄 알았다. 바로 여기에 그녀와 진짜 나르시시스트의 차이점이 있다. 테리는 왜 항상 자기가 대단하고 능력 있어 보이는 사람들에게 매료되는지, 왜 항상 그 사람들이 자기의 기분이나 욕구는 안중에도 없고 결국에는 자기를 착취하기만 하는지 자각하고 나서 자신을 위해 더 나은 선택을 하기로 마음먹었다. 그러나 이 과정에서 자기 삶을 가득 채웠던 수많은 나르시시스트들의 매력에 저항해야 했다. 이것은 약물 중독에서 벗어나는 것만큼 고통스러운 일이었다. 왜냐하면, 사실 그때까지 테리가 기분이 좋아지기 위해 만나왔던 바로 그 사람들이 자기 자신의 진정한 자존감에는 걸림돌이었기 때문이다.

마이클이라는 환자는 막 잠이 들려고 하면 극심한 공황 상태에 빠지는 경험을 하고서 치료를 받으러 왔다. 그런데 마이클이 공황 상태에 빠지는 날은 정해져 있었다. 다음날 아침 직장 상사와 미팅이 있을 때에만 그런 상태에 빠지곤 했던 것이다. 그의 이야기로 미루어 짐작하건대, 그 상사라는 사람은 아주 독성이 강한 자기애적 인격의 소유자였다. 회사에서 중간관리직, 말 그대로 그 상사와 다른 여러 직원들을 연결하는 매개 역할을 해야 하는 마이클에게는 알코올 중독자인 어머니 손에서 자라던 유년기까지 거슬러 올라가는 '구원' 환상이 있었다. 마이클의 자존감은 부하 직원들을 전제적이고 독단적인 상사로부터 보호하느냐 못 하느냐에 달려 있었다. 그것은 처음부터 불가능한 일이었지만, 이 과업에 실패할 때마다 마이클은 허약하고 무력한 기분을 맛보았다. 이 어려운 문제는 결국 오랫동안 꽁꽁 잠겨 있던 문을 열고 두려움을 불러들였다. 마이클은 항상 경계를 늦추지 않으면서 싸울 태세를 갖추고 그 두려움을 밀어내고 있었던 것이다. 마음으로는 잠을 자고 싶어 죽을 지경이어도 몸은 끊임없이 뒤척거리며 극도의 경계심을 떨치지 못했다. 마이클이 자신은 부하 직원들을 보호할 수 없으며 자기를 지키는 유일한 방법은 다른 근무 환경을 찾는 수밖에 없음을 깨닫고 나서야 비로소 공황 상태가 중단되었다.

테리와 마이클은 모두 자신의 자기애적 성향을 극복할 힘이 있었다. 여기서 자기애적 성향이란 언제나 완벽하고 통제된 상태에 있기를 바라는 욕구, 위축감을 느낄 때 비현실적 환상("이 사람과 함께 있으면 난 특별한 사람이 되지.", "이 용을 무찌르면 내가 얼마나 강한 사람인지 입증할 수 있을 거야." 등)에 기대어 다시 자존감을 부풀리고 싶은 욕구 따위를 가리킨다. 테리와 마이클은 내면 깊은 곳의 수치심에 용감히 맞섰고, 자기를 괴롭히는 나르시시스트와 거리를 두기 위해 과감하게 행동과 태도를 변화시켰다.

만약 나르시시스트에 곧잘 매료되고 자주 갈등을 겪고 있다면 우선 자신의 과거를, 오랫동안 매달려왔던 숙제들을 돌이켜보라. 본질적으로 불가능한 인간 관계에 들어감으로써 그 문제를 해결하려 하고 있지는 않는가?

프리즘과 투사

나르시시스트의 경험 역시 그의 행동방식을 이해할 수 있도록 해준다. 우리 모두는 경험이란 렌즈를 통해 삶을 조망한다. 그러나 나르시시스트는 렌즈 정도가 아니라 '프리즘'을 통해 세상을 본다. 그 프리즘은 받아들이는 메시지들을 굴절시키고 왜곡하여, 견디기 어려운 수치심을 회피하는 데 한몫한다. 요컨대, 우리는 이 나르시스트들이 우리를 파악하는 방식을 결코 통제할 수 없다는 뜻이다. 또 그들이 자기방어적인 방식으로 우리를 공격함으로써 자신의 수치심을 회피하고 위축감에서 벗어나 자기애적 상처에서 회복될 때 그런 상황을 결코 통제할 수 없다는 뜻이기도 하다.

나르시시스트는 자기 자신에게서 마음에 안 드는 부분을 끊임없이 타인에게 떠넘긴다. 이것은 '투사'라고 한다. 그 다음에는 그 원치 않는 부분이 완전히 남의 일인 양 행동하기 시작한다. 심지어 그 상대가 '나에게 그런 부분이 있나 보다', '내 기분이 그런 건가 보다'라고 믿게 만들 수도 있다. 이 과정은 떠넘기는 사람에게나 당하는 사람에게나 다같이 무의식적으로 일어난다.

어쨌든 이것은, 나르시시스트가 자기 마음에서 떨어낸 더러움—그들이 감내할 수 없는 모욕, 분노, 약점, 무가치함 등—을 애꿎은 우리가 떠안고 실제로 그런 사람으로 살게 될 수도 있다는 뜻이다. 그들은 우리에게 그것을 천천히 흘려보내고, 우리는 그것을 받아들인다. 그러면 한동안은 우리 것이 된다. 만약 나이가 어리고 의존적이거나 심성이 여린 사람이라면 나르시시스트가 "내 것이 아니야!"라고 버린 부분이 그에게 달라붙어 그의 자아상의 일부가 될 것이다. 바로 이런 과정을 통해 원래 나르시시스트의 것이었던 약점을 우리가 후천적으로 취득하게 되는 것이다.

지금 차를 몰고 쇼핑몰 주차장으로 천천히 들어가고 있다고 상상해보자. 갑자기 스케이트보드를 탄 십대 소년이 앞에서 튀어나온다. 당신은 브레이크를 세게 밟아 간신히 그 아이를 치는 일은 면했다. 그런데 녀석은 도리어 당신에게 뭐라고 으르렁대며 큰소리로 욕설을 퍼붓는다. 이 상황에서 공격적인 사람은 그 아이다. 아이의 행동은, 다른 사람들도 주차장을 쓸 권리가 있다는 사실을 받아들이지 못하고 있음을 잘 보여준다. 하지만 아이는 자기 공격성을 자각하지 못한 채 당신에게 '투사'해버렸다. 그래서 마치 당신이 자유롭게 걸리적거리는 것 없이 주차장에 들어갈 자신의 권리를 침해한 것인 양 행동하는 것이다.

그런데 이 상황에서 그 아이에게 당장 달려들어 혼쭐을 내주거나―비록 이것이 평소 행동과는 좀 거리가 있더라도―바닥에 때려 눕히고 싶다면, 당신은 벌써 아이가 투사한 공격적 감정을 받아들여 자기 것으로 동화한 셈이 된다. 나르시시즘에 빠진 사람들과의 관계에서는 이런 일이 다반사로 일어난다. 그래서 어떨 때는 왜 그렇게 자신이 특정 상황에서 평소 나답지 않은 반응을 보였는지 이해하기가 어려운 것이다.

자, 이제 어떤 디너 파티에 초대받았다고 상상해보자. 당신은 옆자리에 앉은 여자 손님과 지적인 대화에 열중해 있다. 그녀는 당신과 관심사가 비슷하고 공통점이 많아 보인다. 정신 세계가 비슷한 사람을 만났다는 반가운 마음에, 당신은 마음을 열고 대화를 나눈다. 그런데 갑자기 화기애애한 분위기가 싸늘하게 변한다. 그녀가 당신에게 어느 대학 출신이냐고 묻고 난 뒤 갑자기 당신을 내버려둔 채 반대쪽 옆에 앉은 손님과 다른 대화를 나누기 시작하는 것이다. 당신은 놀라기도 하고, 당황스럽기도 해서 어쩔 줄을 모른다. 나와 비슷한 사람이라는 느낌은 순식간에 자취를 감춘다. 당신은 도무지 이 사태를 이해할 수가 없다. 당신도 모르는 사이에 그녀의 자만심을 찌르는 말을 했을 수 있고, 그래서 당신은 그녀의 빗나간 수치심을 '건드리고 만' 것일 수도 있다.

우리는 대부분 이런 창피스러운 경험에 쉽게 마음을 다친다. 그러나 타인의 투사에 협력함으로써 다른 사람의 수치심을 내 것으로 떠안게 되면, 실제로 방금 무슨 일이 일어났는지 현실적으로 보지 못하게 된다. '내가 멸시를 받으며 살아왔구나' 하는 일반적인 인식은 할 수 있을지 모르지만, '나를 모욕하는 바로 그 사람의 수치심을 내가 흡수해버렸구나'라는 생각은 대부분 하지 못한다. '회피되고' 자각되지 못하도록 억눌린 타인의 수치심이 내 것이 되었다는 사실은 보통 스스로 깨닫기 어렵다.

지금까지 나르시시스트와 만났을 때 나를 불편하고 혼란스럽게 하는 상황을 살펴보았다. 사실, 어디까지가 타인의 속성이고 어디까지가 나의 속성인지 분명히 알기란 참으로 어렵다. 정신적으로 건강할수록 자신의 수치심을 잘 파악할 수 있고, 무엇 때문에 내가 이런 식으로 반응하는지 규명할 수 있는 가능성이 높아진다.

자신의 감정을 들여다보는 일이 어렵고 타인의 감정을 정확히 읽는 데 어려움을 겪는다면, 전문 상담가를 찾아가는 것도 좋다.

타인의 행동을 내 마음대로 통제할 수는 없다. 하지만 일단 사태가 어떻게 흘러가는지 이해한다면 자신의 반응을 조절하는 법도 배울 수 있다. 나의 감정이 근원적으로 어디서 비롯되는지를 이해하고 그 감정을 내 것으로 받아들이는 것이 나르시시즘의 해악에서 나 자신을 보호하는 첫걸음이다. 자기 감정을 편안하게 바라볼 수 있다면, 나르시시스트의 내면의 프리즘이 불러일으킨 수치심도 물리칠 수 있을 것이다.

나를 지키는 심리 전략

1. 나 혹은 타인에게 반복적으로 수치심, 불편함, 분노, 특히 '이상화'를 불러일으키는 사람과 함께 있을 때 내 감정이 어떠한가를 자각하라. 이러한 감정들은 내가 나르시시스트를 상대하고 있음을 일러주는 좋은 지표들이다. 일단 상대의 정체를 파악하면 나를 보호하는 데 유리한 고지에 설 수 있다.

2. 나르시시스트와 함께 있으면서 불편하거나 격렬한 감정을 느낄 때 '나의 어떤 부분이 자극을 받아서 이런 기분이 된 걸까?' 하

고 스스로에게 물어보라. 그리고 과거 어떤 때에 이런 기분을 느꼈는지 떠올려보라. 그 다음에는 정서적으로 좀 더 거리를 둔 채 왜 내가 이렇게 반응하는지 그 이유를 생각해보라. 자기 자신의 자기애적 약점들을 들여다보기를 두려워하지 마라. 바로 그 약점들이 우리를 더 강하게 만들어줄 것이다.

3. 일단 행동의 어떤 부분들이 자기 것인지 확인했다는 자신이 생기거든 어떻게 내 감정이 나르시시스트가 수치심을 처리하는 데 이용이 되는지 생각해보라. 사태를 개인화하려고 애쓰지 마라. 이보다 더 개인적일 수는 없다고 생각하는 일도 사실은 그렇지 않을 때가 많다. 나르시시스트에게 우리는 그저 어떤 목적을 위한 수단일 뿐이다.

4. 나르시시스트가 불러일으키는 위축되고 초라한 감정에서 벗어날 방법을 찾아야 한다. 때로는 그런 사람을 '겉은 어른이지만 속은 세 살바기 수준'이라고 생각해버리는 것도 하나의 방법이다.

5. 나르시시스트가 빗나간 수치심을 나에게 투사하더라도 되갚아주고 싶은 충동을 억제하라. 그에게 도전하지도 말고, 그를 깨우쳐주겠다는 생각도 하지 마라. 나르시시스트에게는 무의식적인 과정을 어디까지나 무의식적 차원으로 유지하는 것이 대단히 중

요하다. 이 과정에 섣불리 간섭했다가는 나 자신이 희생당하거나 엄청난 불편을 감수하는 쪽으로 상황을 더 악화시키게 된다.

6. 나르시시스트가 상황을 어떻게 보느냐는 개의치 말고, '투사된 것'을 내 마음 속에서 제자리로 돌려보냈다는 사실을 분명히 알아야 한다. 만약 혼자 힘으로 이렇게 하는 것이 힘들다고 느낀다면, 이 문제를 좀 더 깊이 있게 다룰 수 있도록 나에게 잘 맞는 조력자를 찾아야 한다. 자격을 갖춘 임상심리치료사가 도움이 될 것이다.

두 번째 전략
_현실을 받아들이자

비현실성은 나르시시즘을 보여주는 뚜렷한 증거이다. 나르시시스트에게서는 이상화, 완벽함에 대한 기대, 만들어진 이미지, 착각, 사실의 왜곡, 사태를 극단적으로 나쁘게 표현하는 것 같은 지나친 과장, 부인, 철저한 거짓말 등이 나타난다. 이렇게 나르시시스트는 수치심을 일깨울 만한 현실을 회피하고 자신의 위대함, 전능함을 유지하게 해줄 환상을 조장하기까지 한다. 그러자면 공모자가 필요하다. 찬사를 바치고 명령에 고분고분 따라줄 누군가가 필요한 것이다. 우리 모두는 종종 기꺼이 나르시시스트의 욕구를 채워주곤 한다. 우리가 그들의 그물에 걸려드는 이유는, 우리 역시 좀 더 가치 있는 사람이라는 느낌, 살아 있다는 느낌을 원하기 때문이다. 그들이 참기 힘든 수치심을 제어하기 위해 우리를 필요로 하듯, 우리 역시 우리 자신의 공허함을 달래기 위해 그들이 필요한 것이다.

진짜 마조히스트(masochist, 신체적·정신적 고통을 받음으로써 성적 쾌감이나 만족을 느끼는 피학대 음란증 환자)들을 제외하면, 아무도 비천한 취급이나 모욕을 당하고 희생양이 될 것을 뻔히 알면서 나르시시스트와 관계를 맺으려 하지 않을 것이다. 자기 영역을 침범당하고, 착취당하고, 두려운 기분을 느끼고 싶어할 사람은 아무도 없다. 달걀 껍질처럼 부서지기 쉬운 자아의 소유자, 좌절을 맛볼 때마다 불같이 화를 내는 사람 곁에 있으려는 사람은 없다.

그런데 어째서 수많은 나르시시스트들이 사회적으로 높은 자리에 올라 앉아 있는 걸까? 왜 우리 손으로 뽑아준 공직자들, 스포츠 스타, 연예계 거물들 중에서도 나르시시스트들이 걸출함을 뽐내고 있는 걸까? 어떻게 그들은 대기업 총수가 되고 충성도 높은 추종자 집단을 거느릴까? 왜 여자들은 오만방자한 남자 앞에서 맥을 못 추고, 남자들은 허영심만 가득하고 얄팍한 여자들을 떠받들까?

나르시시스트의 유혹적인 미끼 앞에 우리가 약해지는 것은 바로, 우리 자신이 부풀려지기를 원하기 때문이다. 우리의 자존감이 흔들거리면, 우리 삶에 무언가 빠진 것이 있다면 나르시시스트가 기막히게 잘 듣는 해독제를 줄 수 있다.

샬린은 어릴 때부터 능력 있는 아버지처럼 의사가 되기를 원했다. 그러나 대학 때 열렬한 사랑에 빠져 결혼하고 금세 아이 엄마가 되는 바람에 그녀는 의사 대신 간호사가 되었다. 샬린은 몇 년 동안 일선에서 근무하다가 유명 병원에서 수간호사를 맡게 되었다. 그녀는 영리하고 경험도 풍부했으며 대단히 열심히 일했기 때문에 곧 병원장의 눈에 띄었다. 병원장은 매력적이고 야심만만한 남자였는데, 병원 사람들을 칭찬으로 잘 구슬러 자신의 원대한 꿈을 실현해나가는 재주가 남달랐다. 샬린은 부서에서 관리직을 맡게 되었다. 그러나 이때까지만 해도 병원 드림팀의 핵심 멤버가 되면 어떠한 대가를 치러야 하는지 깨닫지 못하고 있었다.

정해진 업무 시간과는 상관없이 온갖 일들이 샬린에게 밀려들었다. 예산이 빡빡한 데다 병원장이 병원이 프로그램을 바꾸러 하지 않았기 때문에, 샬린은 병원의 대외적 명성을 유지하기 위해 온갖 부가적인 책임과 업무들을 받아들일 수밖에 없었다. 이때까지 그녀는 평균 주당 60시간 이상 병원에서 일을 했지만, 늘어나는 것은 일만이 아니었다. 4년 만에 샬린은 몸무게가 26킬로그램 정도 늘었고, 모트린(아이부프로펜 성분의 소염 진통제—옮긴이)을 습관적으로 상용하게 되었다.

그녀의 널찍한 사무실은 제2의 집이었다. 사무실은 바닥에서 천장까지 서류더미가 산처럼 쌓여 있었다. 그녀는 휴가도 거의 쓰지 않았고, 개인적인 삶은 완전히 팽개친 상태였다. 병원장은 입에 침이 마르도록 샬린을 칭찬했다. 그렇게 하여 그는 계속 샬린 위에 군림했다. 병원장의 원대한 환상에서 중요한 일부가 되겠다는 희망, 그것이 지나친 업무로 고갈되어버린 그녀의 삶에 유일한 보상이었다.

다른 사람의 비전에 자기 자신을 온전히 헌신하는 이런 사람들을 본 적이 있을 것이다. 만약 그 비전을 품은 사람이 나르시시스트라면, 헌신적인 추종자들이 아무리 노력해봤자 삶은 더욱더 공허해질 뿐이다. 그리고 시간이 가면서 희생을 정당화하기 위해 비현실을 현실인 양 받아들이게 될 것이다. 이런 상황이면 정신적으로 병들 만도 하다.

바버라는 수면장애와 섭식장애 문제로 나를 찾아온 환자였다. 스스로도 어찌할 수 없는 무력감과 절망은 분명한 우울증의 징후들이었다. 바버라는 젊고, 교육도 잘 받았으며, 자기 생각을 논리적으로 표현할 줄 아는 매력 있는 여자였다. 그녀는 이러한 장점들을 바탕으로 내실 있는 삶을 살아갈 능력이 분명히 있어 보였다. 그러나 그녀는 결혼 생활을 끝내려고 애쓰고 있었으며, 약물 문제도 안고 있었다. 바버라는 남편을 우습게 알았고, 남편의 직업도 아주 못마땅해했다. 그녀의 약물 문제는 치료될 기미가 전혀 보이지 않았다. 바버라는 마치 불행하게 살려고 작정한 사람처럼 보였다. 그녀는 긍정적인 방향으로 살기 위한 결정을 내릴 수 없을 것 같았다. 시간이 좀 걸리기는 했지만, 마침내 나는 그 이유를 알아낼 수 있었다.

바버라는 남몰래 어떤 남자를 사귀고 있었다. 그 남자도 유부남이었다. 그는 바버라에게 세계의 중심이었다. 그 남자와 그의 아내는 바버라가 속한 공동체에서 기둥 같은 존재들이었다. 이상화된 결혼 생활은 그들 부부의 신비한 매력에 한몫을 했으며, 일에도 플러스 요소로 작용했다. 하지만 바버라는 그 부부가 한때 서로에게 느꼈던 사랑은 이미 오래전에 사라졌다고 믿었다. 그녀는 자기가 좋아하는 그 남자가 부인과 별개의 삶을 살아가고 있고 공적인 자리에서만 금실이 좋은 척하고 있다고 설명했다. 바버라는 그들 부부에게 일이 너무나 소중하다는 점을 알고, 왜 그 남자가 결혼 생활을 청산하지 못하는지 충분히 이해하고 공감한다고 했다. 하지만 그녀는 자기 자신의 삶을 얼마나 희생하고 있는가는 미처 깨닫지 못했다. 단순히 사랑 때문이 아니라, 그 남자의 부풀려지고 거짓된 사회적 이미지를 지키기 위해 그녀 자신이 엄청난 희생을 치르고 있는데도 말이다.

바버라 자신의 불행한 결혼 생활 이야기는 억지로 부정적인 면만 들추는 격이었다. 그녀가 남편을 이상화된 연인과 비교하는 이상, 남편의 장점들을 현실적으로 평가할 수 없었던 것은 너무나 당연하다. 바버라는 결국 이혼했다. 한편으로는 그녀가 남편을 보잘것없는 존재로 취급했기 때문이었고, 다른 한편으로는 가정을 깨뜨리고서라도 다음 단계로 관계를 진척시킬 뜻이 있음을 애인에게 보여주기 위해서였다. 그러나 그 남자는 그녀처럼 결혼 생활의 굴레에서 벗어나려는 행동을 취하지 않았다. 바버라는 망연자실했다. 그녀는 일도 완전히 손에서 놓고 애인이 이혼하기만 학수고대했다. 그녀에게는 일생이 걸린 중대사였기 때문이다. 바버라는 상담을 받고 오랜 회복기를 거치고 난 후에야 자기 딜레마의 영향을 온전히 인식할 수 있었다. 그녀는 그 남자를 위해 항상 '거기에' 있었지만, 정작 그녀가 필요로 할 때 그는 신경조차 써주지 않았던 것이다.

바버라는 이러한 상황을 해결하지 못한 채 치료를 그만두었기 때문에 나는 그 애인이 과연 그녀의 꿈을 이루어주었는지, 아니면 그녀가 애인의 그물에서 빠져나갈 방법을 찾았는지 모른다. 하지만 분명한 것은, 그녀는 치료를 그만둘 무렵까지도 애인의 자기애적 생활 방식에 완전히 무너진 상태였다. 그 결과 그녀는 자유로워지기 위해 꼭 필요한 것들을 너무 많이 잃어버렸다. 그녀는 이상화된 이미지에 빠져 이미 젊고 전도유망한 인생의 많은 부분을 빼앗겼던 것이다.

나를 지키는 심리 전략

1. 나르시시스트의 원대한 포부에 업혀 갈 생각을 하지 말고 나

자신의 꿈을 찾자. 그들이 아무리 멋지게 보이더라도 나르시시스트들과 그들 주변을 둘러싸고 있는 비현실성에는 발도 들여놓지 마라. 그들의 환상에 말려들면 말려들수록 더욱더 나 자신을 잃어 버리게 될 것이다.

2. 사람들을 내가 원하는 모습대로 보지 말고 있는 그대로 보라. 타인을 이상화하는 것은 일생 동안 다양한 시기에 중요한 역할을 하지만, 누군가가 나를 이용하고 상처 입히는데도 그 사람은 좋은 사람이라느니, 좋은 의도에서 한 일이라고 주장하는 것은 지극히 유아적인 생각, 나아가 잠재적으로 아주 위험한 생각이다. 그 사람이 좋은 사람인지 나쁜 사람인지는 중요하지 않다. 요점은, 내가 그 사람의 특수한 결점을 상대할 수도 있다는 것이나. 내가 똑바로 보려 하지 않기 때문에 나쁜 것의 영향이 보이지 않을 뿐이다.

3. 나르시시스트가 거짓말하고, 속이고, 타인을 업신여기거나 상처주고, 신뢰를 배반하며, 자기 이익만 취하고, 동정심이 부족한 모습을 보인다면, 조만간 나도 그런 식으로 당하는 처지가 될 수 있다는 것을 알아야 한다. 그 사람과 나는 특별한 관계이기 때문에 누가 뭐래도 나만은 그런 피해를 입지 않을 거라고 생각해선 안 된다. 그런 환상이 바로 나르시시스트의 그물에 걸려들었다는 증거이며, 현실로 돌아가라는 신호이다. 못되게 구는 나르시시스

트에게 확신할 수 있는 것은, '그가 나에게만은 진실해'가 아니라 '저 사람은 분명히 나르시시스트의 방식대로 행동하겠구나'이다.

4. 나르시시스트를 변화시키겠다는 생각으로 그런 사람과 관계를 맺어서는 절대로 안 된다. 그 사람이 나에 대한 감정 때문에 차차 변할 것이라고 믿어서도 안 된다. 물론, 어떤 사람은 인간 관계를 통해 변하기도 한다. 하지만 이 변화는 나르시시스트에게 결여되어 있는 것, 즉 동정심과 연민을 갖고 타인에게 공감하며 반응하는 능력을 필요로 한다.

5. 가끔은 꿈을 꾸는 것도 좋다. 하지만 현실 세계에서 너무 오래 떠나온 감이 있다면 이제 내가 자리를 비운 동안 함부로 들어와 내 인생을 약탈한 그 사람이 누구인가 찾아볼 때가 되었다. 나르시시스트의 침범과 착취에 대한 최선의 방어는 나 자신의 자기애적 약점들을 명백히 깨닫되 나의 장점들 역시 정당하게 평가하는 것이다.

현실 속에서 살아가는 연습을 하자. 내가 타고난 자질이 허락하는 만큼 보람을 거두며 살아가기에 힘쓰자. 나 자신이 위대하다는 그 기분을 억제할 수 없거나, 이상화의 욕구를 통제할 수 없다면, 나의 행복에 방해가 되는 것은 다름 아닌 나 자신일 것이다.

세 번째 전략
_경계를 정하고 끝까지 지켜내자

서로간의 경계를 분명히 하고 그 경계를 존중할 때 우리는 더 잘 지낼 수 있다. 성희롱이나 온갖 교묘한 형태의 아동 학대 같은 문제들에 대한 인식이 확산되면서 과거보다는 이러한 경계 개념에 좀 더 민감해진 것이 사실이다. 그러나 나르시시스트가 일상적으로 침범하는 경계는 인식하기 어려울 수 있다. 특히 성장하는 과정에서 경계 개념을 제대로 교육받지 못했다면 그러한 인식은 더더욱 어려워진다.

나르시시스트가 '내 욕구를 채워주는 사람과 일체'인 상태에서 자기 자신을 분리된 존재로 파악하기 이전에 발달 단계가 멈춰버렸다는 점을 떠올려보라. 내면적으로, 이러한 사람들은 전능하고 뭐든지 챙겨주는 양육자와 심리적 융합 상태에 머물러 있다. 이 같은 융합 상태는 다른 사람들과 관계를 맺을 때 계속 모델로 작용한다. 그들은 타인을 오직 그들의 욕구를 채워주기 위해서만 존재하는 것처럼 다루며, 또한 어떤 식으로든 자기가 이용할 수 없는 사람은 아예 안중에도 없다. 심리학적 의미로, 이들은 타인이 자기에게 무언가를 해줄 수 있을 때가 아니면 사실상 아무도 '보지' 않는다. 이들은 다른 면에서는 별 탈 없이 성장했을 수도 있다. 예를 들어, 아주 똑똑하거나, 재미있거나, 성취도가 높고, 사랑할 만한 사람일 수도 있다는 말이다. 하지만 그들이 주변 사람과 관계를 맺는 방식을 보면 그들에게 유아적인 나르시시즘의 특징이 있음을 알아차릴 수 있을 것이다. 그들은 관계를 맺을 때 어김없이 경계를 침범한다.

나르시시즘의 특징으로는 허영심, 오만, 자기 도취 등 여러 가지가 있지만, 그 무엇보다도 나르시시즘 고유의 특징으로 꼽을 만한 것이 바로 경계 침범이다. 즉 경계 침범은 우리가 타인의 나르시시즘을 가늠할 수 있는 가장 결정적인 실마리이다. 경계 침범을 결코 가볍게 여기지 마라. 이것을 무시했다가는 큰 상처를 입는다.

타인의 인격이나 재산을 침해하는 범죄처럼 너무나 명명백백하여 누구나 한눈에 알아차릴 수 있는 경계 침범도 많다. 그러나 좀 더 미묘해서 거의 '정상적인 일'로 여겨지는 경계 침범도 있다. 특히 분리를 위협으로 느낀다든가 개별 행동을 못마땅하게 여기는 집안에서 자란 사람은 그러한 침범을 자각하기가 더욱 어렵다. 예를 들어보자.

- 장난감, 옷, 화장품이나 세면용품 따위의 개인적인 물건을 당신에게 물어보지도 않고 써도 괜찮은 형제나 자매가 있었습니까?

- 당신을 약 올리거나 때리거나 못살게 굴어도 가벼운 벌 정도밖에 받지 않는 형제나 자매가 있었습니까?

- 당신 옷이나 장난감을 으레 부모님이 골라주셨습니까? 혹은, 가족끼리 외식을 할 때 부모님이 당신 메뉴를 선택해서 주문해주셨습니까?

- 문이 닫혀 있는데도 부모님이 침실이나 욕실에 노크 없이 함부로 들어오는 편입니까? 부모님이 당신의 전화 통화를 엿듣거나, 우편물 혹은 일기를 마음대로 읽었습니까? 음악 레슨이나 운동, 취미 등을 권유하거나, 아예 무엇을 하라고 결정해준 적이 있습니까?

이런 일이 흔한 가정에서 자란 사람은 아마도 개인 간 경계의 중요성을 깨닫지 못한 채 성장했을 확률이 높다. 그런 사람은 자신을 지키고 보호할 준비가 되어 있지 않다.

어른이 되면 또 다른 도전 과제들이 우리를 기다린다. 예를 들어보자.

● 초대하지도 않았는데 불시에 집에 들르거나, 파티 시간 전에 들이닥치거나, 약품 상자나 서랍장 따위를 뒤져보거나, 자꾸 부탁을 들어 달라고 졸라서 난처하게 만들거나, 궁지에 몰렸을 때 당신이 당연히 도와줄 것이라고 기대하는 친구나 친척들이 있었습니까?

● 당신이 다른 사람들과 가까이 지내는 것을 싫어하고—배우자나 자녀와의 관계마저 질투하며—당신을 독점하려 드는 사람은 없습니까? 당신의 사회 활동 전부에 끼워주지 않으면 상처 입었다는 듯 행동하는 사람은 없습니까? 당신 것과 똑같거나 거의 비슷한 옷, 차, 집, 가재도구 등을 사들이는 사람은 없습니까?

● 당신의 배우자가 당신의 개인 우편물이나 지갑, 가방, 주머니 등을 아무 말 없이 자주 뒤져봅니까? 등 뒤에 서서 일기를 읽어보거나, 당신이 그러지 않기를 바라는데도 당신의 전화 통화를 차단하려 들지는 않습니까? 당신이 아끼는 개인적인 물건을 배

우자가 허락도 구하지 않고 내다버린 적은 없습니까?

● 룸메이트나 가족의 일원이 당신 지갑에서 자연스럽게 돈을 꺼내 가거나 혹은, 당신의 옷이나 개인용품을 묻지도 않고 가져가지는 않았습니까? 당신 허락을 받지 않고 차를 빌려 쓰는 일이 있습니까?

● 친척이나 친구가 당신이 도움을 청하지도 않았는데 자녀의 육아 방식에 대해 왈가왈부한 적이 있습니까? 당신에게 먼저 물어보지도 않고 주방이나 욕실을 청소하거나, 빨래를 해놓거나, 가구 배치를 바꾸어놓은 적이 있습니까?

● 친구나 친척이(정보를 얻겠다는 의도가 없는데도) 재테크 방식을 물어봅니까? 자동차, 집, 휴가에 돈을 얼마나 썼는지 물어봅니까? 혹은, 은행에 저금이 얼마나 있냐고 물어보지는 않습니까?

● 가까운 친구의 가족 혹은 그 친구에게 아주 중요한 사람, 직장에서 당신보다 서열이 높은 사람이 로맨틱한 방식 혹은 다분히 성적 유혹을 담은 방식으로 당신에게 접근한 적이 있습니까?

● 이웃 사람이 당신이 외출하거나 돌아오는 것을 눈여겨봅니까? 담장 너머, 혹은 창을 통해 당신을 엿보는 사람이 있습니까? 당신이 집에 없을 때 당신의 애완동물과 놀아주거나 당신의 사유지에 자기 물건을 놓아두고 가는 사람이 있습니까?

● 직장 상사가 당신이 점심 시간이나 휴식 시간을 반납하고 일하기를 요구하는 경우가 많습니까? 야근이나 일을 집까지 가져가서 해올 것을 자주 요구합니까? 당신이 자리에 없을 때 (당신에게 미리 알리거나 허락을 받지 않고) 당신 자리에 와서 앉거나 책상 서랍을 열어보는 동료가 있습니까?

● 다른 사람이 당신을 만지거나, 지나치게 개인적인 문제를 물어보는 일이 있습니까? 부탁하지도 않았는데 외모에 대한 조언을 들은 적이 있습니까? 당신 허락을 받지 않은 상태에서 다른 사람에게 당신의 대변인 노릇을 하거나, 당신 기분이 어떠한가를 두고 논쟁하는 사람이 있습니까?

이것이 대부분의 사람들이 경험해보았을 경계 침범의 구체적 사례들이다. 물론, 이런 일이 때로는 그럴 만한 이유가 있어서 일어날 수도 있다. 혹은 평소 관계에서 아주 드물게 일어나는 일, 어쩌다 보니 예외적 사건처럼 일어난 일일 수도 있다. 그런 경우는 굳이 문제삼지 않아도 된다. 그러나 나르시시스트들의 문제는 이런 일들을 '예사로', '별 생각 없이' 저지른다는 데 있다.

나르시시스트들은 자기가 그런 일을 해도 괜찮다고 굳게 믿고 있다. 자신들의 욕구는 남의 욕구보다 훨씬 더 중요하고, 남이 하는 일도 자신들이 더 잘 안다고 생각한다. 행여 간섭이 지나친 것 아니냐, 남을 배려해줄 줄 모르는 것 아니냐, 하고 지적했다가는 모욕이라도 당한 듯 펄쩍 뛸 것이다. 당신이 그렇게 지적하면 나르시시스트는 바로 그 때문에 오히려 더 자기 행동을 고치려 하지 않을 것이다. 그들로부터 나 자신을 보호하고 싶다면 경계를 정하는 일부터 해야 할 것이다.

나를 지키는 심리 전략

1. 경계를 정할 때 실행 명령어는 '통제'이다. 여기서 통제란 어디까지나 '나'를 두고 하는 말이다. 나보다 더 나 자신을 통제하는 데 익숙한 사람과 함께 지내왔다면, 내가 앞으로 어떤 식으로 해가고 싶은지 미리 잘 생각해보아야 한다.

내가 가장 성취하고 싶은 것은 무엇인가? 어느 정도의 기간 안에 그 성취를 이루고 싶은가? 과거에 나는 이 사람을 위해 어떤 노력을 기울였는가? 그 노력들 중에서 어떤 것이 성사되고, 어떤 것이 성사되지 않았는가? 과거와 지금 다른 점이 있다면 그것은 무엇인가? 나와 나르시시스트 사이에서 힘의 균형에 변화가 있었는가? 그 변화는 나에게 유리한 방향으로 일어났는가, 아니면 반대로 더 불리한 방향으로 일어났는가? 내가 도움을 구할 수 있는 다른 사람들이 있는가? 경계를 직접적으로 정하는 게 좋을까, 간접적으로 정하는 게 좋을까? 경계를 강화하기 위해 어떤 계획을 갖고 있는가?

현실을 보라. 그러나 내가 정말로 아무 힘을 발휘하지 못하는 상황은 인생에서 그렇게 많지 않다는 점도 기억하라. 대체로, 운명을 개척하기 위해 내가 할 수 있는 일은 항상 있게 마련이다. 그러나 우선 모든 가능성을 생각해보고 자발적으로 행동하는 것이 중요하다.

2. 나르시시스트와 나 가운데 어느 쪽이 실질적인 힘을 더 가지고 있느냐, 그리고 내가 얼마나 위험을 감수할 의지가 있느냐에 따라 문제와 직접적으로 부딪치고 싶은 마음이 들 수도 있고, 반대로 그러고 싶지 않을 수도 있다. 일반적으로 단호하게 나가는 방법은 나르시시스트에게 먹히지 않을 때가 많다. 나르시시스트는 그러한 태도를 자신의 특별함, 위대함, 자격에 대한 공격으로 받아들이기 때문이다. 그들의 역기능적인 행동에 대한 맞대응은 언제나 그들의 완벽해 보이고 싶은 욕구를 방해하고 수치심과 그 방어기

제들만 불러일으킨다고 확신할 수 있다.

관계를 유지하고 싶은 마음이 있다면 최대한 온건한 방식으로 메시지를 전달하고, 지체 없이 상대의 수치심을 달래는 데 신경을 써야 할 것이다. 사태를 있는 그대로 확고하게 다루되, 상대를 존중하고 친절하게 대하는 태도를 잊어서는 안 된다. 공감 어린 태도로 온화하게 대하되, 이쪽에서 너무 저자세로 나가면 역효과가 생기기 쉽다.

어떤 말을 할 것인지 미리 계획을 세워 믿을 수 있는 다른 친구와 연습해보는 것도 좋은 방법이다. 자기가 소리내어 하는 말을 들으면 자신감이 쌓이는 법이다. 여기에 객관적인 조언까지 들을 수 있다면 나르시시스트에게 나를 '제시'하는 법을 익히는 데 도움이 될 것이다.

3. 상대에게 이런 이야기를 꺼내기 전에 마음 속의 분노는 다 털어버리는 것이 현명하다. 나를 보호하기 위한 첫걸음을 내디딜 때는 그저 앞으로 내가 더 나은 기분으로 살아가게 될 미래에만 초점을 맞추기 바란다. 그 사람이 과거에 내게 저지른 잘못을 되갚아주고 싶은 충동이나 울분은 접어야 한다. 그렇게 분노를 밖으로 푸는 것이 당장은 만족스러울지 모르나 결국 자신이 감당 못할 지경이 되어 통제력을 잃기 쉽다.

상대와 담판을 지을 시간과 장소를 잘 생각해서 선택하라. 가급적 냉정을 잃지 말고, 정서적으로 초연한 태도를 보여도 좋다. 어린아이에게 해도 되는 일과 해서는 안 되는 일을 일러주는 셈쳐야 한다. 이렇게 경계를 정할 때는 나르시시스트가 어떻게 나오든 방심하지 말고 침착하게 대응해야 한다.

4. 그 사람과의 관계가 내가 요구한 것과는 전혀 다른 방향으로 변할 수도 있다. 따라서 그러한 변화에도 대비해야 한다. 나르시시스트는 내가 내 삶을 통제하겠다고 하는 의지 표명에 어떤 식으로든 대처하려고 할 것이다. 왜냐하면 이런 의지 표명은 그의 내적 균형을 동요시키기 때문이다. 이 관계의 여러 측면들에서 내가 얼마나 분리를 원하는지, 얼마나 '나다운 모습으로 살아가기를 바라는지' 시험을 하는 듯한 상황이 벌어질 수도 있다. 그가 나와 거리를 두거나, 다른 곳에서 다른 사람을 통제할 기회를 엿볼 수도 있다. 이것이 나에게는 일종의 상실처럼 느껴질 것이다. 또한 경계를 다시 무너뜨리고 예전에 그가 나에게 발휘했던 힘을 회복하기 위해서 그는 나를 조종하려 하거나 유혹하고 강압적인 태도를 취할 수도 있다.

이런 과정을 겪어본 적이 없는 사람에게는 나르시시스트의 이 모든 행동이 낯설게 느껴질 것이다. 또는 일종의 도전으로 다가올지도 모른다. 그냥 시간을 두고 차분하게 받아들여라. 나의 기분, 지금의 사태에 대해 생각해보라. 그 다음에 어떻게 대응할 것인지 꼼꼼하게 계획하라. 케케묵은 함정에 또 빠져들어선 안 된다.

5. 일단 경계를 정했다면 끝까지 사수하라. 여기서 물러섰다간 나르시시스트에게 내 뜻이 진지하지 않았다는 것을 일러주는 셈이다. 상대와 주고받는 행동에 대해 항상 경계를 늦추지 말라. 이렇게 내가 지켜나가는 바로 그 공간에서 나의 건강과 행복을 꾸려나가게 될 테니까.

네 번째 전략
_주고받는 관계를 만들어 가자

나르시시스트에게 대처하는 가장 좋은 방법 중 하나는 아예 처음부터 그런 사람에게 말려들지 않는 것이다. 그러나 그런 사람을 피할 수 없다면 어느 선까지만 얽히도록 한계를 정하고 그 대신 정신적으로 건강하고 '주고받는 것'이 가능한 사람들을 많이 만나는 것이 좋다. 같은 맥락에서, 가급적 나르시시스트들이 각광받는 유해한 환경은 피해야 한다. 그 대신, 다양한 사람들 간의 차이가 자연스럽게 받아들여지고, 건강한 경계 개념이 유지되며, 좀 더 분명하고 현실적인 기대가 존재하는 환경을 찾아야 한다.

나르시시스트의 가정에서 자란 사람은 이러한 목표를 달성하기가 유난히 힘들 것이다. 부모의 나르시시즘은 자식에게 반드시 흔적을 남긴다. 다른 사람들이 나를 존중하고 가치 있는 사람으로 평가하고 있는데도 스스로 쓸모없는 사람처럼 느낄지도 모른다. 자신이 자연스럽게 서로 주고받는 관계에 익숙하지 못하다고 느낄지도 모른다. 그렇다고 절망할 필요는 없다. 통찰력, 노력, 자기 통제력을 발휘하면 어릴 때부터 발목을 잡고 있던 이 장애물을 훌쩍 뛰어넘어 건강하게 살 수 있다. 심지어 나르시시스트 가족과 관계를 끊지 않고 잘 유지하면서도 그렇게 할 수 있다. 물론, 이 과업은 아주 힘들고 지속적으로 우리를 시험에 들게 할 것이다. 나르시시스트들과 관계를 유지하면서 삶을 정상 궤도로 올려놓기는 몹시 힘겨워 보이지만, 일단 잠시 동안은 자기 자신과도 거리를 두기 바란다.

'친구는 우리가 선택한 가족'이라는 말이 있다. 내가 속한 무리, 특히 가성의 주요 일원들이 나르시시스트라면, 친구는 더욱 현명하게 선택해야 한다. 나와 신체적 친밀감을 쌓게 될 연인을 선택하는 것이 얼마나 중요한가는 두말할 나위도 없다. 우리는 "이 사람과는 그렇게 되지 않을 거야. 새로운 결말을 쓰겠어."라고 하면서 이미 겪어본 비극을 또다시 반복하려는 경향이 있다. 하지만 현실에 대한 투철한 이해와 자각 없이 관계 회복에 접근했다가는 예전과 똑같은 결과를 얻을 가능성이 높다.

한편, 우리가 자기 약점을 이해하고 욕망이 낳은 착각과 두려움이 낳은 왜곡을 분명히 볼 수 있다면 자기 자신을 더 잘 보호할 수 있다. 우리가 독립적인 존재라는 데 개의치 않고 우리를 마구 이용하는 나르시시스트의 착취에서 자신을 지킬 용기를 찾아낸다면 우리는 인생의 행로를 바꿀 수 있다. 정신적으로 건강한 친구와 연인을 선택하는 것이 그러한 변화를 위해 가장 좋은 첫걸음이다.

주고받는 관계란 무엇인가

1. 주고받는 관계에서는 저마다 무엇인가 도움을 주고 저마다 어떤 식으로든 혜택을 얻는다. 도움과 혜택은 일일이 따지고 들어갈 필요도 없고, 자로 잰 듯 공평하지도 않다. 하지만 각자가 무엇인가를 주고 그 대신 쓸모 있는 것을 받았다고 느끼는 것이 중요하다.

2. 주는 사람과 받는 사람이 그때그때 달라질 수 있다. 말로 표현은 안 하지만 이심전심으로 이해하든, 공식적으로 계약을 맺었든, 사람과 사람 사이에는 줄 때와 받을 때의 메커니즘이 있게 마련이다. 관계가 좋게 지속되면 그 관계로 맺어진 사람들 모두가 피차 손해 본 것 없이 공평하게 주고받으며 산다고 느낀다.

3. 주고받는 관계에 속한 사람들은 자기가 준 것이 제 가치를 인

정받았다고 느끼고, 받은 것에 대해서는 고마워할 줄 안다.

4. 이런 관계에 속한 사람들은 모두 개별성과 경계를 존중한다. 갈등 상황에 있을 때에도 서로의 기분이나 관점에서 차이를 존중하려고 애쓴다.

5. '받은 것, 준 것 계산하기'는 필요없다. 누가 무엇을 해줬는지, 누가 누구에게 얼마나 '빚'을 졌는지, 이렇게 따지는 것 자체가 관계를 '호혜적'인 것으로 생각하지 못한다는 증거이다. 또는 주고받는 관계란 때때로 딱 맞아떨어지지 않고 이례적일 수도 있다. 이런 것에 연연하는 사람은 이례적인 상황을 잘 넘기지 못한다.

당신이 비교적 정신적으로 건강한 가정에서 성장했다면 이러한 고려 사항들 중 상당수는 제2의 천성처럼 자연스럽게 여겨질 것이다. 때때로 조금 찔리는 구석이 있을지는 모르지만, 아마 당신은 왜곡이나 투사와 거리가 멀고 타인의 투사에 반응해 상처 입을 확률이 적을 것이다. 요컨대, 당신은 경계 관념이 건강하고 환상의 세계에서 살아갈 필요가 거의 없다는 말이다.

어린 시절에 지나친 나르시시즘에 노출되었던 사람들은 내면의 프리즘을 물려받기 쉽다. 그러니까 타인의 감정을 있는 그대로 읽고 타인의 말을 있는 그대로 듣는 것을 방해하는 것이 없다는 것만으로도 행운아인 셈이다. 그런 사람은 자기 자신을 현실적으로 파악하고－장점, 단점 모두를 포함해서－감정 이입 능력이 있기 때문에 '역지사지'의 자세를 취할 수 있으며 타인을 균형 잡힌 시선으로 볼 수 있다. 또 다른 사람들과 불편한 관계가 되거나 싸울 일이 적다. 그건 당신이 건강한 사람들과의 관계를 선택하는 경향이 있기 때문이다.

과거에 건강한 가정 환경에서 자랐지만 현재 건강하지 못한 나르시시즘을 상대하고 있다면, 아마 그것은 학교나 직장, 동호회, 그 밖에 우리가 속한 조직들에서 우리의 선택과 무관하게 그 사람들을 상대하고 있을 확률이 높다. 어찌하겠는가, 나르시시스트들은 어디에나 있다. 그들을 피할 수 없다면 내가 선택할 수 있는 가능성들을 잘 살펴야 한다. 나의 한계와 약점을 스스로 인식하고, 내가 상대하는 그 사람을 현실적으로 대하며, 경계를 잘 세울 필요가 있다.

오늘날 세상 어디를 가도 나르시시즘을 피할 수 없지만 그 대신 인생의 나머지 부분에서는 호혜적인 인간 관계를 누리며 살아갈 수 있다는 사실에 감사하는 것도 필요하다. 우리는 건강한 가정에서 태어나 자존감이라는 멋진 선물을 받았지만, 그런 행운을 타고나지 못한 사람들은 그 자존감이라는 것을 성취하기 위해 뼈아픈 대가를 치르기도 하니까. 4부에서 나르시시스트들에 대한 대처 방안들을 좀 더 깊이 있게 살펴보고, 나르시시즘이 특히 문제가 되는 각각의 상황에 이 전략들을 적용해볼 것이다.

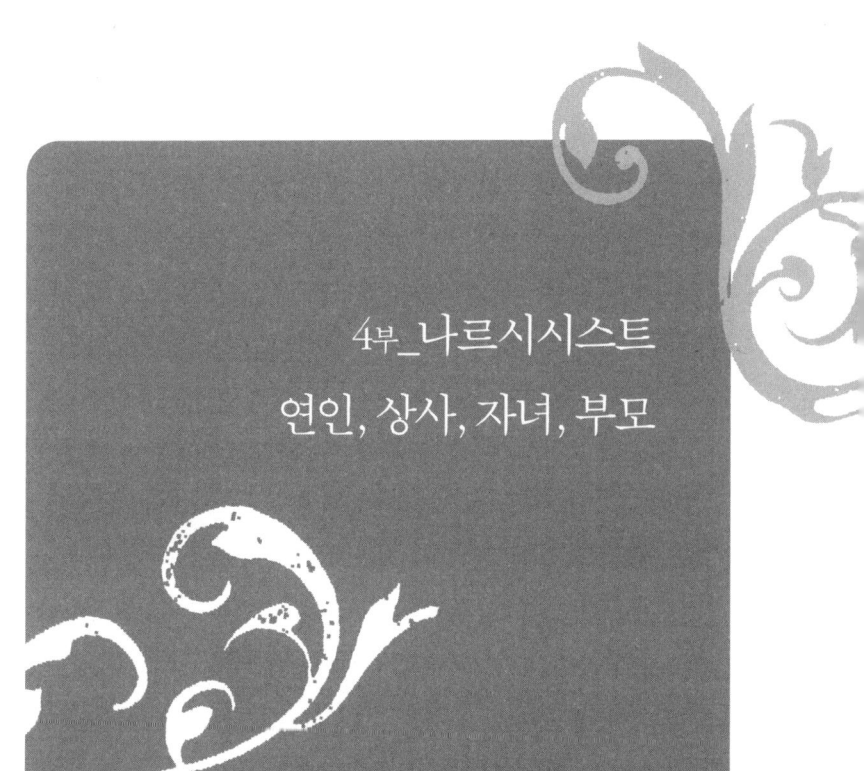

4부_나르시시스트
연인, 상사, 자녀, 부모

나르시시스트와 사랑에 빠졌을 때
_지금 여기에서 사랑하라

나르시시스트들이란 자기 힘으로 어떤 것을 이뤄내는 법을 배우지 못한 사람들이나. 완벽함에 대한 환상, 자기가 갖지 못한 것을 가진 사람들에 대한 시기심, 모욕에 대한 극심한, 그러나 스스로 인정하지 못하는 두려움을 제외하고 나면 그들의 내면은 텅 비어 있다. 그들에겐 타인과 관계를 맺을 진정한 자아라는 것이 없다. 그래서 그들은 절망적으로 타인을 자신의 공허함 속으로 끌어들여 평정심을 유지하고자 한다. 나르시시스트의 연약한 자아의 연장이 되기 쉬운 사람, 그들의 찬사 혹은 경멸―때로는 양쪽 모두―의 대상이 될 사람이라면 더없이 좋은 먹잇감이다.

나르시시스트들의 대문에 씌어 있는 표지는 다음과 같다. "여기에 들어오려는 자, 자기를 온전히 버릴지어다."

서로 화합하고 있다는 망상

건강하고 열정적인 인간 관계에서는 두 사람이 자신과 상대의 독립된 존재를 고려하고 존중한다. 이들은 서로 하나가 될 때에 자기 자신을 내줄 줄 알고, 사랑에 빠질 때에도 자기가 위축된다는 느낌보다는 더욱 크고 넉넉한 존재가 되었다는 기분을 맛본다. 자아의 경계가 무너지면서 이들은 자기 마음의 욕망을 나타내는 그 누군가와 하나가 된다. 그 순간만큼은 심리적 자율성에 따라다니던 실존적 고독조차 초월한다.

사랑에 빠진 이들은 이런 순간들을 넘나들면서 개체성이 두 사람의 합일을 고양하는 동시에 거꾸로 두 사람의 합일이 각자의 개체성을 고양한다는 것을 배운다. 그들은 상대의 있는 그대로의 장점에 찬사를 보내고 상대의 결점을 보아도 부끄럽게 여기거나 화내지 않고 너그럽게 받아들이고 감싼다.

그런데 자기애적 결점을 지닌 이들이 사랑이라고 착각하는 '화합 망상'은 전혀 다르다. 이런 사람 둘이 사랑이랍시고 만나봤자 한 사람은—상대도 그럴 때가 많지만—호시탐탐 흡수 합병만을 노리고 있다. 자신의 나르시시즘을 위해 상대의 자율성을 완전히 제거하는 것[1]이 이들의 유일한 목표이다. 심리학적으로 고찰하자면, 원래 각기 분리되었던 두 사람은 이 사랑의 돌연변이 상태에서 더는 따로 존재하지 않는다. 척박하기 짝이 없는 두 영혼이

격렬한 춤에 휩싸여 뒤엉킨다. 이것은 곧 두 사람 모두에게서 자기애적 과정이 일어남을 암시한다.

우선 나르시시즘이 현저한 파트너는 제멋대로이고, 자신을 대단하다고 생각하며, 오만하고, 남들의 존경을 갈망하고, 타인에게 공감하는 능력이 부족하고, 타인을 착취하는 경향이 남들 눈에 뚜렷이 보인다. 대개 그는 두 사람 중에서 좀 더 카리스마가 있고 부정적이든 긍정적이든 사람들의 이목을 끄는 면이 있다. 관계에서 좀 더 지배력을 가진 사람의 자아가 상대방의 자아를 가리거나 집어삼키는 현상은 어렵잖게 볼 수 있다. 그 결과로 생성된 '분화되지 않은 자아의 덩어리'[2]는 지배적인 파트너 쪽이 소유하고 통제한다. 상대방은 이 상태를 감내하거나, 심지어 이런 식으로 먹히는 것을 반기기까지 한다.

나르시시스트의 폭정에 굴복하는 사람[3]은 종종 희한하게 보일 수 있다. 왜 저 사람은 자만심을 부풀리기 위해 자기를 이용하고자 하는 파트너의 욕구에 번번이 넘어갈까? 왜 저런 대가를 치르면서까지 상대에게 자기를 내어줄까? 왜 어떤 사람은 '사랑'을 위해서 자기를 꼭 희생해야만 할까?

이 질문에 대한 답변은 이러하다. 그 사람은 어린 시절의 경험 때문에 자기를 포기하거나 비하하게끔 프로그래밍되어 있다. 그는 부모가 나르시시스트여서 타인의 욕구를 채워줄 때에만 자신이 가치 있는 사람이라고 느끼도록 길들여졌을 것이다. 그리고 그 이후에는 비슷한 관계에서 다른 결과를 만들어내겠다는 마음으로 그렇고 그런 관계들에 거듭 휘말렸을 것이다. "이번만큼은 누가 뭐래도 내가 사랑받고 말 테다." 그는 이러한 소망을 품고 새로운 관계로 뛰어들지만 역시나 다람쥐 쳇바퀴 돌듯 비슷한 상황이 반복되고 만다.

좀 더 세련되게 설명을 해보자. 타인을 복종시키는 것이 몸에 밴 사람은 원래대로라면 자기가 아무 힘을 발휘할 수 없는 상황인데도 어떻게든 권력을 휘두를 수 있는 방법을 찾아낸다. 그 때문에 자신의 정신력이나 통제력이 대단하다는 허상에 사로잡힌다. 이 덧없는 기분에 매달려 살아가는 나르시시스트들도 적지 않다. 그러므로 극단적인 경우에, 이런 사람에게 어떤 사람은 이용만 당한 나머지 자기 자신을 증오하게 되어 자기보다 낫다고 생각되는 사람을 위해 봉사할 때에만 안정감을 느낄 수 있게 되기도 한다.

정신적으로 건강한 사람들조차도 열정적인 사랑에 빠져 혼연일체가 되는 상태에 말려들 수 있다. 그러나 이 경우에는 두 사람 모두가 경계를 초월하면서도 자기 자신을 잃지 않는다. 이들의 건강한 나르시시즘은 자아 이상에 가까운 사람들을 찬양하고, 완전한 분리 상태에서 타인에게 애착을 느끼며, 장기간 애정 관계를 유지할 수 있게 해준다. 나르시시스트와의 애정 관계는 엄청난 갈등과 분란 없이는 장기간 유지되지 않는다. 건강한 애정 관계에 깃든 이타성이라는 요소[4]는 자기 중심성과 자기 희생이 적절히 조화를 이루고, 사랑하는 사람의 감정이나 편안함을 가장 먼저 배려하며, 섹스는 쾌락을 추구하는 것 이상의 의미를 띠게 만든다. 섹스는 파트너의 사랑에 대한 감사의 표현이기도 한 것이다.

그러나 나르시시스트는 사랑의 대상을 '정복' 혹은 '획득'했다는 충족감으로 상대의 개체성을 부정하고 그 대신 '우리 둘은 하나'라는 환상[5]을 내세운다. 그들은 자기가 얼마나 대단한 사람인지 알아줄 상대, 자신이 떠넘기는 수치심과 시기심을 떠맡아줄 상대를 원한다. 나르시시스트에게 파트너는 자신의 여러 부분들을 화해시키고, 자기 자랑거리를 부풀리고, 결함을 떠넘기기 위한 수단일 뿐이다.

나르시시스트는 사람을 두 가지 부류로밖에 보지 않는다. 하나는 자기를 한껏 부풀려줄 사람, 다른 하나는 윽박지르고 쥐어내리기에 만만한 사람이다. 전자는 나르시시스트를 찬양하거나 나르시시스트 고유의 특별한 속성을 공유함으로써 우쭐한 기분을 느끼게 해준다. 나르시시스트는 그 사람의 후광을 등에 업고 한껏 고양될 수 있다. 후자는 나르시시스트가 투사를 통해 수치심을 떠넘기거나 자신과 비교하며 우월감을 느끼는 대상이다. 나르시시스트의 애정 상대는 종종 이 두 가지 역할을 동시에 떠맡는다.

만약에 나르시시스트와 애정 관계로 얽혀들었다면 마음의 준비를 단단히 하라. 그는 당신을 예사로 무시하고 경멸하면서, 때로는 정신 못 차릴 정도로 찬사를 보내고 비행기를 태울 것이다. 사실, 나르시시스트는 당신의 애정보다 그러한 자기 찬사에 더 관심이 있다.

물론, 사랑하는 상대를 이상화하는 것은 아주 자연스러운 일이다. 그러나 나르시시스트의 자아상은 다른 사람들까지 자기 사랑의 상대를 그렇게 이상화된 방식으로 보기를 요구한다. 바로 그 때문에 나르시시스트는 아름답고 지적이며 성공한 사람 혹은 아주 특별한 사람으로 널리 알려져 있는 상대를 자기 것으로 만들고 싶어한다. 자기에게 없는 상대의 좋은 부분들을 결합이라는 '겉치레'로 손에 넣어서 맘대로 할 수 있기를 꿈꾸는 것이다. 데니스가 바로 그런 남자였다.

영문학 교수 데니스는 강의하는 것을 즐겼다. 그는 강의실에 '등장'을 하듯 조금 늦게 들어오기를 좋아했다. 학생들이 온통 그에게 시선을 보내며 주의를 집중하는 그 순간을 만끽했던 것이다.

처음 크리스티나를 본 것도 그 비슷한 순간이었다. 그녀의 커다랗고 맑은 눈과 부드러운 얼굴은 데니스가 좋아하는 소설의 여주인공을 연상시켰다. 그녀의 아름다운 자태는 데니스에게 원초적 감정을 불러일으켰다. 그리고 머지않아 데니스는 크리스티나의 사랑을 얻는 데 성공했다.

그는 남들은 알아들을 수 없는 구애의 말들을 그녀에게 흘리기 시작했다. 그가 은밀하게 사랑의 말들을 입에 올릴 때 수강생은 오직 그녀 하나뿐이고 다른 학생들은 사라져버리는 듯했다. 그는 크리스티나가 자신의 은밀한 열정에 동요하고 그녀 자신의 열망을 무심코 드러내기를 바랐다. 시간이 흐름에 따라 그녀는 데니스의 뜻대로 반응하기 시작했다.

봄에 그들은 연인 사이가 되었다. 그녀를 소유한다는 것은 데니스가 상상하던 그대로였다. 그녀는 완벽했다. 그는 크리스티나가 완전히 자기 것이라고 굳게 믿었다. 그녀를 '내 사람'으로 부르게 되면서부터 데니스는 자기도 로맨틱한 소설의 주인공이 된 듯한 기분을 맛보았다.

크리스티나는 졸업한 후에 그와 함께 살게 되었다. 그녀는 경제학사 학위를 받았지만, 데니스가 생각하는 두 사람의 삶에 그 학위는 아무 쓸모도 없는 것이었다. 데니스는 정년을 보장받는 정교수가 되면 크리스티나와 결혼할 계획이었다. 그리고 안식년이 되면 영국에 체류하며 아이도 낳을 생각이었다. 크리스티나는 그가 앞으로 쓸 소설에 영감을 주고, 자문역도 해줄 것이다. 같은 과 교수들끼리 오붓한 파티라도 벌이면 크리스티나의 미모는 모든 동료들의 호감을 독차지할 것이고, 자신은 완벽한 부부애를 과시할 수 있을 것이다. 데니스는 크리스티나와 함께라면 영문과에 있는 동료들 모두가 자신을 부러워하고 질투할 것 같았다.

나르시시스트는 타인이 자신의 획득물을 시기하기 바라지만,

정작 자기가 사랑하는 대상을 자기 자신이 시기하고 있다는 사실은 자각하지 못한다. 나르시시스트는 본질적으로 경쟁심이 강한 사람들이다. 그래서 처음에 상대에게 매료당했던 바로 그 점 때문에 차차 자기들이 상대적으로 처진다고 느끼기 시작한다. 찬사받고 싶은 욕구를 채우기 좋아 보였던 바로 그 상대가 나중에는 자기 자존감을 위협하는 것이다. 따라서 자기를 다시 회복하고 높이기 위해서는 상대를 바닥으로 끌어내리는 수밖에 없다. 사랑하는 사람에게서 좋게 보았던 장점들이 무엇이든[6] 나르시시스트는 그 때문에 자기가 작아지는 기분을 느끼고 그래서 망가뜨려야 직성이 풀린다. 질투는 경멸을 낳고, 경멸은 파괴를 낳는다. 그렇게 나르시시스트는 완벽을 추구하지만 늘 욕구불만에 빠져 있고 내면이 공허하다.

시기심은 수치심과 마찬가지로 나르시시스트가 견딜 수 없는 저열한 감정이다. 그들은 '내가 시기하는구나'라고 인정하는 대신, 타인에게 그 감정을 보냄으로써 불쾌한 기분을 털어버린다. 소위 '투사'라는 트릭을 이용하여 용납할 수 없는 자기 생각들을 자기가 질투하는 바로 그 사람에게 떠넘겨버리는 것이다. 그렇게 편리하게 생각해버리면 나르시시스트는 자기가 볼 때, 그리고 세상 사람들이 볼 때 여전히 훌륭한 사람으로 남게 된다. 같은 메커니즘에 따라 나르시시스트는 자신의 파괴 충동을 타인에게 부여하고 남들이 자기를 질투한다고—실제로 그렇든지 단지 망상에 불과하든지—몸서리를 치는 것이다. 이러한 왜곡 때문에라도 그들과 진정한 친밀감을 쌓는다는 것은 불가능하다.

  나르시시스트들에게 모든 인간 관계는 착취 관계이다. 먹느냐, 먹히느냐 둘 중 하나일 뿐이다. 내가 저 사람에게 약하다 생각하면 곧 이용당하기 십상이다. 나르시시스트는—사실상 서로 의지하는 관계에서조차도—누가 자기에게 기대면 상대가 자신을 이용하고 있다고 느낀다. 그리고 이용당하는 것이 두려워서 자기도 그 사람에게 기대고 있고 도움을 받고 있다는 사실은 부정해버린다. 서로 주거니 받거니 하는 일상적인 상호 관계에서도 그들은 침범당하고 짐이 되는 기분을 느낀다. 이들은 오로지 받기만 하는 관계를 유지해야 마음이 편한 것이다.

  데니스는 다음과 같은 크리스티나의 마음은 진혀 헤아리지 못했다.

  대학교 4학년 때의 일입니다. 당시 나는 경제학 전공을 이수하는 데 필요한 과목은 다 마쳤기 때문에 전공과 전혀 다른 분야의 선택과목을 들어보려고 생각했지요. 마침 친구 몇 명이 이 교수의 영문학 강의가 들을 만하다고 추천해주었습니다. 고전을 살아숨 쉬게 하는 명강의라고 칭찬하더군요. 재미있을 것 같기도 하고, 학부를 마치는 마당에 그런 강의를 들어보는 것도 좋을 것 같았습니다. 졸업하면 경영학 석사(MBA)를 딸 테니까 그 전에 교양을 좀 쌓으려는 생각이었지요.

하지만 놀라운 일이 벌어지고 말았어요. 데니스 교수에겐 정말 사람 마음을 홀리는 재주가 있었습니다. 강의실에 앉아 있으면 마법에라도 걸린 듯, 그 넓은 강의실에 나 혼자 앉아 있고 그가 온전히 나 한 사람에게만 말을 거는 기분이었지요. 나는 갖은 구실을 만들어내며 그 분 강의실 주변을 맴돌았고, 머지않아 그를 열렬히 사랑하게 되었습니다.

전에도 남자친구가 한두 명 있기는 했지만 이번에는 진짜 남자, 나보다 열 살이나 많은 남자와 사랑에 빠진 거예요. 원래 나는 애정 관계는 가볍고 부담 없는 수준에서 유지하는 정도였습니다. 내가 짜놓은 인생 계획이 흐트러지는 건 싫었거든요. 전 학교에 남아 공부해야 할 날들이 아직도 많이 남은 사람이었으니까요. 그렇지만 데니스 교수를 사랑하게 되면서 이 모든 것이 무너져버렸어요.

봄에 대학원에 지원서를 내기는 했지만 마음이 몹시 착잡했습니다. 데니스에게 내 진로에 대해 이야기하려 했지만 그는 완전히 무시해버렸지요. 처음에는 그가 나와 떨어져 있는 시간이 많아지는 게 슬퍼서 그럴 거라고 생각했어요. 그래서 그 앞에서 진로 이야기를 제대로 꺼내지 못했지요. 그가 나를 그렇게까지 좋아한다고 생각하니 되레 그와 더 가까워지는 기분이었어요. 나는 좀 더 기다리며 사태가 돌아가는 상황을 지켜보기로 했지요. 때가 오면 그때 이 문제를 꺼내도 늦지 않다고 생각했으니까요.

졸업한 뒤에 그와 함께 살기 시작했어요. 동거 생활 한 달쯤 지났을 때 뉴욕대 대학원에서 합격 통지서를 보냈더군요. 어찌나 기쁘던지 가슴이 벅차올랐어요. 누구보다도 데니스가 함께 기뻐하며 축하해줄 거라고 생각했어요. 그런데 웬걸요, 그는 너무나 차가운 태도로 이렇게 말하는 거예요. 그가 그때 한 말은 절대로 잊을 수가 없어요. "크리스티나, 내 사랑을 저버린다면 다시는 행복해지지 못할 거야. 나처럼 너를 사랑해줄 사람은 아무도 없을 테니까." 대화나 타협은 꿈도 꿀 수 없었어요. 그냥 나보고 선택하라는 거예요. 정말이지 고민을 많이 했어요. 그리고 데니스 말이 옳다고 결론을 내렸지요. 설령 직장에서 화려한 성공을 한다고 하더라도, 그것이 우리 사랑보다 소중하지는 않다고. 그때는 정말로 그렇게 생각했어요.

그때부터 그는 내 삶의 많은 부분을 장악했지요. 나는 그저 그가 하자는 대로 끌려갈 수밖에 없었어요. 그가 바라는 대로 일이 착착 돌아갈 때면 그렇게 행복하고 좋을 수가 없었지요. 하지만 뭔가 조금이라도 일이 어긋나면 이건 완전히 딴 세상인 거예요. 그럴 때 그는 다른 사람들처럼 실망하는 게 아니라 오히려 마구 화를 내요. 내가 그의 기분을 풀어주고 사기를 북돋아줄 방법을 찾아내지 못하면 그렇게 화난 상태가 며칠이고 계속됩니다.

아들이 태어난 이후로는 사는 게 더 힘들어졌어요. 우리 아들

바이런은 날 때 구개열을 가지고 있었어요. 가끔 남편이 그걸 제 탓으로 돌리고 원망한다는 기분이 들어요. 말도 안 되는 소리처럼 들리겠지요. 그 사람은 정말로 나한테 잘해주거든요! 하지만 가끔씩 그 사람이 나를 경멸한다는 기분이 들어요. 뭐랄까, 자기보다 내가 지적으로나, 그 밖의 능력이 처진다고 생각하는 것 같아요. 그때 대학원에 진학을 했어야 했다는 생각도 들지요. '그랬다면 데니스도 나를 계속 존중해주었을 텐데.' 뭐 이런 기분이랄까요. 때때로 모든 게 너무 혼란스럽게 느껴져요.

데니스는 크리스티나가 자신의 위대함과 전능함을 완벽하게 비추어줄 짝, 자기에게 온전히 순응해줄 짝이라고 생각했다. 그는 그녀의 사랑을 얻음으로써 세상을 다 가진 듯 자존감이 한없이 부풀어 올랐다. 데니스 같은 사람에게 사랑은 마약이다. 자기 의심, 자기의 단점과 한계를 깡그리 잊고 붕 뜨게 해줄 영원한 약물인 것이다. 하지만 이 약에 취한 상태를 유지하려면 그는 자신의 가장 자랑스러운 소유물인 애정의 대상을 통제할 수 있어야 한다.

나르시시스트가 사랑하는 사람을 통제하는 수단은 아주 다양해서, 개인적인 스타일, 상황, 기회에 따라 조금씩 다르게 작용한다. 그들은 온갖 아첨과 사랑 고백으로 사람을 현혹할 수도 있고, 손이 안 닿는 곳에 미끼를 달아 흔들어 보이면서 애간장을 바짝 태울 수도 있으며, 교묘하게 도움을 준다든가 도덕적으로 고매한 사람인 듯 처신할 수도 있으며, 분출 직전의 화산처럼 위협적일 수도 있다. 어쨌거나 그들의 목표는 하나, 곧 사랑하는 이의 개체성을 제거하고 '화합 망상'을 이루는 것이다.

나르시시스트에게는 상대를 선택하는 일이 중요하다. 상대는 자신을 우러러보고, 자신의 특별한 자질을 알아봐주며, 자기가 대단한 사람이라고 느끼게 해주어야 한다. 물론, 우리는 누구나 다 사랑하는 사람에게서 자신의 가치를 인정받기를 원한다. 그러나 나르시시스트는 사랑하는 사람이 언제나 자기 가치를 비추어주는 거울로만 머물기를 원한다. 사랑하는 사람이 나를 무시하거나 비난하면 실망하고 상처받고 화가 나는 게 당연하다. 그러나 나르시시스트는 자기 자존감을 부풀리기 위해 바람을 불어넣는 파이프라인이 망가질 때 화를 낸다.[7] 사랑하는 사람이 자기 욕구와 일치하지 않는 감정이나 견해를 갖거나 표현했다가는 불벼락이 떨어진다.

나르시시스트는 가끔 자기보다 조금 못하거나 힘이 없는 사람, 그래서 쉽게 통제하고 주무를 수 있는 만만한 인물을 사랑의 대상으로 선택한다. 그러나 이 선택은 아주 교묘하다. 그 상대가 나중에 학대받아도 잠자코 있을 사람, 나르시시스트가 사사건건 결점만 들추고 깔보기 좋은 사람이 될지언정 이상화할 수 있는 여지는 분명히 있을 것이다. 나르시시스트는 상대의 좋은 점과 나쁜 점을 무 자르듯 딱 잘라놓고 문제를 해결하려 한다. 좋은 점은 어떻게

든 보전하되 나쁜 점은 자기 맘대로 열었다 닫았다 할 수 있는 칸막이 너머로 치워버리려 하는 것이다. 타인을 좋은 점도 있고 나쁜 점도 있는 통합된 실체로 파악하지 못하는 어린아이들의 원초적 사고방식과 유사하다고나 할까. 그런데 사람은 주어진 상황에 따라 아주 좋은 사람이 될 수도 있고 나쁜 사람이 될 수도 있다. 그러므로 나르시시스트가 사랑하는 사람을 좋은 사람으로 인식했더라도 그 생각은 한순간에 변할 수 있다.

그들은 사랑하는 대상의 이미지를 '좋은 점도 있고 나쁜 점도 있다'라고 포착하지 못하기 때문에 자기가 애인에게 못되게 굴었던 행동을 쉽게 '잊거나', 대수롭지 않게 여기거나, 간단하게 뇌리에서 지워버린다. 그러면서도 자신의 이상화된 기대를 연인이 충족시켜주기를 끊임없이 바란다. 특히 남들이 볼 때는 더욱더 연인과 자신의 이상화된 모습을 과시하기 원하고, 자기가 연인에게 얼마나 큰 모욕을 주었는지는 신경쓰지 않는다. 만약 나르시시스트가 환상을 충분히 고양할 수 없거나 이상화를 유지하기 어려워지면 그 사랑의 대상을 버리고 다른 사람으로 대상을 바꿀 수 있다. 이미 노예로 만들어버린 사람을—그 노예가 자기 소유라 할지라도—언제까지 존중하고 받들어줄 수 있겠는가?

돈 후안과 얼음 여왕

상상할 수 있는 온갖 못된 성격의 소유자들[8]과 파트너를 악의적으로 이용하는 자들을 통틀어 보건대, 나르시시스트는 궁극적으로 최악의 연인이다. 이성애자든 양성애자든 나르시시스트 남성은 여성들에게 질투심을 조장하고, 거절당해 우스운 꼴이 될지도 모른다는 두려움을 심어준다. 이들은 파트너를 성(性)을 초월하는 형태(마돈나 혹은 '순수한' 모성)로 이상화하거나 아예 사랑이나 존중하는 마음 없이 함부로 대하며 즐길 상대(창녀 혹은 '타락한' 모성)로 비하하는 경향이 있다. 반대로, 성적으로 자기가 신경 쓰지 않는 유형의 여성에게는 관대하게 대하는 편이다.

돈 후안(Don Juan) 같은 바람둥이들은 상당수 어느 한쪽 유형에만 호감을 가지며, 공격적이고 다소 충동적이며 어린아이 같은 면이 두드러진다. 공격적 돈 후안 유형의 청년은 자기가 유혹한 여자를 모욕하거나 실망시키는 일을 재미로 삼고 잠시 만난 여자는 반드시 차버린다. 좀 더 충동적인 돈 후안 유형의 청년은 자기를 실망시키지 않는 여자를 찾겠다는 미명하에 수많은 여자들과 성관계를 맺는다. 마지막으로, 어린애 같은 돈 후안 유형은 약간 여성적인 인상의 애송이다. 그는 남자다운 면이 부족하다는 바로 그 특성 때문에 수많은 여자들을 손에 넣을 수 있다. 사실, 많은 여성들이 남성성에서 위협을 느끼곤 한다.

자기애적 여성들은 아주 차갑고 계산적인 경향이 있다. 또한 남성과 여성 모두에게 적의를 품는 경우가 많다. 이들은 가엾은 남자가 버틸 수 있는 한, 계속 그 남자를 이용해먹을 것이다. 그러나 남자가 자기를 존중해 달라고 요구하거나 견디다 못해 나가떨어지면 이 여자들은 화를 내고 원한을 품는다. 하지만 이 여자들이 슬픔으로 수척해지거나 죄책감을 느끼는 법은 결코 없다. 나르시시스트 여성들은 대개 자기에게 접근하는 남자는 다 왕자처럼 생각한다. 그러나 그 왕자가 결국 개구리로 변해버리면 이들은 관심을 뚝 끊고 등을 돌린다.

로라는 발이 땅에 닿지 않는 기분이었다. 그녀는 집으로 들어와 소파에 몸을 던지고는 손때 묻은 낡은 쿠션에 얼굴을 파묻었다. "나 사랑에 빠졌나 봐!" 로라는 구두를 아무렇게나 벗어던지며 꿈꾸듯 말했다. 룸메이트인 베스가 물었다. "말해보렴, '오늘의 봉'은 누구야?"

로라는 룸메이트가 비꼬는 것도 무시하고 이렇게 대답했다. "그 사람 이름은 데이비드야. 우리 둘은 일주일째 스타벅스에서 서로 눈길만 보냈지. 그런데 오늘 드디어 그가 나한테 다가오더라고. 데이비드가 더블라테를 사주길래 우린 함께 몇 시간 동안 대화를 나누었지. 우리 둘이 얼마나 공통점이 많은지 넌 상상도 못할걸! 그는 서던캘리포니아대학교(USC) 영화학과 학생이야. 게

다가 삼촌은 영화 제작자고! 데이비드가 지금 하고 있는 프로젝트는…… 아, 잠깐! 그 남자 이름이 뭐더라? 시의원 선거에 나간다는 웨스트할리우드 출신 남자 이름이 뭐였지? 아무튼 나는 그에게 내가 시장 선거에서 어떤 역할을 했었는지, 어떤 정책에 어떤 내막이 있는지 등등을 얘기했지. 그런데 그 다음에는 그가 주말마다 암벽 등반을 한다고 하더라고. 게다가 그 사람도 태국 음식을 좋아한대. 그뿐이 아니야, 세상에! 데이비드도 래브라도 리트리버를 한 마리도 아니고 두 마리나 키우고 있다는 거야! 생각해봐, 어떻게 이보다 더 공통점이 많을 수가 있어? 아, 내가 말했나? 그 사람 입술이 레오나르도 디 카프리오를 닮았다고? 그 사람은 내가 니브 캠벨을 닮았대. 이건 정말 너무 완벽하지 않니?"

베스는 속으로 생각하다 '잘해봐라.' 그녀는 로라와 함께 살아온 2년 동안 이 쇼를 벌써 다섯 번이나 보았다. 쇼의 1막은 항상 이렇게 시작한다. "로라는 엄청 들떠서 집에 돌아온다. 물론, 그녀가 '내 인생의 남자'를 만났기 때문이다." 2막. "베스는 어쩌다 그 남자를 보게 된다. 그럭저럭 괜찮은 남자이기는 하나 로라가 신처럼 떠받들고 미화했던 사람과는 한참 거리가 멀다." 이 쇼의 플롯은 로켓이 이륙하듯 하늘 높이 치솟아 오존층에서 정점을 이루고 3막쯤 되면 어이없이 추락해버린다.

로라의 쇼는 몇 달간 어떻게 버티기도 하나, 심할 때는 한두 주 사이에 막을 내린다. 이 이야기의 가장 끔찍한 대목은, 로라가 상처 하나 입지 않은 채 추락한 로켓의 잔해에서 유유히 빠져나오는 부분이다. 그녀가 정말로 좌절을 느끼는지 어떤지는 모르지만 쇼핑몰 한 번 다녀오고 시내 클럽에서 촌놈들에게 자기 미모를 뽐내며 하룻밤 놀면 말짱해진다. 베스는 이제 안 봐도 훤하다. 사랑이 다가올 때 로라는 로켓을 발사하는 데에만 관심이 있지 그 로켓을 타고 어떤 여행을 할까는 안중에도 없다. 그리고 상대는 그냥 로켓에 같이 탄 남자일 뿐인 것이다.

로라만큼 모험심이 강하지 않은 나르시시스트 여성은 자기를 '최고라고 생각하는' 파트너와의 관계에 안주하는 경향이 있다.[9] 어떤 이들은 너무나 멀리 있어서 닿을 수 없는 상대를 사랑하는 데 집착한다. 이러한 집착 덕분에 그들은 완벽성을 지킬 수 있거니와, 현실 관계에서 닥칠지도 모르는 위험으로부터 자신의 나르시시즘을 보호할 수 있다. 때때로 이들은 자기보다 더 극단적인 나르시시스트이자 사회적으로도 성공한 사람과 애착 관계를 맺으려 한다. 그 사람이 위대한 일을 하는 데 자기가 영감을 불어넣어 준다고 믿으며 평생을 그 사람을 위해 살아가는 사람도 있다.

이러한 애정 관계 중에는 노출증 성향이 있는 나르시시스트와 그의 '숨겨진 애인'(그 역시 나르시시스트인)이 맺는 관계도 있다. 숨겨진 나르시시스트는 자기가 이상화하는 사람을 위해 온갖 수고를 다하되, 함부로 나서지는 않는다.[10] 이런 사람은 자기를 지키기 위해 자기가 사랑하는 대상을 권좌에 올려놓으려 애쓴다. 자기 애인이 대단한 사람이고 그 애인이 자기 사람이라면 마음 속의 온갖 불안이 사라질 것이기 때문이다.

노출증적 나르시시스트와 숨겨진 나르시시스트의 관계에서 사실상 패권을 손에 쥔 자는 후자이다. 그는 삼투압 작용을 통해[11] 자신을 부풀리기 위해 상대의 우쭐한 기분을 한껏 충족시켜준다. 이상화와 착각이 유지되는 한, 이들의 궁합은 환상적이다. 그러나 유쾌하지 못한 현실이 끼어드는 순간 이들의 애정 관계는 박살난다.

그들이 처음 만났을 무렵, 저스틴은 장래가 촉망되는 바이올린 연주자였고 루이자는 지방 전문대에서 상품 판매 공부를 하고 있었다. 저스틴은 그녀의 미모와 상냥한 태도에 홀딱 반했고, 루이자는 그가 언젠가 지긋지긋한 블루칼라의 삶에서 자신을 구원해줄 것이라고 기대했다. 사실, 루이자는 저스틴을 만나기 전까지만 해도 일류 백화점에서 바이어로 일하게 되기만 꿈꾸어왔다. 하지만 이제 저스틴이 그녀의 운명이었다. 그는 연주 여행도 많이 다니고, 유명한 음악가가 될 것이다. 그녀는 그가 꿈을 실현할 수 있도록 돕는 데 평생을 바칠 것이다. 루이자는 저스틴이 비범한 재능의 소유자라고 굳게 믿었다. 그리고 그를 만난 순간부터 자기의 세계가 더 넓어지고 의미 있게 되었다고 믿었다.

저스틴은 루이자 같은 여자를 만난 적이 없었다. 살아오면서 많은 여자들을 만났지만 모두들 시간이 좀 지나면 지겨워지곤 했다. 그 여자들은 모두 다 이기적이고 이것저것 요구가 많았다. 재능을 타고난 음악가의 섬세한 기질이나 원대한 포부 따위는 이해해주지 않는 여자들뿐이었다.

그런 저스틴의 눈에 루이자는 정말로 매혹적이었다. 그는 루이자의 빛나는 검은 머리칼과 섬세한 손, 자기가 농담할 때 그녀가 지어 보이는 미소가 좋았다. 그는 이제까지 자기 기분을 항상 잘 맞추어주는 사람들을 그리 많이 보지 못했는데, 루이자는 바로 그런 사람들 중 하나였다. 두 사람은 정말 일심동체 같았다. 게다가 그녀는 저스틴의 음악을 좋아했다. 자기를 위해 연주를 해달라고 조르는가 하면, 그가 작곡한 음악을 듣고 매우 기뻐하기도 했다. 그녀는 그가 뭐든지 할 수 있다고 믿었다. 저스틴은 루이자가 자기 인생에 나타난 순간부터 행운의 여신과 함께하는 기분이었다.

저스틴은 미래에 대해 너무나 자신만만했기에 자기 우월감이 도전받는 일에서는 어떤 좌절도 참아내질 못했다. 오케스트라의 동료 단원들은 그가 교만하고 같이 지내기 어려운 사람이라고 생각했다. 저스틴은 동료 단원들보다 어린 편이었음에도 불구하고 자기는 특별한 사람이니까 남들이 그 점을 인정해주어야 한다고 믿었다. 그러다가 수석 바이올리니스트 자리가 공석이 되었다. 그 자리에 저스틴이 아닌 다른 연주자가 지명되자, 저스틴은 리허설

도중에 밖으로 나가버렸다. 그는 그 자리에서 해고되었다.

저스틴이 화난 만큼 루이자도 당황했다. 하지만 그녀는 저스틴이 자기 곡을 연주하는 솔로 활동을 통해 더 나은 미래를 개척할 수 있으리라 믿었다. 그녀는 쉴 새 없이 애인을 달래고 위로해주었다. 그녀는 오히려 이 위기를 연주자로서 진로를 개척할 기회로 삼으라고 충고했다. 저스틴이 새로운 마법을 준비하는 동안, 루이자는 격려와 위로를 끊임없이 제공했다. 그녀는 이 위기가 오래 지속되지 않을 거라고 생각했다.

몇 주, 몇 달이 지났다. 저스틴은 깊이 상처받은 자존심을 치료하고 다시 자신의 행운의 별을 불러오려 노력했다. 그는 곰곰 생각하고, 술을 마시고, 늦게 잠자리에 들었으며, 이따금 에이전트에게 전화를 걸거나 팽개쳤던 바이올린을 다시 붙잡고 연주를 했다. 루이자는 여전히 그를 격려하려 애썼다. 하지만 그녀의 인내심도 바닥이 보이기 시작했다. 그녀는 차츰 콩깍지가 눈에서 떨어져 나가는 기분이 들었다. 루이자는 도움을 주긴 했지만 점점 퉁명스러워졌다. 그러나 저스틴은 전혀 눈치채지 못했다.

어느 날, 저스틴은 우연히 루이자의 일기장을 발견했다. 그는 조금도 망설이지 않고 일기장을 펼쳤다. 그는 엄청난 충격을 받았다. 루이자가—그의 루이자가!—다른 남자에게 마음을 쏟고 있었다! 그녀는 사랑에 빠졌다. 아니, 그런 것 같았다. 그녀는 그 남자를 '내 영혼의 짝'이라고 부르고 있었다. 그들의 관계는 시작된 지

얼마 되지 않은 것 같았다. 저스틴은 바야흐로 그녀를 잃기 일보 직전이었던 것이다. 아니, 이럴 수는 없다!

그날부터 저스틴의 눈에는 루이자가 달리 보였다. 그녀는 저스틴이 올려주었던 높은 권좌에서 바닥으로 추락했다. 한번 떨어지면 일어설 수 없는 험프티덤프티(영국 전래 동화에 나오는 인물로, 커다란 달걀 모양으로 생겼는데 담에서 떨어져 다시는 일어나지 못했다고 한다―옮긴이)처럼 그녀는 이제 구제불능이었다. 저스틴이 그녀와 맞설 때면 그녀는 여전히 그를 달래주려 하는 것 같았다. 하지만 그녀의 눈동자에서 반짝이던 빛은 분명히 사라졌다. 이제 끝났다. 저스틴은 '너도 별 수 없이 다른 여자들과 똑같구나.'라고 씁쓸하게 생각했다.

한편, 루이자는 감정이 메마를 대로 메말라서 이상할 정도였다. 그녀는 다시 감정을 일깨우려고 애썼다. 그러나 아무리 그래봤자 자신을 붙잡아주지 못하고 다른 남자에게 눈을 돌리게 만든 저스틴이 원망스러울 뿐이었다. 모든 것을 고백하고 두 사람 관계를 청산했을 때 루이자는 그저 공허한 기분만 느꼈다. 분명히 이 남자보다 더 사랑할 만한 대상은 있었다. 그녀는 다짐했다. '다음번에는 목표를 더 높게 잡을 테야. 반드시.'

나르시시스트들의 러브 게임은 원래 불안정하게 마련이다. 현실이 조금이라도 비집고 들어오면 관계가 무너질 수 있다. 그 결과로 고질적 혹은 일시적 갈등, 불행, 부부 관계 전문가와의 상담, 극적인 결별 등이 일어나게 된다.

나르시시스트가 애정 관계 밖에서 자존감을 부풀려줄 만한 구실—직장, 가족, 친구, 그 밖의 관심사 등—을 찾는다면 파트너를 가혹하게 몰아치지는 않을 것이다. 그러나 일이 잘 풀리지 않거나 실직, 퇴직, 마음을 기대던 다른 인간 관계의 파괴, 명예의 실추 등 자존감의 공급 노선에 문제가 생기면 파트너에게 이것저것 요구가 많아지고 점점 숨통을 조여 들어온다.

나이가 들수록 인생의 부침에 대해 좀 더 만족스러운 대안을 찾고 좀 더 자아를 실현하는 방향으로 나아가려는 것이 인간의 본성이다. 그러한 인간의 본성상 정서적 건강의 씨앗 한 알조차도 성장을 꿈꾸는 법이다. 최초의 나르시시즘이 어린 시절에 누구나 거치는 과도기였듯, 많은 자기애적 관계들은 좀 더 성숙한 사랑으로 나아가기 위한 과도기 단계일 수 있다.[12] 그러나 만약 그런 경우라면 언제, 어떻게 나아갈 것인가 하는 것이 가장 어려운 부분일 것이다.

나르시시스트와 사랑에 빠진 당신을 위한 조언

우리는 왜 나르시시스트와 사랑에 빠질까? 그 이유는, 그들이 원하는 바와는 조금 차이가 있을지언정 실제로 그들이 '특별'하기 때문이다. 이상화된 환상을 좇으려는 그들의 성향은 세상의 현실에 마법의 그물을 드리우고 멋있고 재미있는 것을 좋아하는 당신의 욕구를 채워줄 것이다. 또한 그들은 당신의 찬사를 원하기 때문에 당신 비위를 맞추려 든다. 따라서 이 상황은 진짜 사랑처럼 느껴질 수도 있다. 어떤 경우에는 나르시시스트의 과장된 당당함이 당신 삶에서 잃어버린 그 어떤 것을 채워줄 것처럼 보일지도 모른다. 당신이 약간 자존감이 약한 편이거나, 자신만만해 보이는 사람에게 쉽게 반하는 편이라면 그들의 오만함이 매력으로 보일 수도 있다. 그런데 그 거룩하신 몸께서 나를 당신의 사랑으로 선택해주셨다? 얼씨구! 너무 기뻐 정신을 못 차리는 것도 당연하지 않은가? 적어도 잠시 동안은 말이다.

열정적인 사랑, 사랑에 대한 강박관념, 하나가 되고픈 열망, 그에 수반되는 자신만만하고 대단한 기분, 우리의 원초적 과거에 대한 속박…… 이처럼 사랑이란 문제에서 자기애적 요소들은 너무나 많기 때문에 무엇이 정상이고 무엇이 본질적으로 건강하지 못한 것인지 구분하기 어려울 때가 많다. 나의 애인이 항상 나를 이해해주지 못하고 항상 내 욕구를 최우선으로 배려하지 못한다 해서 그 사람이 이기적이라든가 공감 능력이 부족하다고 할 수 있겠는가? 이따금 그 사람이 내게 하기 싫은 일을 시킨다고 해서 내가 이용당하거나 착취당한다고 할 수 있겠는가? 항상 상대에게 신경

쓰고 내 뜻대로 하기를 바라는 것이 잘못인가? 아니, 그렇지 않다. 그런 게 문제는 아니다. 자, 그렇다면 나의 애정 관계가 건강한지, 아니면 자기애적인지 그 여부를 어떻게 판가름할까?

근본적으로 자기애적인 관계의 핵심 요소는 '화합이라는 망상', 두 사람이 완전히 그리고 영원히 '하나'라는 환상에 있다. 나르시시스트는 사랑하는 사람이 분리된 존재라는 것을 위협으로 받아들인다. 시기심이 구석구석마다 도사리고 있다. 경계는 처음부터 존재하지 않았기 때문에 당연히 존중될 수 없다. 또한 대개 어느 한쪽이 지배하고 어느 한쪽은 순종하는 식으로 ― 이따금 지배자와 피지배자 역할이 일시적으로 바뀔 수는 있으나 ― 권력의 불균형이 나타난다. 이들 사이에는 진정한 호혜성이 존재하지 않기 때문에 서로 주고받는 관계도 있을 수 없다. 만약 당신에게 이러한 양상이 기분 나쁠 정도로 익숙하게 느껴진다면 애정 관계에서 생존 전략을 어떻게 적용해야 할지 눈여겨보기 바란다.

지금 여기에서 사랑하자

어린 시절에 사랑하고 사랑받았던 경험은 평생을 간다. 사랑의 열망은 우리에게 훌륭하고 멋진 엄마와 온전히 하나가 되었던 어린 시절을 떠올리게 한다. '나'의 탄생으로 나아가기 위해 거쳐야 했던 모든 단계들[13](공생기, 활동기, 재접근기)은 자아와 타자에 대한 우리의 지각을 좌우한다. 그리고 이것이 우리가 사랑하는 대상,

사랑의 방식도 결정하게 된다.

어린 시절, 아이의 자율성을 고양시켜주는 좋은 양육자와 애착 관계를 맺었다면, 어른이 된 뒤에도 그와 마찬가지로 좋은 짝을 만날 확률이 높으며 애정을 유지하기 위해 환상에 기댈 필요가 없어진다. 그러나 그 단계들에서 자율성이 훼방을 받았고 분리-개별화 과정에서 좌절을 겪었다면 성인이 된 후에도 나와 남 사이 경계가 흐리멍덩한 사람을 만나 그의 대단하고 과장된 모습에 융합되어버리기 쉽다.

어떤 사람들에게는 엄마와 심리적으로 한 덩어리였던 공생기가 더없이 행복한 시절이었을 것이다. 이 시기에 엄마가 아이에게 공감하며 반응해주지 않았다면 우리는 평생 동안 사랑을 꿈꾸되 그 사랑이 실현될 거라고는 사실상 기대하지 않는다. 반면, 엄마가 지나치게 아이에게 간섭했다면 그 아이는 습관적으로 모든 침입에 대해—좋은 의도의 침입까지도—방어벽을 단단히 두르게 된다. 이처럼 '파장이 어긋난' 환경에서 성장하면 사랑을 해도 좀체 실현되지 않고, 사랑을 받아들여도 수렁에 빠져 자기를 잃어버리기 십상이다. 이런 사람들에게는 오직 환상 속의 사랑, 장애가 뻔히 보이는 사랑, 보답받지 못하는 사랑만이 안전해 보인다. 그런데 이렇게 사랑에 대한 낮은 기대치에 나르시시스트는 완벽하게 부응한다.

당신이 부모 중 어느 한쪽이, 혹은 양친 모두가 나르시시스트인 가정에서 성장했다면 자기애적 성향이 두드러진 애정 관계에 휘말릴 가능성이 농후하다. 과거의 유산이 지금 당신에게 어떤 식으로 영향을 미치는지 그 양상을 보라.

- 당신은 자주, 그리고 빨리 사랑에 빠지는 편이다. 혹은 정반대로, 누군가가 당신에게 다가오면 이용당하거나 거절당할지도 모른다는 두려움에 몸을 사리는 편이다.

- '완전한 사랑'만이 안전하고 흥미를 가질 만하다고 생각한다. 혹은 정반대로, 부적절한 관계에 휘말리거나 현실적으로 가까워지기 힘든 상대에게 애정을 품는 일이 많다.

- 서로를 아는 기간, 사랑이 처음 시작될 때의 두근거림이 지나고 나면 상대방의 결점이 많이 보이거나 상대방과 잘 지내기가 어려워진다.

- 아직 한 번도 사랑에 빠진 적이 없고 사랑이 어떤 것인지 상상하기도 어렵다. 혹은 그 반대로, 당신은 상대를 무척 사랑하고 잘해주는데 그 사람에게서 충분히 사랑받지 못하고 있다는 생각이 든다.

- 가까운 사람과의 관계에서 '주기' 혹은 '받기'에 어려움을 겪는다.

- 사랑하는 사람을 이상화하거나 깎아내리고 싶은 욕구를 느낀다.

- 사랑하는 사람에게 잘못을 저질렀을 때 제대로 사과하지 못한다. 혹은 정반대로, 두 사람 사이에서 일어나는 잘못은 무조건 당신 쪽에서 뒤집어쓰는 편이다.

- 애정 관계에서 상처받거나 실망을 느낄 때가 많다.

아무도 완벽한 유년기를 보내지는 않았다는 점을 기억하라. 우리는 모두 때때로 가까운 관계에서 갈등을 겪고 괴로워한다. 그러나 가까운 관계에서 나 자신을 잃어버리고 있다는 생각이 들거든, 혹은 타인의 욕구와 권리를 인정하기 어렵게 느껴지거든, 타인과의 관계에서 경계에 위협을 받거나 혼란을 느끼거든, 얼른 당신이 맺고 있는 관계에서 일어나는 문제를 해결할 태세를 갖추라. 이 관계는 건강하지 못한 나르시시즘의 '재방송'이 될 수 있다.

가능하다면 파트너와 함께 이 문제를 파헤치기 바란다. 두 사람이 허심탄회하게 이 문제를 함께 파헤칠 수 있다면 그것 자체가 청신호이다. 과거의 건강하지 못한 나르시시즘의 악영향에서 벗어나는 가장 좋은 방법은 바로 지금 여기에서 현재 건강한 애정 관계를 맺는 것이다. 그러한 관계는 서로를 존중하고, 상대의 감정에 공감하며, 어떤 부분을 건드리면 상대가 발끈하는지 이해하는 것에서부터 시작된다.

불완전한 모습 그대로 보아라

나에 대해서도, 상대에 대해서도, 나아가 두 사람 관계에 대해서도 어떤 부분이 강하고 어떤 부분이 약한지 정확하게 짚어라. 그것이 건강하지 못한 나르시시즘을 제어하는 최고의 무기이다. 과거에 내가 완벽을 추구하기 위해 어떤 욕구들을 가졌는지 돌아보라. 아울러, 나의 파트너가 어떤 방식으로 왜곡해서 사태를 비현실적으로 보게 되는지도 돌아보라.

이렇게 관계를 돌아보는 일은 유쾌하지 못할 뿐더러 아주 고통스러울 수도 있다. 왜냐하면 이러한 성찰 자체가 어느 정도까지는 내 관계의 일부였던 '화합 망상'에서 빠져나오는 과정이기 때문이다. 당신은 사실상 어린 시절의 발달 단계들을 다시 밟아가야 한다. 나 자신과 파트너의 좋은 점, 나쁜 점을 모두 다 포함해서—다시 말해, 복합적이고 전체적이며 궁극적으로는 불완전한 인간 그대로의 모습으로—보아야 한다. 지나치게 부끄러워하거나 분노하지 않고 이 과정을 수행할 수 있다면, 그것도 청신호이다.

애정 관계에서 이상화를 버리기 두려워하는 사람들은 아주 많다. 이들은 상대를 신비화하지 않으면 사랑을 유지할 수 없을 거라고 생각한다. 그 때문에 상대의 결점을 감추고 단점을 부인하며 불쾌한 진실을 모호하게 처리해버린다. 이런 사람들은 가혹한 현실에서 자기 사랑을 보호하기 위해 환상의 세계를 창조하고 유지해야만 한다. 만약 당신도 사랑에 대해 이런 견해를 갖고 있다면 그 가설을 검증해보는 것만 해도 대단한 용기가 필요할 것이다.

정말로 당신 자신의 모습으로 자유롭게 살고 싶은가? 정말 본연의 모습 그대로 사랑받기를 원하는가? 그렇다면 결점도 치부도 감추지 말고 드러내라. 정신적으로 건강한 연인은 상대의 결점을 완전히 자각하고 있는 그대로 인정하면서도 그 사람만의 실제 모습을 이상화할 수 있다. 그러한 연인은 당신에게 완벽한 모습을 기대하지 않는다. 자기 욕구에 당신이 완벽하게 맞춰주거나 자기가 소망하는 대로 당신이 완벽하게 따라주기를 기대하지도 않는다. 정신적으로 건강한 연인이라면 사소한 갈등도 삶의 활력으로 삼고, 완전히 독립된 인격체와 상호작용하면서 더욱더 풍요로워질 것이다.

경계를 정하자

뚜렷한 자기 경계는 분리와 정서적인 힘의 상징이다. 다음은 개인과 개인 사이 경계에 대한 물음이자 당신과 당신 파트너 사이의 여러 가지 차이점들을 어떻게 해결하고 있는가에 대한 물음이다.

● 두 사람은 서로 떨어져 있는 시간, 각자의 서로 다른 친구들, 서로 다른 관심사를 어떻게 처리하는가?

● 두 사람의 휴일이나 휴가를 어떻게 사용할 것인가를 어떤 방식으로 결정하는가?

● 두 사람 관계에는 프라이버시가 있는가? 아니면 상대방의 우편물을 으레 열어볼 정도로 개방되어 있는가? (허락을 구하지 않고 상대의 지갑이나 가방을 뒤진다든가, 상대의 전화 통화를 같이 듣거나 이메일을 읽어보는 것 같은 행동)

● 당신은 당신만의 고유한 생각이나 감정, 혹은 개인적인 경험들을 가질 수 있는가? 상대가 알고 싶어해도 당신이 원하지 않으면 굳이 설명하거나 말하지 않아도 괜찮은가?

● 상처받는 느낌이나 화를 내는 일 없이 상대에게 동의하지 않는다고 말할 수 있는가?

● 당신이 이러한 두 사람 사이의 경계를 내세우고 주장했을 때

어떤 일이 일어났는가? (혹은, 그렇게 한다면 어떤 일이 일어날 것 같은가?) 상대가 화를 내거나, 당신의 수치심을 자극하거나, 그 밖의 이런저런 앙갚음이 없었는가? 상대가 당신 말을 경청하고 당신을 존중했는가?

모든 커플들은 두 사람 모두에게 편안한 선에서 경계를 합의한다. 두 사람 사이에 있을 수밖에 없는 차이를 어떻게 해결하느냐는—존중과 적응이냐, 분노와 조종이냐—관계의 건강하지 못한 자기애적 경향을 판가름하는 좋은 척도이다. 경계에 대한 갈등이 불편함을 자아낸다면 자기애적 요소들이 작용하고 있지는 않은지 생각해보기 바란다.

일부 건강하지 못한 관계에서는 반대로 경계가 너무 경직되어 있을 수도 있다. 두 사람이 각자 다른 세계에서 살며 함께하는 시간을 전혀 갖지 않고, 서로 깊이 연결되어 있다는 느낌도 아주 약한 경우가 있다. 당신이 정말로 그 사람을 필요로 할 때 그 사람의 관심을 끌 수 있는가? 두 사람 모두 상대의 안녕을 위해서라면 자기를 어느 정도 희생할 각오가 되어 있는가? 성관계는 만족스러운가? 아니면, 부자연스럽고 의무적인가?

지나치게 자기에게만 몰두해 있는 두 사람이 만나면[14] 편안한 관계만을 추구하게 마련이다. 이들에게 '사랑'은 나 자신을 확대하는 변화, 예를 들어 재산이나 사회적 이익, 나는 특별하다는 착각을 부풀리기 위한 애착일 뿐이다. 이러한 경우에는 '화합 망상'보다는 자기 약점을 드러내고 열정적 사랑의 초월적 경험에 자신을 내어주지 못하는 저항감이 더 큰 문제가 된다.

사랑에 약해지지 마라

성숙한 사랑의 특징은 서로 주고받는 데 있다. 성숙한 사랑을 하는 사람들은 자기를 위하듯 상대를 위할 줄 안다. 반면, 나르시시스트는 성숙하고 상호적이고 서로를 키워주는 사랑을 하지 못한다. 그는 '나'밖에 모른다. 자기애적 사랑에서 한 사람의 자아는 다른 사람의 연약한 자아를 지원하기 위해 흡수되게 마련이다. 이것은 두 사람 모두의 자기 초월성과는 전혀 다르다. 어느 한쪽의 자아만을 부풀릴 뿐이니까.

호혜성은 곧 '주고받기'이다. 나르시시스트는 자기가 오히려 주는 쪽이라고 생각할지도 모른다. 하지만 그들은 자기가 주고 싶은 것만 준다. 주기는 주는데 상대의 욕구나 소망은 고려하지 않고 이기적으로 주는 것이다. 그렇게 주는 것은 자기 자신을 기만하여 자기를 부풀리는 수작이므로 오히려 복잡하게 꼬인 형태의 '받음'으로 보아야 한다. 누군가가 지속적으로 타인의 요구나 과제 같은 실제 열망을 경험하며 그에 대해 불쾌하다는 듯 반응하거나 아예 제쳐놓고 경멸한다면 그들 관계에 호혜성이란 존재하지 않는다. 반대로, 자신의 가치에 대한 확신이 없고 무엇을 요구하는 데 서툰 사람 또한 자기 자신을 보완하기 위해 자기애적인 절름발이 사랑에 빠지기 쉽다. 호혜성은 두 사람 모두의 건강한 자존감을 전제조건으로 요구한다.

  또한 진정한 호혜성은 상호 신뢰를 요구한다.[15] 가까운 인간관계에서 이러한 측면에 문제를 안고 있다면 스스로 생각해보라. 나는 친구나 가족 등과 함께 있을 때 안전하다는 느낌을 주는 누군가에게 나의 방어벽을 허물고 솔직해질 수 있는가? 일단 이러한 관계가 주고 받는 사이임을 확인하고 나면 당신은 이 경험을 좀 더 로맨틱한 관계로까지 옮겨갈 수 있다. 하지만 성공적인 애정 관계를 맺으려면 무엇보다도 나르시시스트가 아닌 사람[16]을 선택해야 한다. 사랑에 약해지지 마라. 자기 자신을 위해 당신의 자아를 사수하라.

나르시시스트가 지배하는 직장
_그들보다 빛을 발하지 마라

성공한 나르시시스트들은 항상 떵떵거릴 수 있는 자기 구역이 있다. 거대한 기업이든, 작은 부서이든, 시시한 모임에서든—사실, 그 구역은 자기 집에서부터 한 나라 전체에 이르기까지 다양하다. 유명한 거부들 중에도 나르시시스트들은 널려 있다. 하지만 규모에 관계없이 손바닥만한 사업장이나 근무 환경에서도 그들의 존재를 어김없이 찾아볼 수 있다.

권력은 수치심에 더없이 좋은 약이기 때문에 나르시시스트들은 당연한 권리를 추구하듯 권력을 추구한다. 그들의 내면에서는 자기 흥미만이 중요하며, 자기 길을 막아서는 타인의 처지를 헤아리는 법이란 없다. 그들에게는 자질이나 야망이 따라주지 않는 것만이 장애물이 된다. 나르시시스트는 시기심 많은 경쟁자들을 항상 경계하며 자기 영역을 지키려 든다. 그를 주의 깊게 관찰하며 어떻게 그가 통제력을 유지하는지 보라. 그는 단순히 자기 영향력 아래 있는 사람들뿐 아니라 그가 수시로 사로잡히는 무력감, 모욕, 시기, 공허함마저도 통제한다. 당신이 이런 사람 손에 놀아나고 있다면 상대를 똑똑히 알기 바란다.

권력자 나르시시스트의 여덟 가지 유형

조직의 일인자가 되려면, 사업을 일으키려면, 선거에서 이기려면, 시장에서 경쟁력을 얻으려면 건강한 나르시시즘과 자신감이 필요하다. 그러한 자세를 갖추어야만 여러 가지 난관과 장애가 있더라도 확인된 목표를 달성하기 위해 재능과 기술을 발휘할 수 있다. 그러나 건강하지 못한 나르시시즘도 이런 일을 잘해낼 때가 많다. 하지만 조종키를 잡은 사람이 정서적으로 어린애에 지나지 않다면 그곳의 근무 환경은 아주 고약해진다. 두려움, 불신, 피곤은 직원들의 삶을 피폐하게 만들고 정신적인 면에서나 생산성 면에서나 간섭이 끊이지 않을 것이다.

당신이 몸담고 있는 근무 환경이 바로 그러한가? 그렇다면, 생각해보라. 누가 권력을 쥐고 있는가? 그는 그 권력을 어떻게 행사하는가? 당신은 어떤 영향을 받는가? 당신이 스트레스를 받고 화가 나거나 주체할 수 없이 흥분할 때에 그 문제의 인물이 다음 중 어떤 유형에 해당되는지 생각해보라.

1. 가정 같은(?) 직장

나르시시스트들에게는 자기에게 필요한 어떤 것을 갖고 있는 타자와의 교착 상태가 이른바 정상적이고 균형 잡힌 상태이다. 나르시시스트가 당신의 자율성을 일부러 손상시키려 들든, 단순히 당신의 분리성을 무시하든 그 같은 교착 성향은 당신이 그의 소망을 들어줄 것으로 기대할 뿐 아니라 당신이 스스로 그것을 원하고ㅡ이 점이 특히 중요하다.ㅡ수행할 수 있기를 바란다. 마치 그의 머리 속에 들어가 사는 사람처럼 그의 생각과 감정을 공유하고 그는 할 수 없는 일을 대신 해주기를 바라는 것이다. 제멋대로 지격을 부여하고 타인이 자신의 완벽한 거울이 되기를 바라는 나르시시스트다운 생각보다 남들에게 더 큰 모욕은 없다.

나르시시스트가 어떤 이유로 당신을 원한다 치자. 당신은 그 사람 몸에 붙은 또 다른 팔처럼 그의 자아의 연장이 된다. 그는 아마 당신에게 곰살맞게 굴고, 보상을 약속하거나, 무슨 수를 쓰든지 자기 그물에 걸려들도록 유인할 것이다. 당신이 이미 그 사람 손아귀에 들어가 있다면 그는 당신을 계속 자기 지배 아래 묶어놓기 위해 당신을 조종하거나 창피를 주는 수법을 쓸 것이다. 그의 목표는 당신과 그 사이의 경계를 없애고 당신을 완전히 소유하는 것이다. 그는 분리를 일종의 위협으로 본다. 따라서 당신은 당신의 경계가 자꾸 침범당하는 경험을 하게 될 것이다. 이런 사람들은 '가정 같은 직장' 운운하며 당신의 사생활, 건강 문제, 직장 밖에서의 대인 관계 등을 꼬치꼬치 캐묻는다.

이들의 나르시시즘은 아주 병적으로 나타날 수도 있다. 자기 아랫사람에게 성적으로 접근하거나, 문서 정리를 맡은 일용직 사원에게 주말에 자기 집에 와서 애들을 좀 봐달라고 명령하는 등 '이중 관계'를 조장하기 좋아하는 사람들이 특히 그렇다. 이들은 자신과 타인과의 경계를 완전한 통제의 방해물로 보고 아주 예사로 침범한다. 경계가 무너지고 있다는 문제점을 자각했다면 당신은 이미 진짜 나르시시스트를 상대하고 있다고 보아도 된다. 부디, 조심하시라.

벨린다는 똑똑하고 매력적인 젊은 여성으로, 작은 광고회사에서 일하고 있었다. 그런데 치료를 받으러 와서 그녀가 털어놓은 불평은 예사롭지 않았다. 그녀는 수행평가에서 '우유부단하다'라는 이야기를 들었을 뿐 아니라 '그녀의 정서적 건강에 대한 관심' 때문에 심리치료를 받아보라는 권고까지 받았다는 것이다. 회사에서는 그녀에게 이렇게 말했다. "벨린다, 우리는 정말 당신을 좋아해요. 하지만 당신이 너무 결단력이 없기 때문에 그 점이 업무에 지장을 주지 않을까 걱정이 돼서 그래요." 그런데 사실 벨린다는 그런 말을 들을 만큼 중대한 과실을 저지른 적이 없었다. 오히려 그 반대로, 벨린다는 매사에 철저하고 타인의 욕구를 잘 포착하는 편이어서 고객들에게 인기가 많은 편이었다. 그러니까 뭔가 이치에 맞지 않았다.

어쨌든 벨린다는 상사에게 이런 권고를 받고 당황했다. 상사는 벨린다의 흠잡을 데 없는 행실과 신중한 어휘 선택이 치료를 받아야 할 만큼 심각한 개인적 결함이라고 넌지시 암시하는 듯했다. 치료를 받으러 진료실에 왔을 때 벨린다는 자신에 대한 회의에 빠진 나머지 가벼운 수면 장애와 식욕 부진을 겪고 있었다. 초기 우울증의 조짐이 분명했다.

벨린다는 자신의 감정을 타인에게 표현하는 데 아무 문제가 없어 보였다. 우유부단한 사람들은 대개 자존감에 문제가 있게 마련인데, 그녀의 과거사에는 자존감이 손상당할 만한 요소도 거의 없었다. 사이 좋고 건강한 3남매 중 장녀인 그녀는 어릴 때부터 마음먹은 일을 꼭 해내고 마는 아이였다. 벨린다는 자기 자신이나 자신이 성취한 일을 자랑스럽게 여기는 건강한 정신의 소유자였다. 그렇다고 그녀의 인생이 완전히 평화롭고 목가적인 분위기였던 것은 아니고, 그녀 역시 좀 더 어릴 때는 몇 가지 실수를 저지른 적도 있었다. 하지만 전체적으로 보아 그녀는 완전히 건강하고 정상적인 성인으로 살아가고 있었다. 그녀의 가장 큰 문제는 직장이었다.

벨린다가 일하는 작은 광고회사는 개인 간 경계 파괴의 본보기라 해도 좋을 만큼 엉망이었다. 회사의 공동 사장인 남자와 여자는 완전히 '아빠, 엄마'처럼 굴었다. 직원은 모두 일곱 명이었는데, 한 명은 남자 사장의 여동생, 또 한 명은 그 여동생 친구였다. 이 여동생은 여자 사장의 전 남편과 사귀는 사이였다. 동기간의 적의, 덧없는 우정, 이혼이 남긴 찌꺼기 사이에서 오늘은 이 사람과 저 사람이 손잡고, 내일은 이 사람과 그 사람이 손을 잡는 콩가루 회사였다.

이러한 곳에서 누구를 안심하고 믿을 수 있겠는가? 사장들은 자애로운 부모인 양 굴었지만 사실은 종잡을 수 없는 폭군들이었다. 그들은 일이 자기들 뜻대로 돌아가지 않으면 언짢아하거나 분통을 터뜨렸고, 회사가 처리할 수 있는 능력 이상으로 일을 벌이곤 했다. 벨린다는 '일'이라는 보호막 안으로 물러날 수밖에 없었고 그것은 어디까지나 건강하고 자연스러운 반응이었다. 그런데 그것이 회사의 '가족' 이미지에는 맞지 않는 것으로 보였던 것이다. 사장들은 벨린다가 업무 후에도 동료들과 어울리며 교분을 쌓기를 기대했다. 또한 벨린다는 심리치료나 남자친구와의 관계에 대해 꼬치꼬치 캐묻는 질문을 자주 받았다. 그녀가 그들과 어울리기를 피한다고 해서 그들은 그녀를 '돌보아주는' 척하며 '우유부단함'이라는 꼬리표를 달았던 것이다.

벨린다는 자기가 아니라 자기 직장에 문제가 있음을 알게 되자

기분이 한결 나아졌다. 그녀는 치료를 통해 오히려 자신과 타인 사이의 경계를 더욱 강화하고 직장이 그녀에게 투사한 부정적인 면들을 그들에게로 돌려보냈다. 그녀는 직장 상사들을 '앙팡테리블(enfant terrible, 프랑스어로 무서운 아이, 조숙한 아이라는 뜻 — 옮긴이)'로 간주하고 그들에게 단호하되 너무 자극이 되지 않게 — 마치 어린애에게 말하듯이 — 자기 의견을 말하기 시작했다. 그녀는 새롭게 얻은 에너지를 다른 좋은 직장을 구하는 데 투자했다.

2. 수치심 떠넘기기와 희생양 만들기

벨린다의 직장에는 개인 간 경계에 대한 의식이 결여된 것 외에도 수치심 떠넘기기와 희생양 만들기 풍조가 대단히 팽배해 있었다. 사실 벨린다에게 우울증 징후가 나타난 데에는 그녀가 원지 않는 일에 연루되면서 자신감이 많이 추락했고 그 때문에 업무를 잘 수행할 수 없었던 까닭도 있었다. 이런 상태가 완전히 잘못된 것이라는 점은 일단 논외로 치고, 도대체 어디서 이 이상한 생각들이 나왔을까?

벨린다의 상사들의 정신 상태가 어떠한지는 어디까지나 추측이다. 하지만 그들의 유해한 나르시시즘이 자기들의 연약한 자아를 보호하기 위해서 견딜 수 없는 시기심과 수치심을 그녀에게 투사하고 있음은 명백해 보였다. 그러면 무엇이 이 같은 감정들을 촉발했을까? 그녀의 보고서에 허점이 있었을 수도 있고, 회사 이미지를 훼손시킬 수 있는 무엇인가가 있었을 수도 있다. 그녀가 일을 너무 건성으로 했든가, 적절한 지원을 하지 않았든가, 마감을 어겼을 수도 있다. 그렇다면 그것을 지적하되 그들 자신들이 그 때문에 나쁘게 비쳐져선 안 된다. 벨린다에게 대놓고 뭐라고 하면 역효과가 날 수도 있다. 그러나 그녀의 업무 능력에 관심을 보이는 척하면 그녀를 교묘하게 깎아내리면서도 '좋은 부모' 역할에 더 잘 어울리는 처신이 될 수 있을 것이다.

혹은 좀 더 그럴싸하게 추측을 해보자면, 벨린다가 항상 침착하고 자신감 있게 행동하는 것이―그들의 변덕스러운 기질과 통제 불능과는 반대로―아마 그들 마음에 안 들었을 것이다. 그들은 그런 모습을 보면서 열등감과 수치심을 느꼈을 것이다. 그래서 벨린다의 침착함을 결점으로 몰아붙이고 자기들의 정서적 분출은 결단력 있는 모습으로 미화한 것이다. 이렇게 그들은 벨린다를 희생시켜서 자기들의 우월성을 회복했다. 이러한 왜곡은 나르시시즘적 진행의 피할 수 없는 특징이며, 당하는 처지에 있는 사람을 아주 미치게 만든다.

희생양 만들기도 비슷한 과정이다. 희생양은 특정 직원이 다른 사람들이 떠넘긴 수치심을 모조리 짊어지고 전체 집단의 수치심을 조절하는 역할을 하는 것이다. 이런 역할을 맡는 데 익숙한 사람은 대체로 가정 환경에서부터 그렇게 길들여졌을 확률이 높다. 희생양 역을 맡은 사람이 만약 업무 능력이 처지는 편이라면 도대체 왜 그냥 해고해버리지 않는지 의아할 것이다. 답은 간단하다. 그 사람은—일은 잘 못할지언정—수치심이 팽배한 조직 내에서 아주 중요한 역할을 맡고 있기 때문이다. 모두가 그 사람을 보면서 '내가 저 사람보다는 낫다.'라고 느끼기 위한, 바로 그런 역할 말이다.

3. 원대한 비전

많은 고용주들이 직원들의 사기를 진작시키고 동기를 부여하기 위해 영감을 고취하는 수사법이나 원대한 목표를 내세우곤 한다. 그러나 해로운 근무 환경에서는 이 '원대한 비전'의 원천이 대개 자기애적인 리더의 개인적인 야망이 되어버린다. 아랫사람들을 죽도록 뒤딜해서 생산성을 높이고 결국은 완벽함이라는 환상을 실현하겠다는 야망 말이다. 이러한 직장에서는 '꿈'을 이루기 위해 직원들은 사생활을 희생하고, 휴일이나 휴가도 반납한 채 상상을 초월하는 노동에 시달리며 직업병으로 괴로워한다. 이들은 직장에서 해고당하지 않기 위해 이렇게 일하기도 하지만, 회사의 비전을 실현하는 데 자기가 한몫을 한다는 생각으로 공허한 삶을 채우려는 측면도 있다. 이렇게 자기애적 환상은 그 그물에 걸린 이들의 단물을 빨아먹는다.

이것은 단지 일을 실현하려는 욕구만이 아니다. 자기애적 리더의 완벽주의 때문에 그 일의 성격 자체가 새롭게 정의되고 그 때문에 '이만하면 잘했다.' 하는 기준이 턱없이 높아지는 사례가 적지 않다. 당신이 이 기대를 충족시킨다고 해도 딱히 기분 좋을 일은 아니고, 충족을 못 시키면 몹시 기분이 나빠지는 것이다. 부풀려진 위대함은 기준을 새로 정한다. 그리고 거기에 미치지 못하는 사람들은 톡톡히 창피를 당하게 되는 것이다.

4. 쓸모 있는 존재의 이상화

사람들이 어떻게 '행운'을 거머쥐는지 궁금했던 적이 있는가? 그들이 그렇게 능력이 뛰어난 인물로 보이지도 않는데 말이다. 그러나 몇 가지 이유에서 그들은 주인공 역할 이상으로 많은 것을 얻는다. 표창, 승진, 일정상의 편의, 멋진 전용 사무실과 가구, 그 밖의 조직 내 지위를 상징하는 것들이 다 그들에게 돌아가는 것이다.

자기애적 환경에서 무엇보다 당신은 쓸모없는 고철이 귀하디귀한 금으로 변신하는 모습을 볼 필요가 있다. 그런 사람은 항상 헤어스타일이 멋지고 왠지 높은 사람 같은 외모에 자신만만한 기색이 역력하다. 별로 유능하지도 않은 여비서가 사장의 개인적인 조력자 겸 막역한 친구가 되는 것은 대개 연애 감정—실제 연애일 수도 있고 그냥 환상일 수도 있다.—이 개입되어 있거나, 그녀가 사장의 기분을 잘 맞춰주고 자부심을 한껏 고양시키기 때문이다. 별 볼일 없던 생산직 노동자가 어느 날 갑자기 중간관리직으로 승진하는 것은, 바로 그 사람이 별 볼일 없어서 고위층 누구에게나 위협감을 주지 않고 접근할 수 있기 때문이다. 그래서 위에서는 무슨 업적으로 그 사람을 승진시킨다고 근사하게 명분을 내세우지만 윗사람 눈에 들지 못한 동료들은 그 사람이 무능하다는 것을 너무나 잘 알기 때문에 시기와 경멸만 보내는 경우가 많다.

그러나 이 어릿광대 같은 사람의 권력을 우습게 보지 말라. 그는 절대로 일인자는 되지 못하겠지만 그를 내칠 수 있는 사람은 일인자밖에 없다. 그의 지위는 궁극적으로 '가신'으로서 쓸모 있음에 달려 있다. 그는 윗사람의 마음에 따라 갑자기 강등될 수도 있고, 무조건 보호받을 수도 있다. 이런 사람들 중 일부는 나르시시스트의 수행원 노릇을 하며 그 사람이 직장을 옮길 때마다 따라서 옮기기도 한다. 그들의 실제 업무 능력이 어떻든 간에 그들을 존중하는 태도를 취하는 것이 현명하다.

5. 뻔뻔스러운 착취

자기애적 리더는 전형적인 외곬수이다. 그는 권력을 추구하고 특별하다는 인정을 받고 그 대가로 대단한 자격을 지닌 듯한 기분을 맛보는 것밖에 모르는 사람이다. 기만, 왜곡, 미혹은 그가 즐겨 사용하는 수단이다. 그는 필요하기만 하다면 이런 수단을 강구하는 데 전혀 양심의 가책을 느끼지 않는다. 그가 수치스러워하는 것은 단 한 가지, 실패뿐이다. 아랫사람들 입장을 공감하고 헤아려주는 태도도 나르시시스트에게는 앞길을 막아서는 일로 여겨질 뿐이다. 이렇게 정서적으로 냉담하고 인정머리 없는 속내는 종종 겉으로 상냥한 태도나 예의범절로 포장되게 마련이지만, 어떤 조직에서는 뻔뻔하고 무례한 모습이 곧 권력과 명예의 상징인 양 받아들여지기도 한다.

이런 근무 환경에서는 어떤 것도 기대할 수 없다. 직원들은 가차 없이 이용당할 각오를 해야 하고, 무언가 리더를 실망시킨 일이 있다면 자기 비판을 해야 하며, 쓸모가 없어지면 바로 쫓겨난다. 이런 회사는 직원들을 고무줄을 억지로 잡아당기듯 최대한 닦달하고 직원들이 나가떨어지면 끊어진 고무줄을 쓰레기통에 버리듯 바로 버린다. 이러한 소위 '고무줄 경영'은 너무나 흔한 일이 되어버렸다.

이러한 행태는 직장을 두려움과 불신이 팽배한 공간으로 만든다. 최악의 상황에서는 편집증이 훌륭한 판단으로 미화된다. 진짜 위험은, 이러한 유해한 상황이 오랜 잠복기를 거치며 착취당하는 이들의 자존감을 갉아먹는다는 데 있다. 만약 당신이 수시로 회사에서 호출을 당하며 언제라도 해고될 수 있는 소모품 취급을 당하고 있다면 당신에게 결핍된 것은 개인적 생활을 위한 시간만이 아니라는 사실을 납득할 것이다. 당신의 자신감과 기쁨은 물론 정서적 에너지까지 모두 다 결핍 상태에 있는 것이다.

6. 의기양양에서 분노까지―들끓는 변덕

나르시시스트 리더들 중에도 속내를 잘 드러내지 않는 차가운 사람들이 있지만, 대부분은 정서적 자기 통제력이 세 살바기 아이 수준이라고 보면 된다. 이렇게 변덕스러운 성향은 하이테크 산업이나 화려한 업계에 몸담고 있는 젊은 지도자들―소위 '브래티 번치(bratty bunch, '악동 클럽', 젊고 패기 있는 최고경영자 집단을 가리킨다―옮긴이)'―에게서 자주 나타난다. 그러나 본질적인 자기애적 결점은 사람들이 일반적으로 극복할 수 있는 수준이 아니다. 사실, 나르시시즘은 나이가 들면서 점점 더 완고해지고 점점 더 큰 영향력을 행사한다. 기분파 나르시시스트들은 자기 힘이 어느 정도 확고해지면 나쁜 행동을 그나마 규제해줄 수 있는 가장 중요한 기제인 수치심마저 차단할 것이다. 힘이 세지면 세질수록 수치심도 저 멀리 치워버릴 수 있다.

일부 못되게 행동하는 리더들은 잘못 보좌함으로써 그들의 변덕을 스트레스로 몰아갔다고 느끼는 부하들로부터 동정을 불러일으키기도 한다. 리더십은 때때로 사람을 감당할 수 있는 것 이상으로 몰아붙인다. 기분파 나르시시스트 리더들의 전형적인 특징들―고함치고, 토라지고, 사람 속내를 떠보고, 미친 듯이 흥분하고―은 사실 날카로운 스트레스보다 어린애 같은 인격과 더 관련이 깊다. 이런 사람들은 마음을 가라앉히는 능력이 발달하지 못했다. 그들은 비현실적인 기대, 통제할 수 없는 것을 통제하려는 욕구 때문에 항상 흥분 상태에서 벗어나지 못하는 것이다.

당신은 회사에서 지뢰를 제거하듯 극도로 조심스럽게 행동해야 할 것만 같은 기분을 느끼는가? 그렇다면 그 이면에 감추어진 나르시시즘 문제를 의심해보라. 그리고 그에 맞게 당신의 반응을 조절하라.

7. 시기심

어떤 조직 내에서 시기심이 얼마나 팽배해 있는가는—공개된 시기심이든, 감추어진 시기심이든—권력 구조 내의 나르시시즘 수치를 알려주는 좋은 척도이다. 시기심은 어린아이의 전능함이 무너지는 순간에 그 뿌리를 두고 있다. 아이는 엄마 혹은 아빠에게는 있지만 나에게는 없는 것을 갑자기 자각하면서 그러한 감정에 눈을 뜬다. 시기심에 사로잡힌 사람은 결과적으로 자기에게 열등감을 불러일으키는 존재를 망치거나 파괴하고 싶어한다. 균형을 잃은 권력 관계에서 시기심은 보편적인 감정이다. 여러 직장에서 나도는 악의 어린 소문, 뒷말, 아첨의 배후에도 시기심이 도사리고 있다.

시기심은 또한 권력 균형의 잠재적 변화에 항상 민감한 나르시시스트들에게 보편적인 감정이기도 하다. 시기심은 종종 경멸이나 '내가 한수 위'라는 경쟁심으로 표출되기도 하지만, 과도한 칭찬이나 찬사로 위장되기도 한다.

상대를 경멸할 때는 질투하는 태도가 역력히 드러나므로 자기 자신이 작아지는 기분이 든다. 경쟁을 할 때는 자기가 바라는 것을 갖기 위해 노력해야 하고 그 과정에서 상대를 밟고 올라서지 않으면 안 된다. 하지만 마음에도 없는 칭찬을 하면 자신과 타인에 대한 경멸감을 부정할 수 있거니와 '나는 질투하고 있다.'라는 감정이 불러일으키는 수치심도 피할 수 있다. 이러한 행동들의 일부 혹은 전부는 시기심을, 나르시시즘의 가능성을 시사하는 것이다.

과도한 칭찬에는 또 다른 의미가 숨어 있다. 시기심의 자각은 수치심을 몰고 오기 때문에 시기심은 타인에게 투사된다. 원래 시기심을 품었던 사람은 이제 자기가 그러한 감정을 떠넘긴 사람을 두려워하게 된다. "나는 저 사람을 시기하는 게 아니야. 저 사람이 나를 시기해. 저 사람을 좀 추어주고 알랑대야겠어. 안 그러면 저 사람이 나한테 못되게 굴지도 몰라." 칭찬은 자기가 느끼는 우월감이 공격당하지 않도록 잠재적 라이벌을 구워삶는 방법으로 등장한다. 심리적으로 이것은 아주 복잡한 갈등 상태이지만, 겉으로 보기에는 단순한 아첨 정도로만 보인다. 권력을 쥐고 있는 나르시시스트에게서 이런 종류의 비굴한 아첨을 보게 되거든 '저 사람이 사실은 지금 질투하고 있구나.'라고 생각해도 좋다.

자기애적 리더는 자기가 좋아하는 사람들을 이상화하면서 다른 사람들은 못 잡아먹어 안달을 한다. 그렇게 누군가가 희생양이 되는 곳이라면 직원들 사이에도 시기심이 팽배한 분위기일 가능성이 높다. 높은 기대치를 내세우고 보상을 약속하지만 그것은 단지 직원들 사이에 경쟁심을 유발하고 모두들 '나쁘게 보일까 봐' 불안에 떨게 만드는 허상일 수 있다.

8. 찬사에 대한 목마름

시기심이 자기애적 리더에게 찬사를 받고 싶다는 욕구를 불러일으킬 수도 있다. 이것은 자기애를 북돋워줄 보급품에 대한 갈망, 그 이상도 이하도 아니다. "나 좀 띄워줘!"라고 말하는 듯한 그들의 행동은 일시적인 불안이 재빨리 처리되어야 하고, 그러지 않으면 그 리더가 약점을 노출했음을 자각하게 될 수도 있다는 뜻이다. 주인님의 은혜를 입으며 자기 자리를 오래 보전하고픈 눈치 빠른 아랫사람은 "훌륭하십니다!"라는 한마디를 언제 날려야 할지 직관적으로 알아채는 법을 배운다.

일반적으로 권력에 확실히 안착한 나르시시스트일수록—이런 사람도 기분이 상해서 불벼락을 내릴 때는 현명하게 굴어야 하지만—아랫사람들의 동의에 연연하지 않는다. 반면, 불안정한 리더는 자신감이 완전히 바닥을 보일 때가 있다. 이럴 때는 그의 수치심을 불러일으키지 않으면서 비행기를 태우는 데 전력을 기울여야 할 것처럼 느껴질 것이다. 어떤 경우든 타이밍을 잘 맞춘 찬사 한마디, 감사의 뜻을 표현하는 이벤트는 자기애적인 직장 상사의 마음을 사로잡을 것이다.

나르시시스트는 어떻게 우리를 유혹하는가

때때로 삶은 너무 단조롭고 밋밋해 보인다. 한동안 흥분을 느껴보지 못했거나 무엇을 하고 싶다는 동기를 부여받지 못했다면, 그러한 분위기 쇄신에 약간의 나르시시즘만한 특효약이 없다.

나르시시스트들은 자기가 특별하다고 굳게 믿기 때문에 다른 사람들의 분위기도 띄워주는 특별한 매력을 발산하는 경우가 많다. 단, 어디까지나 '처음'에만 그렇다. 그들이 당신에게 빛을 비추면—잠시 잠깐일지언정—당신은 좀 더 행복해지고 사기가 진작된 기분을 느끼거나, 무언가 설명할 수 없는 방식으로 고양된 기분을 느끼게 된다. 마치 요정이 마법 가루를 뿌려준 듯, 인생이 훨씬 더 밝아 보이는 것이다.

그러나 이런 일은 그들이 당신에게 무엇인가를 원할 때에만 일어난다. 당신이 그들에게 쓸모가 없다면 그들은 당신을 '투명인간' 취급할 것이다. 그들을 정말로 좋아한 적이 없다 해도 그런 취급을 당하는 것은 고통스러운 일이다. 이제 그들의 빛이 다른 사람들을 비추고 당신은 어둠으로 밀려난 듯한 기분이 들 테니까. 이 같은 '왕따' 경험은 당신의 자존감을 깎아먹는 결과를 불러올 수 있다.

나르시시스트를 둘러싼 아우라(Aura, 독일 철학자 발터 벤야민의 문예 이론에 나오는 말로서, 예술작품에서 흉내낼 수 없는 '고고한 분위기'를 뜻한다—옮긴이)는 이따금 질투와 경쟁심을 불러일으킨다. 당신도 진짜로 그 사람을 좋아하고 말고를 떠나서 그 후광을 입는 축에 끼고 싶다는 마음이 어느 정도 있음을 자각할 것이다. 그렇게 바닥으로 추락했다가 (나르시시스트의 관심을 긍정적인 방향으로 받을 수 있다면) 우쭐해졌다가 하는 과정은 제멋대로 삶에 파고든다. 나르시시스트는 단순히 타인을 띄워올리기도 했다가 끌어내리기도 하는 식으로 조종함으로써 이러한 분위기를 만들 수 있는 힘이 있기 때문이다. 당신이 거기 끼지 않겠다고, 그의 손에 놀아나지 않겠다고 마음을 먹어도 그런 기분이 느껴지는데 어쩌겠는가. 다음에 나르시시스트로 의심되는 사람을 상대할 때에는 당신 자신을 시험해보라. 당신이 그 불안정한 인물의 내면을 속속들이 안다고 생각할 때조차도 그 사람이 미소 지으면 기분이 들뜨고 그러지 않으면 모욕감(질투심, 위축감)에 빠질 수 있다.

나르시시스트의 소행은 때때로 자각하지도 못한 채 당신의 자기애적 취약점들을 가지고 장난칠 수 있다. 당신이 수치심에 민감하면 민감할수록 자존감이 밀물처럼 밀려왔다가 썰물처럼 빠져나가는 것을 생생하게 느낄 것이다. 자기애적 부모 슬하에서 자랐다면 언제고 그 부분이 폭발할 것은 자명하다. 당신은 나르시시스트가 마음대로 연주할 수 있는 키보드가 될 것이고, 그는 자기 마음대로 당신을 쥐고 흔들 것이다. 나르시시즘의 작용은 언제나 동일한 결과를 낳는다. 당신은 희망이 솟는 것을 봤다가 또 그 희망이 덧없이 사라지는 것을 본다. 그런데 당신의 실제 상황과 그러한 희망은 현실적인 상관이 없다.

권력을 쥔 나르시시스트와 가장 충돌을 많이 겪는 사람들은 대개 나르시시즘에 취약한 영혼의 소유자들이며 언제나 예외 없이 자아를 방어하는 경향이 있다. 이들은 권위와 자주 부딪히고 자기가 명령할 수 있는 입장이 아닌 위계 서열 구조 내에서는 업무 능력이 많이 떨어진다. 그런데 만약 권력의 꼭대기에 있는 사람이 나르시시스트라면 사태는 참을 수 없는 지경이 될 것이다. 그 상황에서는 좀 더 자기에게 잘 맞는 새 직장, 자율성을 발휘하는 방향으로 직원들을 관리하는 다른 근무 환경을 찾는 편이 낫다.

나르시시스트를 다루는 핵심적 방법은 자신의 자아를 뛰어넘어 초연해지는 것이다. 자기 확신이 강한 사람(그렇게 프로그래밍된 사람)만이 사람 진을 빼놓는 이 과제를 능히 완수할 수 있다.

나르시시스트의 왕국에서 살아남기

옛날 옛적에 영리하고 야심만만한 고양이 두 마리가 살았습니다. 고양이들은 교활하고 오만한 사자를 위해 일하러 갔지요. 사자는 거드름을 피우며 이렇게 말했지요. "우리 회사에 잘 들어왔다. 너희는 소수의 선택된 자들이다. 우리는 최고가 아니면 같이 일하지 않아. 우리는 아주 중요한 일을 하고 있고, 회사의 명성을 지켜나가야 하니까 말이야. 열심히 일해라, 그러면 나의 영광을 너희도 누리게 될 거다. 하지만 나를 실망시켰다간 봐라. 꼬리를 잡고 질질 끌어내서 쫓아버릴 테니까!"

두 마리 고양이는 사자 밑에서 일하게 된 행운에 잔뜩 들떴습니다. 그들은 사자를 기쁘게 하고 일을 잘해낼 자신이 있었거든요. 고양이들은 고개를 한껏 치켜들고 의기양양하게 걸었습니다. 다른 고양이들보다 조금은 우쭐해진 기분이었지요. 하지만 이 고양이들은 사자가 주는 보상이 아주 짜고 일하는 시간은 엄청나게 길다는 말을 아무에게도 하지 않았습니다. 중요한 것은 사자님이 이끄는 중요한 회사에서 가치를 인정받고 있다는 점 아니겠어요? 윤기 나는 검은 털을 지닌 고양이는 이렇게 말했습니다. "나는 여기서 내 힘으로 멋진 미래를 만들 거야." 물결 무늬 고양이도 맞장구를 쳤지요. "아무렴, 이건 내가 꿈꾸던 바로 그 일이야."

두 마리 고양이는 아주 열심히 일했습니다. 사자를 기쁘게 해주려고 항상 최선을 다 했지요. 이따금 사자는 고양이들에게 칭찬을 아끼지 않았습니다. 하지만 어떨 때는 그들을 무시했고, 자기 뜻에서 조금만 어긋나도 불같이 화를 내곤 했지요. 고양이들은 회사 사정을 조금씩 알아가면서 회사의 고귀한 명성은 거의 사자가 만들어낸 환상에 불과하고 사자를 따르는 무리들이 겨우 그 환상을 유지하고 있음을 깨닫게 되었습니다. 이 사실을 알고서 고양이들은 제각기 기회를 엿보았습니다.

검은 고양이는 이렇게 말했습니다. "나도 이 권력을 조금은 누려야겠어. 사자님께 내가 얼마나 재능이 있는지 보여주면 그 분이 나에게 권력을 나누어주실 거야." 검은 고양이는 이런저런 계획을 꾸미기 시작했습니다. 한편, 물결 무늬 고양이는 이렇게 말했지요. "사자님은 권력을 나눠줄 분이 아니야. 나는 사자님 체면이 서도록 열심히 일하겠어. 그러면 사자님은 나에게 의지하게 될 거야."

시간이 흐르면서 두 고양이는 저마다 목표를 달성했습니다. 검은 고양이는 혁신적인 아이디어로 사자에게 눈도장을 확실히 받았지요. 사자는 검은 고양이의 재능을 자기 목적에 맞게 이용하려고 일을 잔뜩 시켰습니다. 검은 고양이는 자기 생각대로 승진에 승진을 거듭했지요. 그래서 사자의 커다란 오른발 아래 앉을 수 있는 고양이가 되었습니다. 모두가 검은 고양이에게 존경을 표했고, 검은 고양이는 아주 오만방자하고 자신만만해졌습니다.

그 동안 물결 무늬 고양이는 자기 목표를 달성하느라 나름대로 바빴습니다. 물결 무늬 고양이도 열심히 일했습니다. 어떨 때는 밤늦게까지 일하면서 사자의 이미지를 갈고 닦았습니다. 고양이는 온 세상이 사자에게 찬사를 보내도록 윤을 내는 데 공을 들였습니다. 이 고양이는 사자를 위해 여러 가지 희생을 하면서도 정작 자신을 위해 무엇을 요구하는 법은 없었습니다. 사실, 물결 무늬 고양이는 자기가 주목을 받을 만한 일이 있으면 항상 그 공을 사자에게 돌렸습니다. 그러니 사자는 얼마나 기분이 좋았겠어요?

부하들을 혼내기 좋아하는 사자였지만 물결 무늬 고양이에게만은 예외라고 해도 좋았습니다.

그런데 사자는 조금씩 검은 고양이가 불편하게 느껴지기 시작했습니다. 처음에는 검은 고양이의 뛰어난 창조성이 마음에 들었지만 이제는 그 점이 위협적으로 보였던 게지요. 다른 직원들이 검은 고양이를 다른 눈으로 바라보는 것도 눈치챌 수 있었습니다. 그래서 사자는 검은 고양이의 힘을 조금 제한해야겠다고 마음먹었지요. 하지만 막상 검은 고양이를 통제하려 들자 그의 역할이 자기에게 얼마나 중요한지 퍼뜩 깨닫게 되었습니다. 자기가 검은 고양이에게 이렇게 의존하고 있다는 사실에 깜짝 놀랄 지경이었지요. 사자는 갑자기 자기가 약하고 어리석고 무능하게 느껴졌습니다. 수치심과 무력감은 어느덧 추악한 분노로 변해버렸습니다.

사자는 그러한 감정을 참을 수 없게 되었고 어느 날 돌연 검은 고양이를 해고했습니다. 회사는 완전히 혼란에 빠져버렸지요. "이건 전부 검은 고양이 잘못이야!" 사자는 으르렁댔습니다. 그 후로도 오랫동안, 검은 고양이의 이름을 입에 올리는 것만으로도 사자의 위엄 있는 입가에는 경멸이 떠오르곤 했지요.

회사가 불안정해지고 사자의 이미지가 실추되었기 때문에 물결 무늬 고양이는 이러한 손상을 만회하기 위해 더 많은 일을 해야 했습니다. 하지만 물결 무늬 고양이는 자기 연민이나 불평에 빠지지 않고 다시 한 번 이 난국에 잘 대처했지요. 고양이는 여전히 열심이었고, 그 때문에 아주 지쳐버렸습니다.

그렇게 묵묵히 헌신하는 모습이 동네방네 소문이 나면서 물결 무늬 고양이는 다른 회사에서 스카우트 제의를 받았습니다. 모두가 놀란 것은, 고양이가 그 제의를 받아들였다는 것이었지요. 사자는 아연실색했습니다. "그냥 여기에 남게. 자네에게 황금 세 자루를 주겠네." 사자는 고양이를 달랬습니다. 물결 무늬 고양이는 이렇게 답했습니다. "정말 품이 넓으시군요. 하지만 이제 저도 회사를 옮길 때가 됐지요." 결국 고양이는 일도 편하고 '정시 퇴근'이 가능한 회사로 직장을 옮겼습니다.

나르시시스트의 왕국에 들어갈 때는 흥분이 고조되는 것을 누구나 느낄 수 있다. "여기서 뭔가 대단한 일이 일어날 거야. 그리고 나도 그 일에 한몫을 하고 싶어." 우리는 자기 자신에게 이렇게 속삭인다. 이러한 감정은 우리 자신의 나르시시즘이 깨어났다는 신호이다. 권력을 쥔 나르시시스트의 망상의 세계에 우리도 묻어 들어가게끔 초대받은 것이다. 거울 너머의 나라로 들어간 앨리스처럼 우리도 우리 자신의 위험을 무릅쓰고 저 너머의 세계로 들어간다. 그리고 이내 그곳이 기만, 왜곡, 위험으로 가득찬 세상임을 깨닫게 될 것이다.

이 환상의 공간으로 우리를 끌어들이는 요소가 우리 자신의 자기애적 욕구라는 점은 매우 역설적이다. 우리는 맨 먼저 그 욕구부터 버려야 한다. 그 욕구를 버리지 못한다면 당신 앞에 놓인 운명은 앞 이야기에 나오는 검은 고양이의 운명과 똑같은 것이다. 당신 자아가 권력을 얻게 될 거라는 환상에 매달려 살아가보라. 당신이 무엇을 창조하든 파괴당하고 말 것이다. 결국에 가서는 오직 한 사람, 권력을 쥔 그 사람의 자아밖에 용납이 안 된다는 쓰라린 교훈을 얻게 된다는 말이다. 행운의 반전이라도 일어나지 않는 한, 당신이 살아남을 가능성은 거의 없다.

생존할 수 있는 사람, 심지어 나르시시스트의 권력 세계에서 패권을 쥘 수도 있는 사람은 물결 무늬 고양이 같은 사람이다. 그는 자신의 자아를 초월하고 윗사람을 완벽하게 섬겼다. 이러한 사람들은 자신은 스포트라이트를 받지 않고 후광을 입는 데 만족하며 타인의 자존감을 부풀리는 데 능숙한 '감춰진' 나르시시스트일 경우가 많다. 이들은 나르시시스트의 찬사에 대한 욕구를 교묘하게 조종할 수 있으므로 자기 나름의 미묘한 권력을 손에 쥔다. 이들은 그 권력을 유혹, 암시, 영향력을 통해 행사한다. 이들은 절대 위협적으로 느껴지지 않고, 수치심을 불러일으키지도 않으며, 시기심도 경멸감도 자아내지 않는다. 이들은 다만 아첨하고 달랠 뿐이다.

나르시시스트 권력자에 대처하는 방법

분노를 제어할 전략을 개발하라

자기애적 환경에서 일하다 보면 당신의 약점들이 시험대에 오른다. 자기애적 가정 환경에서 성장한 사람이라면 수치심에 민감하게 반응하거나, 안정감을 느끼기 위해 타인에게 칭찬을 받아야만 하거나, 기본적으로 일에 매달리면서 자기 가치를 확인하려는 경향이 있을 것이다. 이런 경우, 앞날이 순탄치 않다. 당신이 얼마나 잘해낼 수 있을까? 당신은 자신을 잘 아는가?

나르시시스트와의 게임에서 살아남으려면 나 자신의 자기애적 기제들을 잘 관리해야만 한다. 현실을 외면하고 이상화하려는 경향을 억제하고 다스릴 수 있다는 확신이 필요하다. 나르시시스트의 망상에 미혹당하지 않으려면 어떻게 해야 할지 계획을 세워보라. 그들의 망상은 언제나 자기 중심적이고, 사람을 조종하며, 대개 타인의 이익은 고려하지 않기 때문이다.

무엇보다도, 나르시시스트에게 이용당하고 착취당했을 때에 분노를 어떻게 제어할 것인지 그 전략을 개발하지 않으면 안 된다. 언제 화가 치솟는지 파악하라. 당신의 감정과 선택 가능성을 중립적인 입장에 있는 사람―가급적 회사 밖 사람―에게 털어놓을 기회가 생기기 전까지는 아무런 내색도 하지 말라. 이 게임에서 살아남으려면 엄청난 자기 인식과 자기 통제력을 발휘하지 않으면 안 된다.

권력의 함정에 빠지지 마라

상대를 분명하게 파악하라. 직장은 가정이 아니며, 그렇게 될 수도 없다. 상황이 당신 눈에 어떻게 보일지는 모르지만 어쨌든 직장상사는 당신을 보호하는 아버지나 당신을 양육하는 어머니가 아니다. 그러나 권력 구조가 자기애적일 때에는 동료들 간의 적대 관계가 형제자매 간의 적대 관계와 눈에 띄게 흡사해진다. 당신은 이 분란을 굽어보는 입장을 고수하라.

나르시시스트의 약점, 곧 우월감과 권력의 가면 밑에 감추어진 연약한 자아를 파악하라. 무엇이 그의 수치심 혹은 시기심을 촉발하는지 민감하게 포착하라. 부풀려진 자존감, 오만, 찬사에 대한 욕구, 제멋대로 자신에게 부여하는 자격, 경멸, 분노의 배후에 감춰진 의미를 읽어내라. 그 다음에는 작고 연약한 아이 다루듯 하되 상대에 대한 존중은 두 배로 강화해서 나르시시스트를 상대하라.

나르시시스트의 이미지 혹은 망상을 공격하거나 도전하는 일이 없도록 조심하라. 그 사람은 진리나 현실 그리고 당신에게도 아무 관심이 없다. 이 점을 잊지 마라. 무심코 그의 자존감을 건드렸다면 그 손상을 제어할 태세를 갖추라. 무엇이 먹히고 무엇이 먹히지 않는지 잘 알아야 한다.

나르시시스트의 시기심을 자극하고 싶지 않다면 절대로 그와 경쟁해서 이목을 끌려고 하지 마라. 불행히도 그렇게 하다 보면 당신의 재능이나 성취가 과소 평가되고 나르시시스트에게 당신의 공이 돌아갈 것이다. 패권을 쥐고 싶다면 그런 것도 감수하고 저자세를 유지하라. 항상 조화를 이루고 남에게 묻어가는 기술을 연마하라. 어느 편에도 붙지 말고 온화한 태도를 견지하라. 나르시시스트를 위해 일할 때가 아니면 눈에 띄지도 마라.

반대로, 나르시시스트의 자부심을 부풀리기도 했다가 달래기도 했다가 하는 법을 배우고 싶을지도 모르겠다. 그렇다면 기회가 올 때마다 아첨하고, 기쁜 일을 만들어줘라. 그렇게 하면 그들은 당신에게 의지할 가능성이 높다. 하지만 당신 의도가 드러나지 않도록 조심해야 한다. 나르시시스트가 문득 당신에게 의존하고 있음을 자각한다면 모욕감을 느끼고 자기애적 분노의 화살을 당신에게 돌릴지도 모른다. 그러므로 그에게 없어서는 안 될 사람이 되고 싶다면 어디까지나 그를 위협하지는 않는 듯 보여야 한다.

시기심의 표지를 포착하는 법을 배우라. 비난이나 지나친 찬사가 바로 그런 표지들이다. 당신이 최선의 노력을 했음에도 불구하고 무심코 그의 질투심을 건드렸다면 얼른 결점이나 약점을 드러내든가 '운이 좋았을 뿐'이라는 말로 자신을 낮추는 것이 현명하다. 기억하라. 당신의 성취가 나르시시스트를 위한 것이 아닐 때에는 그를 위협하고 위축시키는 일이 되어버린다는 것을. 당신의 성취가 그들에게는 자기애적 상처요, 당신은 곧 그 대가를 톡톡히 치르게 될 것이다. 당신은 자신이 알지 못하는 방식으로—그 사람의 자아의 연장으로서—나르시시스트와 연결되어 있음을 잊지 마라. 그러니 절대로 그들보다 더 빛을 발해서는 안 된다.

나르시시스트가 파놓은 권력의 함정—모호한 말, 사기를 북돋우는 멋진 미사여구들—을 똑바로 보고 거기에 빠지지 마라. 망상을 통해 현실을 보는 법을 배워야 한다. 감추어진 동기들을 경계하고, 자신이 신뢰하는 것에 대해서도 신중하라.

가면을 쓰고 배우처럼 행동하라

나르시시스트를 위해 일하다 보면 나의 개인적인 경계는 수많은 도전들에 부딪힌다. 이러한 공격들에 어떻게 반응할 것인지 미리 생각해두라. 그러면 갑작스럽게 경계가 허물어지는 일을 막을 수 있다. 일단 한계선을 정했다면 그것을 관철할 준비를 하라. 확고하고 차분하게, 가급적 말은 적게, 감정도 적게 개입시키는 것이 좋다.

당신이 떠안게 된 수치심의 정체를 파악하라. 수치심 떠넘기기는 나르시시스트가 내적 평형을 회복하기 위해 의지하는 메커니즘이다. 공격을 개인적인 것으로 만들려고 하지 마라. 감정을 사고 과정으로 전환함으로써 심리적 방패를 구축하라. 왜 이런 감정을 느끼는지 스스로 알고, 마음 속에서 수치심을 원래 있던 자리로 돌려보내는 것을 잊지 말자. 개인적 차원을 떠나 초연해질 수 있는 능력을 개발하면 내적인 보호 경계도 형성할 수 있다.

나르시시스트의 행동을 읽는 법을 배우는 동안 당신 속내를 남에게 들키지 않는 연습을 하라. 개인적인 자아를 억제하여 내면을 초연하게 유지하라. 남이 알 수도 없고 손에 넣을 수도 없는 당신만의 부분, 그것이 바로 당신의 개인적인 힘의 토대이다. 그 토대를 조심스레 지키되, 너무 신비주의로 흐르지는 마라. 다른 사람에게 자꾸 궁금증을 자아내는 사람도 남들의 열등감을 자극할 수 있다. 상황을 제어하기 위해서는 당신만의 이미지가 필요하다. 그 가면을 내세우고 그 뒤에서 당신 본연의 모습은 지켜라. 당신이 무대에서 연기하는 배우라고 생각하라.

지나치게 자기를 놓아버리는 일이 없도록 주의하라. 자기를 희생하면서까지—만들어낸 이미지를 갉아먹는 것과는 대조적으로—나르시시스트가 자기에게 매달리게 하려면 자존감에 위기가 올 수 있다. 당신은 정말로 경계를 침투당하거나 모욕을 당하고 싶다는 건강하지 못한 욕구—사도마조히즘(sadomasochism, 타인에게 고통을 주거나 혹은 타인으로부터 육체적 학대를 받으며 성적 쾌감을 느끼는 것) 관계로 재빨리 변질되기 쉬운—를 느끼게 될 것이다. 그러니까 당신이 어느 선까지 참아낼 수 있는지 그 한도를 잘 알고서 자신을 지켜야 한다.

특히, 일과 사생활 사이에 확고한 경계를 세우고 유지하려고 힘써야 한다. 기만, 왜곡, 자존감의 추락 따위는 퇴근할 때 직장에

남겨놓고 가벼운 마음으로 집에 돌아가자.

건강한 인간 관계를 확보하라

당신 일에 영향을 주는 나르시시스트의 영향력을 약화시키려면 당신만의 권력 기반을 만들어야 한다. 그 기반은 넓으면 넓을수록 좋다. 나르시시스트의 영향권 내에서 가급적이면 권력의 다른 원천들과 제휴하라. 그리고 개인적으로 나르시시스트 리더의 권력 남용과 과도한 착취의 증거들을 모아라. 그렇게 수집한 증거가 언제 당신을 곤경에서 구해줄지 모르는 일이다. 조직 밖에서의 인간 관계를 잘 유지하라. 언젠가는 직장을 때려치울 각오를 하게 될지 모른다.

나르시시스트의 권력 무대에 남을 경우 소요되는 비용을 생각해보라. 가장 건강하다는 사람도 나르시시스트 권력자와 가까이 지내기 위해 헌신적인 페르소나를 유지하려면 엄청난 에너지가 소요될 것이다. 당신은 무엇을 포기하고, 그 대가로 무엇을 얻는가? 그 때문에 당신은 어떻게 변했는가? 가까운 인간 관계에는 어떤 영향이 미쳤는가? 아버지로서, 배우자로서, 연인으로서, 친구로서 내 역할은 어떻게 되었는가? 그럴 만한 가치가 있는 일인가?

특히 사생활에서만큼은 건강한 인간 관계를 맺기 위해 각별한 주의를 기울일 필요가 있다. 현실에 계속 발을 담그고 있으려면,

직장에서 떠안을 수도 있는 수치심을 떨치고 왜곡을 처리하려면 믿을 수 있는 사람들의 지원이 필요할 것이다.

나르시시스트가 지배하는 환경에서 살아남으려면 언제든 방심해선 안 된다. 내가 무엇에 약한지 그 '맹점'을 파악하고, 무지개를 좇는 이상화 경향, 나 자신의 자기애적 경향을 억눌러야 한다. 나의 상대, 나 자신의 권력과 권위의 한계를 잊어서는 안 된다. 나르시시스트의 그물에서 나를 보호하기 위해 장벽을 단단히 둘러야 한다. 무엇보다도 유해한 나르시시즘의 악영향을 정서적으로 차단하고 보완하기 위해서 건강한 인간 관계를 많이 개척해야 할 것이다.

앞에 제시한 대처 방안들은 권력 관계의 본성에 관한, 세월의 풍화작용을 견뎌낸 진실들을 적용한 것이다.[17] 그러나 사실 이 방안들 중 상당수는 교묘하고 실망스러울 것이다. 이러한 방안들에 따르면, 당신도 나르시시스트처럼 자기 이미지를 만들어내고 통제해야 한다. 다른 점이 있다면, 당신은 이미지와 실제 자아의 차이를 안다는 그 사실뿐일 것이다. 권력을 행사하는 나르시시스트를 상대할 때 당신 본연의 모습으로도 상대에게 잡아먹히지 않을 것이라고 기대한다면, 그 자체가 너무 순진한 생각이다. 결국, 착취나 왜곡, 수치심으로부터 자유로운 환경에서 일하기를 소망하는 것이 건강하고 바람직하다. 불행히도, 건강하지 못한 나르시시즘에 보상을 제공하는 권력 구조들은 결코 안전한 환경이 될 수 없다. 분노를 못 참겠다면 그곳을 박차고 나가느냐 마느냐는 당신에게 달려 있다.

청소년기의 나르시시즘
_아이의 감정을 이해하고 존중하라

청소년들에게는 어른들의 반감을 사는 어떤 것이 있다. 솔직하게 인정하자. 그 반감이 이는 정도는 어른들의 시기심에서 나온다는 것을 말이다. 청소년들은 우리가 높이 평가하는 자질들, 특히 우리가 나이를 먹으면서 잃어버리고 있는 여러 가지 자질들을 지니고 있다. 게다가 우리는 왠지 그들의 젊음, 에너지, 희망 앞에서 움츠러드는 기분을 느낀다.

청소년들이 우리를 존중해주거나 우리가 염려하는 것에 관심을 보인다면 우리 자신의 자기애적 상처를 가라앉히는 데 도움이 될 것이다. 하지만 대개 우리는 그들의 욕구를 채워줄 때나 비웃음의 대상이 될 때를 제외하면, 그들이 만든 세상에서 항상 이등 시민인 것처럼 느끼곤 한다. 어떤 사람의 나르시시즘 때문에 피해를 당해본 사람이라면 이 같은 상황이 너무나 익숙할 것이다. 여러분은 혹시 자신의 자녀가 나르시시스트는 아닐까 하는 의심을 해본 적은 없는가?

내 품에 있던 어린아이는 어디로 갔을까?

11~12세쯤 되는 아이를 둔 부모가 어리둥절해서 이렇게 말하는 것을 들어본 적이 있는가? 부엌이나 거실에 쪼르르 달려와 시시콜콜 털어놓기를 좋아하던 아이, 엄마, 아빠와 유치한 농담과 비밀 이야기를 함께 나누고 시도 때도 없이 껴안고 뽀뽀하던 아이가 어느 날 갑자기 점잔을 빼고 한두 살 차이 나는 또래들이 아니면 이야기를 안 하게 되었다고, 갑자기 뚱하고 속을 알 수 없는 아이, 자기 일에만 몰두하는 아이가 되어버렸다고 말이다. 아이에게 사춘기가 오면 부모는 정말 이렇게 묻고 싶어진다. '소중한 우리 아들을 인터넷이 빼앗아 간 게 아닐까?' 과연 무슨 일이 일어난 것일까? 아이가 갑자기 나르시시스트와 유사한 모습을 보이는 데 경각심을 가져야 하는 것은 아닐까?

결론부터 말하자면, 이것은 호르몬의 작용일 뿐 아이는 지극히 정상이다. 사춘기는 그 동안 잠자고 있던 성기, 정소, 난소 등에 대뇌 시상하부에서 각성 신호를 보내며 생식 활동에 돌입할 준비를 하는 시기이다.[18] 호르몬, 특히 남성 호르몬인 테스토스테론의 변화는—테스토스테론은 여성에게서도 소량 분비된다.—십대들에게서 볼 수 있는 민감한 감정의 변화를 낳는다. 이 아이들은 세상에서 제일 잘난 듯 의기양양했다가 갑자기 자신감이 바닥으로 곤두박질친다. 이러한 모습은 청소년들, 특히 십대 초반 아이들에게서 아주 전형적으로 관찰된다. 그러나 이것은 전체적인 사태의 일부일 뿐이다.

호르몬의 분비와 퇴조, 여기에 뒤따르는 감정의 변화는 앞으로 평생 이어질 것이다. 그러나 어린 청소년들에게 이 새로운 긴장은 너무나 낯설고 강력한 것이다. 물론, 이 같은 정서적 불안정이 호르몬 그 자체보다는 호르몬 분비에 따른 신체적 변화의 심리적 여파일 수도 있다.

인간은 만 8세에서 14세 사이의 어느 시점부터 신체가 폭발적으로 성장한다(대개 여자아이가 남자아이보다 이러한 변화를 먼저 경험한다). 팔다리가 자꾸만 쭉쭉 자라서 한동안은 몸에 비해 팔다리가 너무 길어 보일 정도가 되기도 한다. 만 10~12세 사이에 아이는 놀라운 식욕을 보이는데, 이때 섭취한 지방이 축적되면서 눈에 띄게 덩치가 커진다. 그 다음에는 그 동안 축적한 지방을 활용하여 위로 자라기 시작한다. 나머지 지방은 신체의 적재적소에 재배치되면서 남녀의 신체적 차이를 드러낸다.

아이들은 가슴이 커지거나 얼굴에 수염이 나는 등의 변화를 겪으면서—이 과정에서 여드름 고민도 따라붙곤 한다.—모두가 자기를 경멸스런 눈으로 바라본다고 믿는다. 그 결과는 상습적으로 모욕감을 느끼는 상태랄까. 때문에 청소년들은 자기 방어적인 행동과 태도를 취하게 마련이다. '나르시시즘의 일곱 가지 죄악'에서 수치심 제어에 대해 언급했던 부분을 되새겨보라.

신체적·정서적 변화가 일어나는 것과 동시에[19] 아이들의 정신도 계속 발달한다. 대부분의 청소년들은 초등학교 중반 이후만 되면 논리적 사고를 할 수 있다. 그러나 청소년기에 이르면 여러 가지 가설을 세우거나 연역적 추론을 하는 등 추상적인 사고까지 가능하다. 이제 그들은 좀 더 확장된 일반적 지식으로부터 특수한 결론을 도출할 수 있다. 한때 학교 운동장에서 뛰어다니거나 정글짐에 매달려 놀았던 것처럼 이제는 정신적인 유희도 즐길 수 있게 된 것이다. 십대들은 꿈이나 생각과 연애에 빠진다. 특히 자기만의 꿈이나 생각과 말이다. 이것은 만 한 살짜리 아이가 세계와 연애하던 시절의 좀 더 세련된 판본이라고 할 수 있을 것이다.

연역적으로 추론하는 능력이 발달하면서 청소년들이 자기의 경험 밖의 것을 상상하게 된다는 사실은 역설적이다. 그들과 그들 세계의 모든 것들이 그들의 사고 방식을 물들이기 때문이다. 자기중심주의는 마치 걸음마를 처음 배우던 시절처럼 자기 중심주의가 나름의 적응 목적을 띠고 청소년의 사고에서 정상적인 일부가 된다. 청소년들은 새로운 역할과 책임을 떠맡기 위해 자기를 조절해가는 중이다. 만약 청소년들이 자신이 힘 있고 대단한 사람이라는 자신감을 갖지 못하면 그 새로운 역할과 책임이 너무 버겁게 느껴질 수 있다.

십대 청소년들은 타인을 배제하고 자기에게만 초점을 맞춘다. 예를 들어, 그들은 자기의 생각, 감정, 경험이 유일무이하다고 믿으며, 전체적인 도식 내에서 자신을 (실제보다) 더 중요하게 생각한다. 그들은 항상 가상의 관객이 자기를 지켜보는 것처럼 생각한다. 특히 십대 초반 아이들은 남들의 생각(특히 '나'에 대한 남들의 생각)을 자기 본위로 추측하는 경향이 있다. 이들은 너무나 자기중심적이어서 자신의 추정이 곧 실제 사실이라고 믿어버리기 때문이다.

청소년기의 자기 중심주의와 논리적 추론은 뒤섞이기 쉬운 혼란 덩어리를 이룬다. 이것이 자기애적 전능함과 위대성을 특징으로 하는 두 가지 유형의 환상적 사고로 이어진다. 하나는 '무적(無敵) 신화', 즉 다른 사람에게는 위험한 것도 나에게는 아무 문제가 없다는 믿음이다. 다른 하나는 '개인적 신화'로서, 자기가 독보적이고 영웅적이며 나아가 신화적 존재라는 환상이다.

나는 세상의 왕이다!

일부 십대들은 '무적 신화'에 빠져 위험한 행동에 서슴없이 가담한다. 흡연, 음주, 약물, 안전하지 않은 섹스, 익스트림 스포츠(갖가지 고난도 묘기를 행하는 모험 레포츠-옮긴이), 오토바이나 자동차 폭주, 심지어 범죄 행위까지. 이들은 그러한 행동의 결과를 별로 두려워하지 않는다. 부모들은 종종 '다른 면에서는 너무나 영리한 아이가 왜 바보같이 저렇게 위험한 짓을 할까?'라는 의문을 품는다.

그러나 두려움을 모른다는 것은 단순한 '무모함'이 아니며, 적응을 위해 꼭 필요한 구성요소이다. 만 한 살짜리 아이가 주변 환경을 탐색하기 시작할 때는 무슨 일이 생겨도 걱정 없다는 천하무적의 자신감이 꼭 필요하다. 그와 마찬가지로, 이제 막 어른이 되려는 청소년들도 어른들에게도 능히 도전할 수 있다는 자신감, 자기 능력을 더 끌어올리고 개발할 수 있다는 자신감이 넘쳐야 한다. 자신감은 마음을 갉아먹는 의심과 불안을 가라앉혀준다.

벤은 이러한 느낌을 크게 부풀린 소년의 전형이었다. 겁을 모르는 이 무모한 소년은 여섯 살 때에 스케이트보딩을 시작했고 곧 자기보다 나이 많은 아이들도 못하는 위험한 묘기들을 해 보였다. 열 살이 되자 벤은 스키 슬로프에서 뛰어난 운동 신경을 발휘했다. 그는 하프파이프(빨리 달릴수록 높이 솟아올라 원하는 묘기를 부릴 수 있도록 고안된 U자형 지형—옮긴이)에서 스노보드를 타기 시작했다. 열여섯 살이 되었을 때 벤은 금속판 하나에 의지한 채 절벽에서 뛰어내리는 등 목숨을 걸고 한계에 도전하는 '익스트림' 보더들 중에서도 실력자 그룹에 속하게 되었다.

벤의 어머니 지니는 항상 프리미엄 의료보험을 갱신하며 아들을 위해 기도할 뿐이었다. 지니의 친구는 아들이 그렇게 위험한 짓을 하도록 내버려두는 지니가 바보라고 했다. 그러나 지니는 아들이 죽을 수도 있는 위험한 일에 취미를 붙였다기보다는 타고난 재능을 발휘하고 있다고 생각했다. 벤은 결코 약물에 손댄 적도 없고(지니는 "그애는 그럴 배짱이 없어요!"라고 했다), 학업 성적도 평균을 웃도는 모범 학생이었다. 벤의 꿈은 언젠가 액션영화 감독이 되는 것이었다.

엄마는 아마 이해 못할 거예요!

'개인적 신화'는 자기가 위대하다는 나르시시스트의 환상을 특징적으로 나타낸다. 이 신화에 빠지면 자신이 어느 정도 남들보다 특별하며 재능이나 노력에 상관없이 장차 큰 영예를 누릴 운명이라고 생각하고 행동한다. 이러한 양상이 일시적인 자만이나 경멸, 제멋대로의 자격 부여 이상으로 현저하게 나타난다면 그 기저에 깔린 나르시시즘이 건강하지 못한 것일 수 있다. 반면, 환상이 실질적으로 동기를 부여하여 현실적인 성취로 인도할 수 있다면 건강한 나르시시즘이 작용하고 있다고 보아도 좋다. 결국 성취도 대부분은 꿈에서부터 비롯되는 것이니까.

말라는 항상 '꿈이 야무진' 소녀였고 자기를 주목받게 만드는 경향이 있었다. 그녀는 어릴 때부터 타고난 '끼'를 발휘해서 어른들과 또래 아이들에게 '연예인' 같은 존재였다. 말라는 예쁘게 차려 입는 것을 좋아했다. 특히 엄마가 벗어놓은 정장이나 장신구를 걸치고 이런저런 역할을 해보기를 즐겼다. 부모는 이런 딸을 귀엽게 보았고, 그래서 말라가 노래, 춤, 연기 등을 배울 수 있도록 지원해주었다.

말라는 중학생이 되었을 때 에이전트와 연예계 진출을 논의하게 되었다. 부모는 딸이 균형 잡힌 생활을 하기 바랐기에 하고 싶은 일을 하더라도 가까운 병원에서 자원봉사나 아이들을 돌보는 일은 해야 한다고 일렀다. 말라는 아이들에게 재미있는 이야기 해주기를 좋아했고, 환자들의 우울한 삶에 적잖은 활력을 주었다. 청소년기가 정점에 이르렀을 때 말라는 무대에 오를 기회들에 참여했고 다른 한편으로 부모와도 충돌했다. 그러나 말라의 부모들은 딸이 정상적인 질풍노도의 시기를 잘 보낼 수 있도록 인도하고 붙잡아줄 수 있었다. 현재 말라는 촉망받는 어엿한 숙녀가 되어

명문 학교에서 연기를 공부하고 있다.

모든 아이들이 말라처럼 좋은 부모 밑에서 자라는 행운을 누리지는 못한다. 말라의 부모는 언제 아이를 격려하고 추어주어야 하는지, 언제 타인에 대한 관심을 일깨워 아이의 자기 중심적 경향을 막아야 하는지 잘 알고 있었다. 청소년기의 정상적인 발달상의 나르시시즘과 자기 중심주의가 부모나 또래 십대들에게는 도전처럼 보일 것이다. 세상에 대한 더 넓은 시각과, 세상의 질서에서 그들이 차지하는 실제 위치를 현실적으로 자각할 수 있도록 배려받지 못한 청소년들은 종종 자기들만의 좁은 세계에 처박히는 불행한 결과를 맞는다.

아이들에게 필요한 것은—사실상 청소년기 전부터—그들만의 자질을 알아주는 것이다. 어른은 아이의 용기를 북돋워주고 아이가 진짜 기술을 배우는 동안 한 발짝 물러서서 지켜보면서 적절히 기회를 주어야 한다. 이러한 태도는 아이에게 아무 재능이 없는데 어떤 특별한 것을 잘해내기 바라거나, 사실상 아이가 할 수 없는 일을 가지고 아무 생각 없이 "넌 할 수 있어!"라고 강요하는 것과는 전혀 다르다. 그러자면 아이 한 사람 한 사람의 개인적인 꿈과 타고난 능력을 파악하고 거기에 맞춰줄 수 있는 능력이 필요하다.

특별한 나

최근 우리가 아이를 기르고 교육하는 방식은 유감스럽게도 아이의 '자존감' 고취를 기본 목표로 삼고 있는 듯하다. 물론, 자기 자신을 자랑스럽게 여기는 것이 아이에게 중요하다는 점에 이의를 제기할 사람은 없다. 또한 아이의 자존감은 가난이나 아동 학대 같은 사회적 해악에 대해 어느 정도 면역 효과를 내기도 한다. 그러나 '자존감이라는 사회적 백신'을 아이에게 접종하는 것이 때로는 전혀 의도하지 않았던 나쁜 결과를 불러오기도 한다.

요즘 아이들은 자기가 실제로 성취한 것과 무관하게 '자기 긍정'이라는 말만 되풀이하도록 부추김을 당한다. 이로써 이 아이들은 성과보다 중요한 것은 노력이고, 나는 노력했는데 무엇인가 잘못된 것이 있어서 기분이 '나쁘다'는 메시지를 체화(體化)하게 된다. 원하던 것을 얻지 못해서 감정이 상하면 나 아닌 다른 것에 비난을 퍼부어야 직성이 풀리고, 이로써 어떤 것에 책임을 돌릴 자격을 자기 자신에게 부여하는 셈이 된다.

그런데 '특별함'이라는 스스로에 대한 자격 부여와 긍정적 성과는 진정한 자존감을 향상시키기보다는 오히려 깎아먹기 쉽다. 이러한 자존감은 바라기만 해서 되는 것이 아니라 무엇을 실제로 이루어내야 생기는 것이기 때문이다. "내가 바라는 것은 뭐든지 할 수 있어(가질 수 있어)!"라든가 "내가 노력만 하면 그 정도 보상은 얼마든지 받을 수 있어!" 같은 비현실적인 기대. 이것은 지난 45년 동안 미국 사회에서 열 배로 늘어난 우울증 환자의 수와 결코 무관하지 않다.[20] 이 환자들은 대개 자신의 우울증이 청소년기 중반부터 발병했다고 이야기한다.

나는 누구지?

청소년기의 핵심 과제[21]는 어린 시절 이미 시작된 과정을 무사히 완수하는 것이다. 그 과정이란 시공간을 초월하여 항상 일관된 태도와 행동을 보이는 유일무이한 인격으로서 분리되고 독립적인 자아를 형성하는 것이다. 최선의 경우, 청소년은 완진한 성인으로서의 책임을 당분간 '유예'받은 채 자기에게 가장 잘 맞는 역할을 찾을 때까지 이것저것 실험해볼 수 있는 여지가 있다. 그리하여 이 과정이 끝날 무렵에는 강력한 자기 정체성이 형성되고 더 큰 집단이 지닌 이상들에 연대의식이 나타나게 된다. 이것이 우리가 '인격'이라고 부르는 것이다.

이 과정에서 청소년에게 반드시 필요하지만 고통스러운 부분은, 어른의 권위, 좀 더 특수하게는 부모의 권위에 대한 의존을 끊어야 한다는 것이다.[22] 청소년들에게 더는 부모가 필요하지 않다는 말이 아니다. 그런 생각은 아주 잘못된 것이다. 다만, 청소년들은 유년기를 버림과 동시에 유년기의 모든 표상들을 버려야 하며, 그중에서도 아이 때 부모와 맺었던 끈끈한 유대를 포기해야 한다는 뜻이다.

정신분석학계의 사상가들은 유년기의 분리-개별화 과정과 청소년기에 일어나는 일 사이에 놀랄 만한 유사성[23]이 있음에 주목했다. 무엇이 나이고 무엇이 타자인지 알아가는 어린아이처럼, 청소년 역시 부모와 가족으로부터 심리적으로 분리되어야 한다. 아기와 청소년은 모두 다 신체적으로 비약적인 성장을 보이며 독립적인 몸짓으로 나아간다.

청소년의 '활동기'는 새로 획득한 힘을 시험해보는 시기이다. 부모가 적절한 선에서 보호하는 가운데 자유의 영역을 점점 더 넓혀간다면 더할 나위 없이 좋다. 청소년이 반항하거나 과민하게 반응하면서 마치 '활동기'의 아기가 확고한 자부심에서 우울하고 위축된 기분으로 굴러떨어질 때와 비슷한 모습을 보일 수도 있다.

부모에 대한 애증이라는 상반된 감정도 청소년기 초·중반과 유년기 아이의 '재접근기' 사이의 유사점이다. 어떨 때는 부모에게서 안전함과 도움을 추구하지만, 그 다음에는 화를 내며 부모를 밀쳐내는 것이다. 아이와 청소년은 모두 분리된 정체성을 탐색하면서 이루어낸 자율성을 잃을까 봐 두려워하며 몸부림친다(어린아이의 '활동기'와 '재접근기'에 대해 자세히 다루었던 2부를 참조하라).

청소년기에 일어나는 두 번째 개별화 과정에서 부모에 대한 사랑은 점점 떠오르는 자아에 대한 사랑으로 대체된다. 청소년을 지켜보는 어른들의 눈에는 이 모습이 마치 물에 비친 자기 모습에 반해버린 나르키소스를 방불케 할 것이다. 그러나 청소년기의 자기애 이면에서는 정신적인 구조 조정이 이루어지는 중이다.[24] 그것은 아이가 심리적으로 더 원초적인 상태로 퇴행하고 자기애적 방식으로 생각하지 않으면 일어날 수 없는 구조 조정이다. 나이가 몇 살이든 어렸을 때 모습으로 퇴행하는 것은 종종 내면의 붕괴에 대한 방어기제이다. 그러한 방어기제는 건강한 활동과 발달에 몇 가지 위험을 일으키기도 한다. 그러나 청소년이 자기애적 입장으로 퇴행하는 것은 내재적 위험에 맞서기 위해 반드시 필요한 정상적인 과정이다. 이 퇴행은 청소년의 한층 성숙한 페르소나가 타인과 융합하거나 파괴하고픈 열망과 접촉함으로써 원초적인 충동을 자기 통제력 아래에 둘 수 있게 해준다.

이 질풍노도 이면에 '인격'이 있다. 인격의 기능은 내면의 정신력과 자기 통제력을 유지하고 개인이 자유롭게 인생의 수많은 가능성들을 추구하게 해주는 것이다. 청소년기를 마칠 무렵 인격이 완성된 건강한 개인은 어린 시절의 무력하고 불안에 찬 모습을 성인의 '자아'로 통합하고, 끊임없이 압박과 내상을 일으키는 힘과 작별한다. 이 완성은 건강한 자기애적 에너지가 없으면 불가능하다. 그리하여 건강한 자기애적 만족은 인격 완성의 보상이다.

유감스럽게도 모든 십대 청소년들이 이 과정을 잘 거치는 것은 아니다.

사태가 잘못되어 갈 때

건강한 자기 정체성 발달을 저해하고 어른이 되어서도 청소년기의 나르시시즘을 못 버리게 하는 요소는 크게 세 가지가 있다.[25] 그 첫 번째는 '권리 포기'이다. 권리 포기는 청소년이 그의 가족이나 그를 둘러싼 문화의 위협 혹은 압박을 받아 '정상적인' 삶의 경로를 따라가지 않을 수 없을 때 나타난다. 위압적인 나르시시스트 부모는, 자녀가 성장하면서 자연스럽게 분리해 나가려는 욕구를 보이는데 이것을 받아들이지 못해 아이가 독립성을 연습할 때마다 아이를 심리적으로 혹은 실제로 저버리거나 처벌한다. 권리 포기는 이런 부모 밑에서 자라는 아이들에게 자주 발생한다. 아이는 위험을 알아차리기 때문에 부모의 기대대로 살아가기로 일찌감치 결정해버린다. 자기를 발견하는 최초의 여행을 떠나기도 전에 '엄마처럼 의사가 되자.', '아빠가 원하는 대로 과학자가 되자.'라고 정해버리는 것이다.

부모 혹은 문화의 역할과 가치를 면밀한 검토 없이 무조건 받아들이면 아이의 자기 정체성을 수립하는 과정이 차단된다. 이런 청소년들 중 일부는 어른이 된 나중에라도 이 과정을 다시 완수하지만, 어떤 사람들은 평생 나르시시스트의 그물에서 헤어나질 못하고 자기 아닌 남을 기쁘게 해줄 때에만 안정감을 맛본다.

두 번째는, 아이가 그때까지 배워온 것과 모든 점에서 정반대가 되는 부정적 자기 정체성을 형성할 가능성이다. 이런 청소년들은 자기가 아주 독립적이고 또래보다 정신적으로 성숙했다고 믿는 경향이 있다. 그러나 사실 이들의 정체성은 스스로 발견한 것과 주어진 것의 통합으로 이루어진 것이 아니라, 무조건 권위에 반대함으로써 형성된 것이다. 여기에 자기를 성찰하고 더 큰 집단의 긍정적 가치와 동화되는 성숙의 과정은 없다. 그저 자기 마음에 안 들거나 자기가 결코 얻을 수 없는 (부모나 사회의) 기대를 분노에 차 거부할 뿐이다.

이들의 태도와 행동은 나르시시즘적 욕구의 좌절에 바탕을 둔 자기애적 분노를 밑거름으로 삼을 때가 많다. 이러한 태도와 행동에는 부풀려진 위대함 역시 있을 수 있다. 그러나 이것은 건강한 자기 정체성 완성에서 나오는, 자아와 타인에 대한 한층 현실적인 지각과 완전히 반대된다. 정체성이 긍정 아닌 부정에 뿌리를 내리고 있을수록 나르시시즘은 만성적인 것이다.

성숙한 정체성을 이루는 데 있어서 세 번째 실패의 가능성은 소위 '정체성 분산'이다. 이 문제는 성인이 된 개인에게서도 예외가 아니다. 젊은이들 가운데 어떤 목표나 가치에도 뜻이 없는 이들이 더러 있다. 종종 이들은 어떤 역할을 맡는 데 아주 무심해 보인다. 이런 청소년들은 숙제를 마치거나, 지망 학교를 선택하거나, 직장을 구하거나, 자기 미래를 설계하는 데 어려움을 겪는다. 이들은 아무런 의식이나 열정, 앞날에 대한 기약 없이 타인과 애정 관계를—성적 관계이든 플라토닉한 연애이든—맺곤 한다. 심지어 자기 정체성이 어떠한 것인가에 대해 관심도 없어 보인다. 이러한 십대들의 나르시시즘은 아마도 가장 기본적인 나르시시즘의 형태일 것이다. 발달 장애를 감추고 있는 이들의 거짓 자아는 자기를 명료하게 인식하고 능력을 갈고닦게 해줄 수 있는 전능함과 위대함의 감정을 결여하고 있다. 그들의 자아는 매우 위축되어 있다.

자기애적 분노와 십대 폭력 문제

아이들은 그들이 사는 세상에서 무엇이 가치 있는지 직관적으로 안다. 그리고 오늘날의 아이들은 자기에게 그런 가치가 없다는 것을 안다. 외모, 성취, 소유, 권력에 대한 관심이 횡행하는 이때에, 우리의 아이들이 멋있어 보이고, 또래보다 월등한 기량을 자랑하고, 원하는 것을 즉시 얻고, 또 누군가를 '지배'하기를 원하는 것은 너무나 당연하지 않을까? 아이들은 문화적 이상을 획득할 기회에 목말라 있고, 그런 바람이 꺾이면 모욕감과 분노를 느낀다.

참으로 서글픈 현실은 아이들이 어른을 길잡이로, 역할 모델로, 자기 말을 들어주고 이해해줄 사람으로 간절히 바라고 있음에도 불구하고 '집'에 사람이 없다는 것이다.

미국에서 1978년에 40퍼센트를 약간 웃돌던 맞벌이 가정은 1998년에 60퍼센트를 넘어섰다.[26] 그중에서도 아버지는 없고 일하는 어머니와 아이가 사는 형태의 한 부모 가정은 60퍼센트 미만에서 70퍼센트로 늘어났다. 1990년대에 7천 명의 십대 청소년들을 대상으로 장기간 한 조사에서 아이들은 부모와 하루에 평균 3.5시간을 함께 보낸다고 답했다.

1999년 4월, 콜로라도 주 리틀턴의 콜럼바인 고등학교에서 일어난 총기 난사 사건은 무려 15명의 사망자와 23명의 부상자를 낳았다. 그로부터 한 달 뒤, 미국인들은 점점 더 늘어나는 학교 폭력에 대한 공포를 떨치지 못하게 하는 각종 언론의 통계 홍수에 파묻혔다.

주간지 〈타임〉은 "30년 전에 비해 부모와 자녀가 함께 보내는 시간은 40퍼센트가 줄었다."라고 보도했다.[27] 〈뉴스위크〉도 맞장구를 쳤다.[28] "조사에 조사를 거듭한 결과, 많은 아이들이 부모, 교사, 심지어 같은 반 친구들에게조차 마음을 열지 못한 채 외로움과 소외감을 많이 겪는 것으로 나타났다. 이들은 자기를 이끌어 줄 만한 존재가 없기에 절망한다. 아이들은 집이나 학교에서 자기가 원하는 것을 얻지 못하면 자기들끼리 패를 만들거나 부모의 손이 닿지 않는 그들만의 세계—컴퓨터 게임, 텔레비전, 영화 등 폭력성이 두드러지는 세계—에 침잠해버린다."

나르시시스트 부모들은 오로지 자기 관심사를 좇아 살기 때문에 아이들과 보낼 시간이 없다. 그런 부모는 아이를 나르시시스트로 키우거나, 나르시시즘과 관련된 심각한 취약점(민감한 수치심, 내면의 부정적 감정, 억제하지 못하는 공격 충동)을 지닌 아이로 기르게 마련이다. 초등학교에 다니는 남자아이들을 대상으로 시행한 몇 년 전의 조사[29]는, 공격성에 이미 길들여진 아이들은 유순한 아이들에 비해서 또래 아이들의 행동을 정확하게 해석하는 데 문제가 많고, 모호한 상황에서 상대의 적의만을 보며 선제 공격을 할 확률이 높다고 지적했다.

이미 오래전부터 연구자들은 장차 반사회적 행동을 하게 될지 아닐지는 '만 2, 3세'부터 그 아이의 특성이나 부모의 영향을 보면 예측이 가능하다고 주장했다.[30] 항상 극단적으로 들떠 있는 아이, 권위에 대한 불복과 파괴적 성향이 현저한 아이는 십대에 이르러 극심한 정신적 동요를 맛볼 것이다. 부모에게 전과가 있거나 알코올 중독, 정서 장애 같은 문제가 있어서 출생 이후 몇 년간의 결정적 시기에 아이와 애착 관계를 맺는 데 실패한다면, 그 아이는 반사회적인 청소년으로 성장한다. 병적 나르시시즘이라는 발달 장애에도 똑같은 특징이 나타난다. 즉, 문제 부모, 부모 자식 간의 문제 있는 유대는 자녀가 자신의 감정과 행동을 통제할 수 없게 만든다. 그런 자녀는 타인의 권위를 인정하지 않고 자기 권위만 내세운다. 이렇게 처음부터 예견된 문제들을 안은 아이가 청소년기의 변화에 시달리게 되면 '청소년 폭력'이라는 결과는 불 보듯 뻔한 것이다.

십대의 나르시시즘을 다루는 법

나 자신의 행동에서 출발하자

오만하고 제멋대로인 십대들은 자기들이 곧 법이다. 이러한 청소년들은 어른들의 화를 돋우는 일이 많다. 그들이 당신의 어떤 부분을 건드리는가? 그럴 때 당신은 이렇게 하고 싶은 기분이 드는가? 당신은 이러한 충동에 반응하는가? 그 반응이 얼마나 효과가 있는가?

문제의 십대 청소년이 당신 자녀라면 당신의 어떤 자기애적 특성이나 약점이 현재의 문제에 영향을 주지는 않았는지 깊이 생각해보기 바란다. 사회, 학교, 정부, 정치가들, 대중매체, 그 밖에 당신이 통제할 수 없는 외적 요소들을 탓하고 싶을 것이다. 그러나 그렇게 남 탓만 해서는 대안을 찾을 수 없다. 그래서는 분노와 무력감밖에 느낄 수 없으리라. 그보다는 당신이 통제할 수 있는 것, 당신 자신의 행동에서 출발하는 편이 낫다.

● 당신은 아이에게 당신의 가치와 기대를 분명하게 전달하고 있습니까?

● 당신은 단지 부모라는 이유에서가 아니라 삶을 영위해온 방식에서 아이가 존경할 만한 사람입니까?

● 당신은 아이의 개체성과 독립성을 존중하는 부모입니까?

● 당신은 아이의 행동을 적절하게 감독합니까?

● 당신은 아이가 스스로 생각하도록 격려해줍니까?

● 당신은 아이가 인격을 닦을 수 있는 기회를 제공합니까?

● 아이가 성숙함에 따라 차츰 더 많은 특권과 자유를 허락하고 있습니까?

● 당신이 잘못했을 때 아이 앞에서 그 사실을 인정할 수 있습니까?

그렇지 않은 것처럼 보일 때도 있지만 아이는 사실 부모의 일거수일투족을 다 지켜보고 있다. 아이들이 부모를 밀어낼 때조차도

실은 부모의 인도와 지원을 필요로 하는 것이다. 아이에게 좋은 인격이라는 선물을 주자. 부모는 아이들이 존경할 수 있는 존재가 되어야 한다.

현실적으로 계획하자

다른 집 자녀가 나르시시스트라면, 당신이 그 아이를 변화시킬 수는 없다. 또한 당신 자녀라 해도 하룻밤 사이에 눈에 띄는 변화를 기대할 수는 없다.

50년 전, 아니 30년 전에 비해 우리가 사는 세계는 훨씬 더 위험해졌다. 오늘날에는 남을 동정할 줄도 모르고 부끄러움을 모르며 그저 화만 내는 사람들이 어디에나 널리 있다. 이들 중 일부는 십대 청소년들이다. 힘의 균형이 당신에게 유리하지 않을 때는 그들과 정면으로 맞서지 마라. 문제를 회피할 수 없을 때에도 감정을 잘 다스리지 않으면 안 된다.

마찬가지로, 지나치게 비관적인 생각에 빠져 십대들의 제멋대로 구는 행동과 비사회성을 구제 불능 상태라고 단정하지 마라. 그들 중 대부분은 정상적인 과도기 단계를 거치고 있을 뿐이다. 그들 중에는 어른들이 상상할 수도 없는 환경에 놓여 있는 아이들도 많다. 청소년기는 여전히 이상주의의 시기이다. 그리고 많은 청소년들이 그 부모들보다는 본연의 모습에 정직하고 충실하다.

만약 당신 자녀의 건강하지 못한 나르시시즘이 걱정된다면, 그 아이의 부풀려진 전능한 기분을 가라앉히고 분노를 달래주며 수치심을 감내할 수 있는 능력을 길러주기 위해서는 가족 전체가 변해야 한다는 점을 분명히 깨달아야 한다. 당신 자식만의 문제가 아니라 가족 전체의 문제인 것이다.

당신은 이 문제에서 가족 구성원 한 사람 한 사람이 어떤 역할을 하고 있는지 말해주고 아이의 분노를 가라앉히기 위한 계획을 분담해야 한다. 물론, 여기에는 당신 자신을 포함하여 모든 가족들이 참여해야 한다. 이룰 수 있는 것과 이룰 수 없는 것, 성취에 필요한 시간 등을 현실적으로 따져보아야 한다. 실행 방법을 결정하기 전에 모든 가능성들을 검토하라. 절대로 당신 자신의 전능감, 완벽주의, 지나친 통제 욕구 등에 말려들어가서는 안 된다.

한계를 정하자

당신 자녀든 남의 자녀든 받아들일 수 없는 행동을 할 때 참고 넘어가지 마라. 특히, 남의 아이가 그랬다면 그 아이의 부모에게 알리거나 외부의 권위에 호소하여 당신 자신과 당신의 자녀들을 보호해야 한다. 별 효과가 없을 것 같다는 생각이 들더라도 실행에 옮기기를 주저하지 마라. 당신의 관심사가 적절하게 다루어지는 것을 보려면 끈기가 있어야 한다. 중요한 것은 건강하지 못한 나르시시즘, 특히 아직 바로잡을 여지가 있는 청소년들의 나르시시즘에 반기를 드는 것이다. 당신 자녀가 또래 친구들의 자기애적 가치들과 나르시시즘을 인식하고 피할 수 있도록 가르쳐야 한다.

만약 아이가 건강하지 못한 나르시시즘을 보인다면 부모는 그것을 억제하기 전에 일단 어떤 행동은 받아들일 수 없지만 어떤 행동은 이해하려고 노력해야 할지 그 기준을 세울 필요가 있다. 아이가 왜 그렇게 행동하는지 이유를 알지 못하면 아이에게 한계를 정해주는 일도 잘 풀리지 않는다. 이 경우, 아이는 되레 부모가 뚜렷한 기준 없이 자의적이라거나 무심하다고 느낄 수 있고, 사실 아이가 그렇게 느끼는 것도 당연하다. 그러므로 아이가 자기 감정을 살피고 그것을 말할 수 있도록 도와주어야 한다.

아이와 부모가 서로 이해하려고 노력함으로써 아이의 행동을 짚고 넘어가더라도 그 시선은 어디까지나 자애로워야 한다. 이것은 아이의 받아들일 수 없는 행동을 무조건 용시하라는 말이 아니다. 아이가 자신을 제대로 바라보고 통제할 수 있도록 이끌라는 말이다. 아이의 의도는 좋았지만 길을 잘못 들었다고 생각한다면, 아이에게 당신이 걱정하고 있다는 것을 알리는 한편, 아이에게 더 잘할 수 있는 능력이 있다는 점도 꼭 일깨워주어야 한다.

예를 들어, 당신 아들이 학교에서 싸우고 왔다 치자. 우선 아이가 무엇 때문에 화가 났는지 그 이유를 스스로 확인할 수 있게 도와주자. 아이가 화를 낸 것이 납득하기 어렵다고 해도 아이가 왜 그런 감정을 품게 되었는지 알아낼 필요가 있다. 아이의 감정을 짚어봤다면 이제 아이에게 물어보라. 화가 났을 때 싸우는 것 말고 다른 식으로 행동할 수는 없었을까를 물어보는 것이다. '너의 감정을 받아들일 수 있지만 네가 그 감정을 표현하는 방식은 받아들일 수 없다'는 부모의 뜻을 아이가 수긍해야 한다. 아이의 감정은 존중하라. 부모가 아이의 문제를 세심하게 생각해주고 예견되는 나쁜 결과—학교에서 정학을 당한다든지—를 피하게 해주려고 노력한다는 믿음을 아이에게 심어주는 것이 중요하다.

다른 예를 들어보자. 딸아이가 숙제를 마치지 않아서 쇼핑몰에 가지 않기로 했다. 그러자 아이가 주체할 수 없을 정도로 화를 내고 심통을 부린다. 우선, 딸이 왜 그렇게 쇼핑몰 가는 일은 중요하고 긴급하게 생각하는지 이해하려고 노력해보라. 그리고 딸이 자기 과제를 어떻게 제 시간에 끝낼 계획을 갖고 있는지 이해하려고 노력해보라. 청소년들은 정해진 시간 내에 자기가 얼마만큼 할 수 있는지 잘 가늠하지 못할 때가 많다. 일단 숙제를 먼저 마치라고 주장함으로써 아이들이 좀 더 현실적인 시각을 갖고 즐거움을 뒤로 미룰 줄도 알게 해야 한다.

한계 정하기를 두려워해선 안 된다. 그러나 아이가 당신에게 항변하며 자기 생각을 말할 수 있는 기회는 주어야 한다. 조용하지만 확고한 태도를 지닌 사람 앞에서 자기 생각을 소리내어 말하는 습관은 아이의 인격과 현실 감각이 발달하도록 돕는다.

가장 중요한 것은, 이런 상황에서 절대로 아이에게 모욕감을 주거나 화를 내서는 안 된다는 것이다. 또한 정서적으로 무감각하지 않게, 아이에게 정말로 마음을 열고 대하는 것도 중요하다. 부모가 자의적 기준에 따라 행동하며 자기에게 무심한 것처럼 보이면 아이는 분노를 키울 수 있다. 당신이 아이를 이런 식으로 대한다면 자녀의 사춘기를 문제삼기 전에 자기 자신의 행동부터 돌아볼 필요가 있다.

규칙 위반의 결과들을 확실히 파악했다면 이제 아이가 이 과정에 동참하도록 노력하라. 아이 자신이 지니고 있는 공평함에 대한 감각에 호소하라. 단순히 권위를 내세우지 말고 아이가 동의하도록 이끌어야 한다. 그러나 부모로서 당신 역할을 포기하지는 말라. 아이는 부모가 마땅히 가족들을 위한 기준을 세우고 순종을 기대할 권리가 있음을 알아야 한다. 당신은 아이와 관계를 유지하면서 아이가 스스로 동의한 목표를 향해 나아가는시 관찰하라. 아이가 그 목표를 따라잡기 위해 필요로 하는 것은 무엇이든 해주라. 폭력은 최후의 수단이며, 오직 생명과 재산을 보호할 때에만 사용할 수 있는 것이다.

주고받는 관계를 만들어 가자
부모에게 자기 세계를 최소한만 허용하거나 이기적인 방식으로만 부모를 자기 세계에 들여놓는 청소년들이 있다. 이러한 청소년들과 호혜적인 관계를 맺는다는 것은 매우 어렵다. 당신은 아이가 가족 생활에 참여하리라는 기대를 품되 십대들의 욕구를 당신 자신이나 가족과는 별개로 놓고 조율해야 한다. 청소년기 이전에 부모와 좋은 관계를 맺고 있었다면 일단 정상적인 청소년기 나르시시즘이 진정된 후 호혜적인 관계로 돌아오기가 쉽다.

반면, 이미 청소년이 된 아이가 만성적인 나르시시즘 문제를 안고 있음을 이제 막 알아차렸다면 앞으로 해야 할 일이 녹록지 않을 것이다. 당신은 부모 말을 귓등으로 듣거나 무조건 화만 내는 아이를 붙잡고 당신의 기대를 전달해야 한다. 당신은 아이가 걸음마를 배울 무렵에 이미 거쳤던 과정을 되밟아야 한다. '미운 세 살'의 좀 더 성숙한 판본을 다루듯, 확고부동한 태도를 보이되 자녀의 감정에 공감해주어야 한다. 힘들어도 버텨야 한다. 그럴 만한 가치가 있는 일이니까. 지니의 경우에서 확인할 수 있을 것이다.

지니는 4남매의 장녀로 태어났다. 부모는 둘 다 자아 도취가 심하고, 까다로우며, 아이에게 공감해주는 능력이 모자란 편이었다. 지니는 어려서부터 자기 의견을 밝힐 수 없었고, 심지어 자기만의 감정조차 드러내지 못했다.

동생들이 태어나면서부터 그녀가 할 일이 많아졌다. 학교에서 돌아오면 지니는 동생의 기저귀를 갈아주거나 젖병을 따뜻하게 데우는 일을 했다. 동생들에게 재미있는 이야기책도 읽어주고 밤에는 침대에 데려가 재우기까지 했다. 어머니는 피곤하다는 말을 입에 달고 살았고, 이런저런 일로 늘 고민하고 불안해했다. 아버지는 아주 고집이 세고 걸핏하면 화를 냈다. 그는 자기 뜻대로 일이 안 풀리면 가족들에게 화를 내고 위압적으로 구는 가장의 전형이었다.

지니는 열여섯 살이 되었다. 평일 오후와 주말에 이웃 동네의 극빈자 음식 배급소에서 봉사하는 것이 유일한 낙이었다. 이것은 그녀가 자기 가정 외의 새로운 바깥 세상에 발을 들여놓을 수 있었던 좋은 기회였다. 만 열여덟 살이 되었을 때 지니는 집을 떠나고 싶은 마음에 결혼을 도피처로 삼았다.

안타깝게도 결혼은 도피처가 되지 못했다. 남편은 지니의 부모와 아주 비슷한 사람으로 아내를 완전히 쥐고 흔들었다. 자식들이 하나둘 태어났다. 그러자 상황은 옛날 친정에서 살던 때와 완전히 똑같아졌다. 모두가 지니에게 요구만 했다. 친정 식구들과 관계를 청산하고나자 그녀의 내면에는 아무것도 남지 않았다. 그녀는 그 공허를 견딜 재간이 없었다. 지니는 허한 마음을 달래기 위해 자기가 아는 유일한 방법, 제일 잘할 수 있는 방법에 매달렸다. 그것은 바로 남들을 돌보는 일이었다. 그래서 지니는 '최고의 엄마'가 되기로 결심했다.

지니가 생각할 때 좋은 엄마 품에서 자라는 자식들은 절대로 불행하지 않을 것 같았다. 그래서 지니는 아이들을 걱정스러운 눈으로 주의 깊게 관찰했다. 그녀는 애가 조금만 우는 소리를 하거나 불만족스럽다는 표시를 하면 즉각 달려갔다. 그러는 사이에 아이들은 '내가 불행하다면 그것은 다 엄마 때문이로구나.'라는 메시지를 체화했다. 게다가 아이들의 아버지 역시 그런 메시지가 옳다는 식으로 매사에 행동했다.

아이들이 자라서 십대가 되었다. 지니의 딸은 겁이 많아서 잠시라도 엄마가 곁에 없으면 안 될 정도였다. 반면, 아들은 나태하고 화를 잘 내는 독불장군이 되었다. 지니는 아이들이 행복하지 않다고 생각했고, 그 때문에 죄책감에 시달렸다. 결국 그녀가 문제 많고 서툰 엄마였다는 것은 사실이다.

아무튼 지니는 아이들의 삶을 잘 이끌기 위해 더욱더 노력을 기울였다. 그녀는 딸을 위한 운전기사가 되었고 언제 어디든 딸을 따라다녔다. 아들에게는 고가의 전자제품들을 사주며 비위를 맞췄다. 그러던 어느 날, 지니의 인내심이 바닥을 드러내고 말았다. 그녀도 자기 자신을 위해 무엇인가 하고 싶었다. 이제는 아이들이 엄마의 감정에도 신경 써주기를 원했다. 게다가 그녀는 보통 엄마들보다 더 많은 것을 해주다 보니 돈과 시간도 더 많이 쓰고 있었는데, 자식들이 그런 점을 조금이라도 알아주었으면 하는 심정이었다.

지니는 딸에게 이제는 또래 친구들과 좀 더 어울리고 여러 가지를 알아서 해보라고, 엄마 아닌 다른 사람들에게도 도움을 청하라고 일렀다. 지니는 딸에게 "안 돼."라고 말하는 법을 배웠다. 또한 자기만의 공간을 확보하는 법도 조금씩 깨우쳐나갔다. 처음에 딸

아이는 울면서 저항했고 나중에는 분통을 터뜨리기까지 했다. 그러나 시간이 흐르면서 아이는 차차 둥지 밖으로 나가기 시작했고 조금씩 사회적 자질이 늘어가면서 자신감을 얻었다. 현재 지니의 딸은 밖에 나가 친구들과 어울려 놀기를 좋아하는 소녀가 되었고, 이성과 데이트도 시작했다. 딸은 얼마 지나지 않아 엄마를 배려하고 엄마 감정을 이해하려는 듯한 모습을 보여주기 시작했다.

그러나 아들의 경우는 그렇게 쉽지 않았다. 아들은 엄마가 무엇 무엇을 하라고 요청하는 것을 못 견뎌했다. 아들은 전처럼 자기가 무엇이든 바라면 엄마가 자동적으로 해결해주기를 기대했다. 지니는 아들과 호혜성의 개념, 서로 주고받는다는 것에 대해 대화를 나누기 시작했다. 아들에게 그런 개념은 완전히 새로운 것이었다. 아들은 엄마가 다른 사람들을 위해 일해야 한다고 굳세 믿고 있었다. 그것도, 다른 사람들이 원해서가 아니라 엄마 자신이 그렇게 하고 싶어서 그런다고 믿고 있었다. "우리는 가족이고 서로를 돌보며 살아야 한다."라는 생각은 아들에게는 완전히 낯선 것이었다. 아들은 평생을 그렇게 살아왔기에 그들 관계의 패턴을 변화시키는 데는 시간이 필요했다. 그러나 지니는 자신이 정말로 좋은 엄마가 되고 싶다면 아들을 '받기만 하는 것이 아니라 주는 법도 아는 사람'으로 길러야 한다는 점을 이해하고 있었다.

나르시시즘 문제가 있는 가정에서는 어떤 사람은 주기만 하고 어떤 사람은 받기만 한다. 이러한 가정에서는 주기도 하지만 받기도 하는 구성원이 거의 없다. 만약에 자녀의 청소년기 나르시시즘 때문에 걱정하고 있다면 자기 자신에게 물어보라. 나는 아이들에게 어떤 가치들을 가르쳤는가? 나는 아이들에게 어떤 모범을 보여주었는가? 호혜성은 하나의 태도이다. 아이들에게 주고받는 것을 가르쳐왔다면 당신도 그 가르침을 믿지 않으면 안 된다.

나르시시스트들도 나이를 먹는다
_싸우지 않는 단호함으로 대하라

나이가 든다는 것은 궁극적인 자기애적 상처이다. 자기 가치를 확인시켜주던 거울들 중에서 예전처럼 마음을 안심시켜주는 이미지들을 비춰주는 것들은 얼마 남지 않았다. 이제는 그 거울들에 의지할 수 없다. 가늘고 힘 없는 머리칼, 축 늘어진 살, 걸핏하면 건망증이 도지고 무엇 하나 생각해내려면 시간은 또 왜 그리 오래 걸리는지, 수시로 찾아드는 통증은 이제 곧 찾아올, 말할 수 없는 공포의 신호탄 같다. 이 모든 것이 자부심을 유지시켜줄 공급 라인이 말라버렸다는 증거가 아니겠는가. 예전 같은 것은 아무것도 없다. 모든 게 변해버렸고 통제할 수 없다. 역할은 다른 사람에게 넘어갔고, 세력권은 쪼그라들었다. 사람들은 자꾸 앞으로 나아가고, 어떤 이들은 죽는다. 권력이 왔다가 떠나간 자리에서는 외로움이 눈뜨기 시작한다.

나르시시스트들은 이러한 인생의 부침을 부정하려 드는 것이 전형적이다. 형편만 허락한다면 얼굴을 팽팽하게 만드는 보톡스 시술, 뱃살 제거, 모발 이식은 반드시 해야 할 목록에 들어간다. 우리의 자기애적 세계에서 '아직도 끄떡없다'라는 것을 입증해 보이기 위해 신체적 한계를 밀어붙이는 모습은 아주 흔히 볼 수 있다. 최신형 스포츠카, 나이 차가 많이 나는 어린 애인은 한동안 이런 환상을 유지해준다. 그러나 결국 더는 부인할 수 없는 시점이 올 때, 금이 간 거울을 더는 못 본 체할 수 없을 때 나르시시스트는 역겨운 행동들을 더 많이 보이게 될 것이다. 원래부터 곧잘 하던 행동이지만 이 시점이 되면 그 정도가 더욱 심해진다고나 할까. 원색적인 질투, 자기를 방어하기 위해 남들을 헐뜯는 말, 이런 것들은 잃어버린 정서적 균형을 되찾고 우월감을 유지하기 위해 늙다리 나르시시스트들이 시도하는 최후의 발버둥이다.

디어드레는 식당에서 다시 한 번 숭배자들과 이야기를 나누는 중이었다. 일흔의 노부인은 '사랑해 마지않는' 세 아들과 '끔찍한' 세 며느리를 지켜보고 그들이 자기 마음을 알고 집에 돌아가기를 바라는 마음에서 정기적으로 이런 모임을 가져왔다.

디어드레가 혼자가 된 지는 30년도 더 됐다. 남편은 죽으면서 아내가 재정적으로 곤란을 겪지 않을 만큼 유산을 남겼다. 12년의 결혼 생활은 그녀에게 이 정도면 충분하다고 생각할 만큼 길었고, 그녀는 재혼할 생각 따위는 해본 적이 없었다. 그녀에게는 '세 명의 어엿한 사내들', 즉 아들들이 있었다. 아들들과의 친밀한 관계가 그녀에겐 인생의 낙이었다. 적어도, 아들들이 각자 결혼해 버리기 전까지는 그랬다. 지금 그녀의 유일한 회한은 아들들이 좀 더 좋은 짝을 골랐으면 좋았을 거라는 아쉬움이다.

그중에서도 피터의 아내 맨디는 가장 마음에 안 들었다. 이들 부부는 자식도 낳지 않았다. 맨디는 자기 일을 아주 소중히 여기는, 전형적인 커리어우먼이다. 굳이 그녀가 돈을 벌 필요도 없는데 말이다. 피터는 혼자 일해도 맨디가 원하는 것은 무엇이든 해줄 수 있을 만큼—그리고 실제로 그렇게 해주었다.—능력이 괜찮다. 맨디는 자기 의견만 앞세우고, 조용히 있는 법이 없었다. 디어드레는 맨디가 건방지게 자기 눈을 똑바로 쳐다보는 것도, 자기 집안에 들어온 지도 오래되었건만 여전히 자기 본분을 모르는 것도 마음에 안 들었다. 아, 가엾은 내 아들! 디어드레는 도대체 왜 피터가 뭐든지 아는 체하는 저런 여자에게 끌렸는지 이해가 되지 않는다.

톰의 아내 린다는 맨디와 정반대였지만 짜증나기는 마찬가지다. 린다는 입도 벙긋할 줄 모르는 데다 아이를 넷이나 낳았는데 한 번 임신할 때마다 살만 뒤룩뒤룩 쪄서 이제는 봐주지 못할 정도다. 그런데도 린다는 외모를 꾸며보려는 노력은 털끝만큼도 안

하는 것 같다. 옷 입는 취향도 고약했고, 자기 아이들 건사도 제대로 못한다. 그 두 가지가 디어드레의 마음에 가장 안 든다. 하지만 무엇보다 참기 힘든 것은, 톰이 아무도 자기를 안 본다고 생각할 때 자기 아내를 지그시 바라보는 그 눈길이다. '정말이지, 잘난 내 아들이 저런 돼지를 마누라라고 위해주다니, 도저히 못 봐주겠어!'

그 다음에는 새 식구가 된 사람이 있다. 벤저민이 세 번째 아내 엘리스를 맞았던 것이다. 디어드레는 앞서 두 명의 전처들이 사라진 것은 손톱만큼도 아쉽지 않았으나 이런 여자가 며느리로 들어올 줄 알았더라면 두 번째 이혼만은 필사적으로 막았을 것이다. 적어도 그 두 번째 아내는 벤저민과 나이라도 엇비슷했으니까. 이 애는 어려도 너무 어리다. 머리도 너무 짧고 치마도 너무 짧다. 게다가 식사 예절도 형편없고, 말하는 것도 어디가 좀 모자라 보인다. 엘리스를 묘사할 만한 말은 '평범하다' 외에는 없다. 운이 좋으면 벤저민도 금방 저 애에게 싫증을 내겠지.

디어드레는 식탁에 앉은 사람들을 둘러보며 한숨을 쉬었다. 밀려드는 불쾌감을 참기가 힘들었다. 며느리들은 시어머니와 눈을 마주치지 않으려 했고, 아들들은 마음의 준비를 했다. 저렇게 어머니가 등을 꼿꼿이 하고 입 가장자리가 처지기 시작하면 이제 곧 공격이 쏟아지리라는 사실을 모두들 경험으로 잘 알고 있었다. 오늘은 누가 표적이 될까? 맨디의 일을 얕보는 듯한 질문들을 퍼부을까? 린다의 아이들을 두고 "너희 아버지는 어릴 때 그렇지 않았다."라고 비교하면서 린다를 모욕할까? 엘리스에게 만찬에서는 바깥쪽 포크부터 쓰기 시작해야 한다고 가르치려 들까? 가족들이 디어드레와 만찬을 나눌 때 대개 맨 처음 나오는 코스 요리는 '수치심'이었다.

디어드레가 며느리들을 경멸하는 태도는 질투심을 교묘하게 반영하고 있다. 한때 그녀는 아들들의 인생에서 누구와도 비교할 수 없는 존재였다. 그런데 이제는 며느리들이 자기 것이었던 그 자리를 차지했기 때문에 질투심이 끓어오르는 것이다.

며느리들은 잘하든 못하든 상관없이 무조건 트집을 잡히는 데 반해 아들들은 조금도 디어드레에게 비난받지 않는다는 점을 눈여겨보라. 이것이 정서적으로 미성숙한 사람의 또 다른 특징이다. 이런 사람은 주변 사람들을 '좋은 사람'과 '나쁜 사람'으로 무 자르듯 갈라놓고 생각한다. 어떤 상황에서도 좋은 사람은 항상 좋은 사람이고 나쁜 사람은 아무리 잘해도 나쁜 사람인 것이다. 하지만 세상에는 좋기만 한 사람도 없고 나쁘기만 한 사람도 없다. 누구나 두 가지 측면을 동시에 갖고 있게 마련이다.

그런데 나르시시스트는 한 사람에게 사랑과 미움을 동시에 느낄 수도 있다는 것을 견디지 못한다. 바로 그 때문에 나르시시스트와 관계를 맺으면 엄청난 상승과 추락을 반복하는 롤러코스터를 탄 상태가 되어버린다. 나르시시스트가 나이가 들면 자기가 필요로 하는 사람에 대한 이상화와 평가절하는 더욱 드라마틱해진다.

　내가 잘 아는 한 남성은 어려서부터 고모에게 귀여움을 받으며 자랐다. 고모는 평생 결혼을 하지 않은 나이 많은 여성으로 오만하고 이유 없이 사람을 깔보는 완고한 나르시시스트의 전형이었다. 고모는 평생 자기 아이를 낳은 적이 없고, 그 남성은 비교적 어릴 때 어머니를 여의었기 때문에 그들의 유대는 각별한 것이었다. 하지만 그 정도로는 왜 이 완고한 노처녀가 조카만 등장하면 속눈썹을 깜박이고 소녀처럼 키득대면서 세상에서 제일 물러터진 사람이 되는지를 설명할 수가 없다. 그는 물론 고모가 얼마나 다른 사람들은 깔보면서 자기는 예뻐하는지 그 현격한 차이를 보면서 자랐다. 그러나 그는 고개를 갸우뚱할 뿐이었다. 그는 고모가 아주 못되게 굴 수도 있는 사람이라는 점을 알고 있었으나 자기한테만은 그럴 리가 없다고 믿었다.

　그러던 어느 날의 일이다. 당시 고모는 힘든 시기를 보내고 있었고 그는 고모를 도우려는 마음에서 이치에 맞지 않는 고모의 소망들을 부인하는 말을 했다. 순식간에 그는 분노의 화살을 받는 처지로 굴러떨어졌다. 고모는 그를 사기꾼, 못된 놈이라고 욕하면서 그의 공격에서 자기를 보호하기 위해 변호사를 부르겠다고 위협했다. 사랑하는 조카는 떠받들고 위하던 자리에서 내쫓겼을 뿐 아니라 아예 그녀의 안중에서 사라진 듯했다. 그 다음에는 화를 낼 때만큼이나 급작스럽게 사태가 해결되어 그는 다시 고모의 사랑을 받는 조카가 되었다. 그들은 절대 두 사람 관계의 이 오점을 입에 올리지 않았다. 그러나 만약 입 밖에 냈더라도 고모는 불쾌한 것은 무엇이든 능숙하게 부정해버렸을 것이다.

나이 많은 나르시시스트에게 때때로 보이는 편집증은 정신병적 수준의 우울증에 대한 방어기제를 나타낸다. 나이 든 나르시시스트는 우월함이라는 자기 관념을 유지할 수 없기 때문에 내면이 붕괴된다. 그는 자신의 연약함, 의존성으로 인해 복수심에 불타는 파괴적 감정에 사로잡힐까 봐 두려워하게 된다. 그런 사람은 경계심이 많고 주도면밀하다. 자기를 망치는 싯궂은 타인들에 대한 푸념은 무력감과 의존성에 대한 공포를 통제하려는 최후의 발악이라고 할 수 있다.

그러나 가엾은 나르시시스트에게는 안된 일이지만, 그렇게 과장해서 떠들어봤자 앞으로 의지하며 살아가야 할 사람들과 더 멀어지기만 할 뿐이다. 그 결과는 더 큰 공허감과 비인간화이다. 위대함과 전능함을 유지해주던 모든 것이 붕괴될 때에 연약한 자아와 세계는 동시에 의미를 상실하고 절망이 병적인 우울증을 불러올 것이다. 우울증을 앓는 사람은 위안을 주는 망상에 빠지기 십상이다. 고통스러운 현실은 광기로 대체된다.

나이가 많은 나르시시스트들은 대개 내면이 완전히 붕괴되지 않으므로 완전히 미치지는 않고 다만 지나친 자기 걱정에 휩싸이는 선에서 머문다. 나이가 들면서 몸이 예전 같지 않고 여기저기 아플 수도 있는데 이들은 거의 히스테리를 일으킨다. 그에 따른 공황 상태는 신체의 마비를 불러올 수도 있다. 다음 사례를 참고해보자.

모린은 아버지의 난감한 행동 때문에 죽을 지경이었다. 어머니가 2년 전에 돌아가신 다음부터 이 일흔다섯 살의 노인네는 혼자 힘으로 아무것도 할 수 없게 되어버렸다. 아버지는 투자 분산에 대한 조언은 고집스럽게 거부하면서 수표장 지출 잔액 맞추는 것도 못했다. 집에서는 손가락 하나 까딱 안 하면서 모린이 파출부를 구해줄 때마다 그 여자는 게으르고 도벽이 있다고 불평을 늘어놓았다. 그래서 매번 파출부를 해고하고 새로운 사람을 구해 달라고 떼를 쓰는 것이다.

아버지는 너무 간단한 일도 제대로 못해서 모린에게 전화를 해서 오라고 했다. 그런 상황이 거의 매일 반복되는 것 같았다. 모린이 무슨 일을 하고 있는지 신경도 안 쓰고 무조건 당장 자기를 도와주러 오기만 바라는 것이다. 모린이 전화로 어찌어찌 하면 된다고, 그렇게 한번 해보시라고 말씀드리면 노인네는 대번에 토라졌다.

최악의 경우는 한밤중에 걸려오는 전화였다. 모린이 자고 있다가 부스스 일어나 전화를 받으면 아버지는 갑자기 숨을 쉴 수가 없다느니, 심장이 조여드는 것 같다느니 난리를 쳤다. 의사는 아버지 몸이 멀쩡하다고 확인해주었고, 모린에게 넌지시 다음과 같은 사실을 일러주었다. 불안 증세를 달래주는 약을 복용하라고 권한 적이 있는데 아버지가 거절했다는 것이다.

자식들 넷 중에서 모린 혼자 어머니의 장례식, 어머니의 개인적인 유품 처분, 부모님의 별장 매매까지 책임지고 해냈다. 그런데도 아버지가 보기에는 모린이 아무것도 해준 것이 없는 것 같았다. 아버지는 모린에게 고맙다는 말 한마디 한 적도 없고, 딸의 생활에 관심이나 흥미를 보인 적도 없었다. 다만 그녀가 무언가 자기를 실망시킬 때에만 가혹한 불평을 늘어놓는 것이었다.

모린은 어머니가 돌아가실 때 아버지가 어떻게 했던가를 생각하면 상처가 새록새록 덧나는 느낌이었지만 그런 감정은 떨치려고 애썼다. 그러나 이따금 어머니의 고통에 무관심했던 아버지의 모습, 어머니가 남에게 의존할 수밖에 없는 상황이었는데도 아버지가 화내던 모습, 아버지가 어머니 치료에 입회하기를 거부했던 기억 등이 눈앞에 아른거렸다. 모린은 특히 아버지가 어머니를 비난했던 일, 어머니의 장례식 날에 새로운 사람을 만나고 싶다고 아무렇지도 않은 듯 내뱉었던 말을 생각할 때마다 가슴이 아파 견딜 수가 없었다. 모린은 아버지가 까다롭고 가까이 하기 힘든 사람인 줄은 진작부터 알고 있었다. 하지만 그렇게까지 함부로 말하는 사람이라고는 상상조차 하지 못했다.

최근 들어 그런 잔혹한 태도는 모린에게로 방향을 돌렸다. 아버지는 모린을 참견쟁이라고 했고 자기 집에서 무슨 물건이 안 보이면 모린에게 다 덮어씌웠다. 한 번은 모린이 가족들을 모아놓고 파티를 열었는데 그 자리에서 아버지는 공개적으로 그녀의 생활방식을 비난하고 모린의 애들도 있는 자리에서 모린의 험담을 했다. 게다가 모린이 없는 자리에서 모린의 자매들에게도 그녀의 흉을 보았다. 아버지는 유례없이 다른 딸들에게 환심을 샀는지 잠시 잠깐 의기양양해진 것 같았다. 모린은 갑자기 자기가 적이 된 듯, 가족 전체의 왕따가 된 기분이 들었다. 하지만 그녀는 알고 있었다. 이제 다른 딸들은 머나먼 다른 주에 있는 자기 집으로 돌아갈 것이고 그러면 아버지는 또 자기를 불러서 이것저것 필요한 것을 해달라고 할 것이다. 사태는 나빠져만 가는데 빠져나갈 길은 없다. 모린을 이해해주거나 그녀의 짐을 조금이라도 덜어줄 사람은 아무도 없다.

모린의 아버지는 나르시시즘의 일곱 가지 죄악에 속하는 전형적인 착취, 제멋대로의 자격 부여, 공감 능력의 부족 등을 고스란히 보여준다. 그의 과도한 요구, 독립된 존재인 딸에 대한 관심 부재는 경계 의식이 상당히 결핍되어 있음을 드러낸다. 아버지는 모든 것을 통제하고 싶은 듯 보이지만 그의 행동은 무력감을 보여준다. 이 무력감은 모린이라는 '스크린'에 투사된다. 그 작용 방식은 기묘한 구석이 있다. 아버지는 무력해질수록 모린을 더욱더 잘 통제할 수 있게 되고 딸을 무력감에 빠뜨리는 것이다. 그는 또한 추락한 자아의 수치심을 떠넘기는 데에도 모린을 이용했다. 모린은 어머니 뒤를 이어 아버지의 내면 상태를 조절하는 역할을 맡고 있으며, 그녀도 어머니처럼 그가 외부로 투사한 자아를 떠안고 있기 때문에 경멸의 대상이 되는 것이다.

아내를 잃은 노인이니 너그럽게 봐주고 싶기도 할 것이다. 물론, 그는 혼자 사는 데 적응을 해야 하므로 스트레스도 받고 두려움이나 당혹감도 느낄 것이다. 아마 그는 정신적으로 노쇠해서, 아니면 의사의 진단으로 규명되지 않는 건강상의 고통 때문에 수표장의 지출을 제대로 맞출 수 없는지도 모른다. 물론, 그는 가족에게 의지해야 하고 가족은 그를 돌보아야 한다. 나이 많은 어르신이라면 응당 그럴 자격이 있지 않은가?

사실, 늙어가는 나르시시스트도 다른 노인들과 똑같이 연민, 원조, 공경을 필요로 한다. 생애 말년을 살아가는 사람이라면 누구든 그러한 권리를 누릴 자격이 있다. 그러나 노인의 자기애적 특징들이 더욱 강화되면서 그 부양인—어린 시절부터 부모의 나르시시즘으로 고통받아온 아들이나 딸이 그러한 부양인 역을 떠맡을 확률이 높다.—이 얼마나 고통받게 되는지 간과해서는 안 된다. 그러한 부모는 자기 밑에서 성인 자녀의 자아가 동원하고 발휘할 수 있는 모든 것을 파괴하고 만다.

노쇠와 함께 찾아오는 쇠약함이나 의존성과는 별개로, 나이 많은 나르시시스트에게는 나르시시스트에게만 있는 그 어떤 특수함이 있다. 그들은 종종 실질적 욕구와 방어적 욕구 사이의 경계를 알아차리지 못한다. 그 이유는 아마도 그들의 방어적 욕구가 절망적일 만큼 현실과 괴리되어 있기 때문이리라.

늙어가는 나르시시스트의 자녀들을 위한 조언

자기 성찰이 최선의 방어

'노화'는 언제 시작되는가? 흰머리나 주름살을 맨 처음 발견할 때? 예전에는 먹어도 살이 찌지 않던 음식이 이제 먹자마자 다 살로 변할 때? 쉽게 피곤하거나 병이 날 때? 건강하고 행복한 느낌을 주는 것들을 두고 젊은 사람들과 더는 경쟁하지 못하게 될 때?

당신의 부모가 나르시시스트라면 '늙어간다'는 기분은 벌써 당신이 아기였을 때부터 시작되었을 것이다. 그 때문에 가장 오래된 기억에서부터 당신은 부모로부터 타인에 대한 평가절하, 시기심, 자기 도취, 편집증, 부인을 경험했을 것이다. 이제 노화에 대한 부모의 반응은 어떻게 확인할 수 있는가? 그 반응이 당신에게 미치는 영향은 무엇인가?

이 물음을 이해하는 것이 중요하다. 왜냐하면 당신과 부모가 같이 늙어가고 있는 이상 동일한 부분을 건드리는 셈이 될 수 있기 때문이다. 부모가 당신과 경쟁할 수 없기 때문에 당신이나 당신의 성취가 무시되거나 평가절하되었는가? 부모가 당신을 자기 자부심을 부풀리는 과정에 필요한 보조 수단으로 여겼는가? 부모가 노화에 대해 예사롭지 않은 반응을 보이는 것 때문에 당신도 자신의 건강 상태나 외모에 대한 두려움을 발전시켜왔는가?

자기애적 부모와 보낸 어린 시절은 끝났고 이제 당신은 자기 인생을 개척하기 위해 예전보다 훨씬 더 많은 선택 가능성들을 쥐고 있다. 당신이 아직도 자기 안에 부모의 어떤 부분을 가지고 있고 자기 본연의 모습과 그 부분들을 구별하는 데 곤란을 겪는다 해도 이제 당신은 옛날처럼 의존적이지 않다. 당신은 이 사태를 타개하기 위해 무언가를 할 수 있다. 당신은 분리된 한 인격체가 될 수 있다.

당신의 유용한 자산들을 집결시켜라. 분리와 건강을 향해 지속적으로 성장하기 위해 사용할 수 있는 것들 중에서 당신에게 속한 것을 모두 모아보자. 당신이 강구했던 대처 방안들을 생각해보고 어떤 것이 당신에게 잘 맞았는지, 어떤 것이 긁어 부스럼을 만들었는지 검토하라. 인생에서 건강한 방향 쪽에 남기 위해 당신은 어떤 것들을 동원해야 하는가?

자기애적 부모와 인연을 끊지 않고 살기로 결심했다면 이 관계의 절차를 검토하기 시작해야 한다. 특별히, 당신이 어떻게 나르시시즘의 드라마에서 자꾸만 같은 역을 맡게끔 '걸려드는지'에 대해 주의를 기울여보라. 당신의 어떤 부분이 취약한가? 그 부분이 어떻게 촉발되는가? 다시 한 번 말하건대, 자기 성찰과 자기 통제는 최선의 방어 수단이다.

당신이 나이 든 나르시시스트의 부양을 떠맡게 되었다면 특히 양육, 의존, 권력에 대한 당신의 감정이 어떠한지 살펴볼 필요가 있다. 과거의 역할이 뒤바뀌면서 당신 부모가 그랬듯 당신 또한 이런 일이 힘들 수 있다. 부양인 역을 맡게 되면서 '한 번도 나를 고이 길러준 적 없는 이 사람을 내가 부양하게 됐구나.'라고 생각할지도 모른다. 당신은 당신 자신 혹은 타인의 의존성에 대해 어떤 느낌을 갖고 있는가? 부모는 당신에게 아직까지 어떤 권력을 행사하는가? 적절한 때가 왔을 때 당신이 '책임지고' 감당할 수 있는 능력에 대해 부모의 권력은 어떤 영향을 미치는가? 부모가 방어를 강화하면서—부인, 시기, 경멸, 사람을 조종하는 행동, 적개심, 까다로운 요구, 공황 상태, 편집증, 비합리적인 말 등—당신이 느끼는 감정에는 어떻게 대처할 것인가? 나이 든 나르시시스트를 상대하는 일은 점점 더 힘들고 사람 진을 빼는 형벌이 될 수도 있다. 당신 자신과 당신과 부모의 관계에서 일어나는 과정—이 과정에는 다른 가족들, 부모의 친구나 동료 등까지 포함될 수 있다.—을 이해하면 할수록 이 과업을 통제하기가 쉬울 것이다.

진실을 받아들이자

왜 부모가 그렇게 행동하는가를 이해하는 것이 나이 든 나르시시스트의 도전을 극복하기 위한 첫걸음이다. 그러나 현실적으로 좀 더 어려운 문제는 그러한 진실을 받아들이는 것이다. 왜 진실을 받아들이기 어려운가? 부모의 원초적인 내면세계의 참모습을 받아들인다는 것은 언젠가 부모에게 독립된 인격체로서 인정받고 가치를 평가받겠다는 희망을 완전히 버리는 것이기 때문이다.

나르시시스트들이 모두 똑같지는 않다. 그들이 나이가 들어서 다 똑같이 행동하는 것도 아니다. 노화는 우리 모두에게 자기애적 문제점들을 부각시킨다. 슬픔과 불안을 잘 참았던 사람, 평생 동안 타인을 대할 때 기본적으로 정직하고 공정했던 사람, 충동을 잘 억제했던 사람, 자산을 남용하지 않았던 사람, 나이가 들어 의존성이 높아지면서도 인간 관계를 잘 유지했던 사람들도 자기 세계가 위축되면서 자기애적 특성들이 나타날 수 있지만 이들은 '공감'이라는 지원을 받아 노년의 현실에 적응할 수 있다. 나이 든 사람들이 자기 이미지를 비추는 거울과 이상화를 필요로 할 때 당신이 그러한 욕구를 파악하고 조심스럽게 피드백과 지원을 조절한다면, 노인들은 자신과 당신 모두에 대한 자부심을 유지하면서도 최악의 경우로 치닫지 않을 것이다.

일상적인 나날의 실천에서 이것이 의미하는 바는 곧 그들의 정서적 욕구, 나아가 기능적 욕구 가운데 어떤 것들은 당신이 채워주어야 한다는 뜻이다. 저자세를 취하지는 말되 그들의 성취와 업적은 아무리 작은 것이라도 알아주어야 한다. 그들을 상대할 때에 정면으로 맞서는 일은 피하고 무슨 수를 써서라도 그들의 수치심을 자극하는 것만은 피하라. 경우에 따라서는 당신이 이룩한 성취나 희소식, 당신과 부모가 다 아는 사람이 잘 나가고 있다는 이야기도 하지 말아야 한다. 그런 이야기가 그들의 질투심을 유발할 수도 있기 때문이다.

합리적으로 가능한 수준에서 어느 정도는 그들이 가급적 자기 삶을 많이 책임질 수 있도록 해주어야 한다. 그들을 정확하게 이해하려고 애써라. 이것은 당신이 그들 혹은 그들과 비슷한 사람들을 겪어본 경험의 프리즘을 통해 그들의 말이나 행동에 '필터'를 씌우지 말라는 뜻이다. 비난을 피하고 상처받은 느낌, 분노, 실망 등을 그들과 별개로 생각하려고 노력하라. 이미 말년에 이른 그들을 변화시키려고 애쓰지 말라. 그들이 까다롭게 굴더라도 연민을 품고 접근해야 한다. 아니면, 비록 당신 자신에게 실망하는 일이 될지라도 이런 일을 당신보다 더 잘해낼 수 있는 사람이 있다는 점을 인정하고 도움을 구하라. 언젠가 부모와 호혜적인 관계를 맺겠다는 희망에 연연하지 말고 이렇게 하면, 오히려 당신 자신이나 나르시시스트 부모를 대하면서 마음의 평화를 얻을 것이다.

아들이나 딸의 힘으로는 절대 제어할 수 없는 나르시시스트들이 있다. 평생을 정서적으로 뒤엉킬 대로 뒤엉켜 있던 자식인데 새삼 그 자식의 말을 듣겠는가? 성격이론가 오토 컨버그(Otto Kernberg)는 자기를 사랑해주는 사람을 공격하고 파괴함으로써 자신의 위대함을 확인하는 사람들을 '악성' 나르시시스트라고 보았다. 이런 나르시시스트들은 가학적이고 반사회적인 유형이며, 편집증적 성향이 아주 강한데다 자신의 공격적인 힘을 극단적으로 이상화하는 그런 유형이다. 그들은 그 공격적인 힘으로 자기 자신의 건전하고 바람직한 부분을 죽이기 때문에 애착 관계를 맺고 의존성을 견디는 것이 불가능하다. 그들은 단지 파괴만을 원한다. 상징적인 차원으로 말하자면, 그들은 남들을 거세하고 그의 인간성을 빼앗기를 소망한다. 늙어가면서 그들의 편집증은 더욱 심해져서 치료 차원의 접근이 불가능할 정도가 된다. 만약 당신 부모가 이런 범주에 속한다면 거리를 두는 편이 낫다. '나이가 들면 조금은 너그러워지시겠지, 그러면 우리도 결합할 수 있겠지.'라는 망상은 당신의 정서적 건강과 안녕을 해칠 수 있다.

현실을 포용하는 또 다른 방법은 자신을 위한 주문을 만들라는 것이다. 그 주문에 포함할 메시지는 다음과 같다. "내가 나르시시스트 부모에게서 변화시킬 수 있는 것은 하나도 없다. 나는 완벽하지도 않고 부모를 기쁘게 해서 무조건적이고 한결같은 사랑을 받을 능력도 없다. 부모가 나를 사랑하고 존중해줄 능력이 없다고 해도 인간으로서 내 가치는 별개의 문제이다. 내가 완벽해질 수 있다는 환상, 나의 부모님이 이상적인 인간이라는 환상에 매달리면 매달릴수록 나는 더 큰 상처를 입게 될 것이다. 나는 나만의 유일무이한 모습을 찾을 것이다. 나를 있는 그대로의 모습으로 인정하고 받아들여주는 사람들과 관계를 맺을 것이다. 부모는 나에게 사랑을 줄 능력이 없지만 나는 사랑을 받을 가치가 있는 존재이다."

부모와 교류할 때는 그 분의 실제 모습을 있는 그대로 보자. 부모의 한계는 한계대로 받아들이되, 그 분이 내게 주신 선물들에는 감사하자. 부모와, 나 자신의 내적 현실에 대한 사실적인 판단에 따라서 처신을 결정하자.

싸우지 않는 단호함, 온화한 무관심

자기애적 부모와 교류하며 살아가기로 했다면 몇 가지 한계를 설정하는 것이 좋다. 그 한계는 '내가 어떻게 처신할 것인가'와 '부모의 어디까지 참아줄 것인가'라는 두 가지 모두에 관계된다.

우선 당신이 화를 내거나 통제력을 잃게 되는 부모의 행동이나 특정 상황을 확인하라. 부모는 당신을 직접적으로 공격하는가? 아니면 당신 배우자, 형제자매, 자식 같은 주변 인물을 표적으로 삼는가? 이용당하고, 보답받지 못한다는 느낌 혹은 비이성적인 기대의 대상이 되고 있다는 느낌을 받는가? 부모의 불안, 부정적인 성격, 급한 성미 때문에 미칠 것 같은가? 중요해 보이지도 않은 일을 가지고 계속 부모를 안심시켜야 하는 덫에 빠진 적이 있는가?

당신을 화나게 하고, 방어적으로 만들거나 위축시키는 정서적 '덫'들과 거리를 둘 필요가 있을 것이다. 부모의 말을 부정적이기보다는 긍정적인 의도에서 하는 말로 재구성하려고 노력하라. 예를 들어, 부모의 비난을 '도움'으로 받아들이고, 직장을 구하기 힘들어 속상할 때 어머니가 하는 말을 '관심'으로 받아들이는 것이다. 이런 식으로 피해의식을 조금씩 줄일 수 있다. 어머니가 도움을 주고 싶어서 그렇게 행동한다고 정말로 믿지는 않는다 해도 이런 식으로 생각하는 것이 당신의 존엄성을 희생하지 않고도 어머니의 욕구를 채워주는 좋은 방법이다. 상처를 주거나 화를 내는 방식으로 당신 자신 혹은 타인들을 방어하는 데 익숙해져 있다면 이 방법을 쓰기가 매우 어려울 것이다. 그 차이점은, 어머니의 행동은 어찌할 수 없지만 당신의 경험에 관한 한 통제가 가능해진다는 데 있다.

부모님에게 당신이 있을 때 어떠어떠한 행동만은 삼가 달라는 식으로 요청을 할 수도 있다. 아마 이 방법은 잘 받아들여지지 않을 것이다. 그러나 이렇게 당신 뜻을 주장하는 것도 중요한 가치를 지닌다. 부모를 실제로 얼마나 변화시킬 수 있는가라는 차원에서가 아니라, 당신이 비록 무시당할지라도 꿋꿋하게 자기 바람을 피력한다는 차원에서 의의가 있는 것이다. 자기애적 부모가 항상 당신을 위협하는 입장이었다면 이 권력의 균형이 어떻게 바뀔 수 있는가 시험해보는 것도 좋겠다. 몇 가지 한계를 정해놓을 수도 있다. 당신이 존중받지 못하면 앞으로 어떻게 하겠다고 침착하게 이야기하라. 물론 그 결과는 반드시 강력하게 책임져야 한다. 일단 경계를 세웠다면 절대 물러서지 말고 지켜야 하기 때문이다.

처음부터 너무 극단적인 조치를 강구해서 나중에 후회하지 말고 일단 사소한 문제들부터 시험해보는 것이 좋다. 마치 어린애를 상대하는 방법 같다고? 사실, 당신은 정말로 어린애를 상대하고 있는 것이다. 심리학자이자 작가인 엘런 골롬(Elan Golomb)의 충고에 따르면, '싸우지 않는 단호함'의 기술을 연마하고 상대의 도발에 대해 '온화한 무관심'을 실천하는 것이 관건이다. 이렇게 하면 당신 자신을 정서적으로 격리하고 평정심을 유지할 수 있다. 이렇게 하다 보면 어느 정도 숙달이 될 것이다.

부모가 죄책감이나 수치심을 이용하여 당신을 조종하도록 내버려두지 마라. 자신의 의식을 성찰하고 어떤 것을 나의 책임으로 받아들일지 선택하는 일은 온전히 나 자신에게 달려 있다. 당신의 인생과 행복, 당신이 사랑하는 이들의 안녕을 희생하지 않고도 부모님을 높여드리는 방법은 얼마든지 있다. 좋은 아들, 좋은 딸이 되기 위해 말도 안 되는 부모의 요구를 들어줄 필요도 없다. 분명하게 "안 돼요."라고 말하든가, 당신 부모의 욕구를 좀 더 잘 들어줄 수 있는 다른 사람을 동원하라. 자기애적 부모에 대한 의무만 있는가? 당신 자신과 당신에게 의지하는 다른 사람들에 대한 의무도 분명히 있다. 당신은 자기 요구가 최우선이라고 생각하는 사람들에게 조종당하지 않고 당신 자신이 생각하는 우선 순위에 따라 살아갈 자격이 있다.

마지막으로, 상황이 발생하기 '전'에 미리 부모의 어떤 점은 참고 어떤 점은 참지 않겠다고 결정을 해두기 바란다. 무엇을 하든 당신 자신을 보호하고, 자신에게 그러한 보호를 받을 권리가 있음을 잊지 마라. 그 다음에는 당신 결정이 어떤 것이든 "될수록 방어적이지 않은 방향으로 실천하라."

다른 가족들의 도움을 요구하라

현재 나이 든 나르시시스트를 부양하고 있다면 타인들의 도움이 필요하다는 점을 언급하지 않을 수 없다. 당신이 균형 감각과 가치를 유지할 수 있도록 도와줄 사람들이 꼭 필요하다. 지원 체계가 필요함을 무시함으로써 이런 관계들에서 주고받음이 중요하다는 점을 망각해서는 안 된다. 그랬다가는 나르시시즘의 수렁으로 빨려 들어갈 수밖에 없다. 나를 사랑해주는 사람들의 삶에 진정으로 참여하고 싶다면 그 사람들에게 감사의 뜻을 충분히 나타내고, 나르시시스트를 돌보는 일에서도 잠시 휴식을 취해야 한다.

부모의 나르시시즘으로 인해 입은 상처를 치유하고, 나이 많은 나르시시스트가 적절한 부양을 받고 있음을 확실히 하려면 가족 전체가 기운을 내야 한다.

가족 구성원은 모두 저마다 맡은—대개 부모가 맡겨준—역할이 있을 것이다. 만약 당신이 부양인 혹은 희생양, '바람막이' 혹은 '책임자'로 지명되었다면 당신은 가족과 친척들 앞에서 그 일이 원래 생각했던 것보다 훨씬 더 어렵다는 점을 알려야 한다. 타인들을 존중하고, 그들의 감정과 욕구를 파악하며, 당신을 위해 그들도 같은 일을 해야 한다고 주장하라. 단호하고 끈질기게 주장하라. 하룻밤 사이에 사태가 바뀌지는 않으며, 저항 또한 만만치 않을 것이다. 가족들이 부응할 수 있느냐 없느냐에 상관없이, 당신은 자신을, 또한 자신이 그들과 맺는 관계를 변화시킬 수 있음을 알아야 한다.

주고받는 관계를 주장하되, 당신의 가족 내에서 그것이 불가능하다면 바깥으로 눈을 돌려라. 당신이 선택한 친구들로 '제2의 가족'을 만들 수 있다. 서로 건강하고 분리된 인격을 지원해줄 수 있는 이들이기에 선택한 사람들 말이다. 시간이 가도 당신을 지탱해줄 관계, 당신 자신의 말년에 도움을 주고받을 수 있는 관계는 바로 여기에 있다. 노년이 한없이 고통스러워도, 당신 부모에게 노년이 참을 수 없는 고통이어도, 당신은 사랑을 주고받는 관계를 통해 노년의 불행을 피할 수 있다.

자기애적 부모와 평화를 유지할 수 있다면 이용당한다는 감정

없이 주고 보답이 없더라도 사랑하라. 과거에 실패했던 일은 미래에도 이루기 어렵다는 사실을 인정하라. 당신이 누려야 마땅한 호혜적인 관계는 다른 곳에서 자유롭게 찾을 수 있을 것이다.

■ 에필로그

바람직한 부모가 되는 법

오늘날 수많은 부모들이 자기 행복을 추구하면서 위대함, 전능함, 시기심, 완벽주의에 눈이 멀어 있다. 이러한 부모들은 아이가 분리해 나가려는 욕구를 무시하고, 아이가 이따금씩 보이는 도전적인 행동이 그 아이의 발달 단계에서 자연스러운 것인데도, 이를 오해하거나 잘못 인도한다.

주위를 둘러보라. 당신 주변에도 이런 부모가 있는가?

- 아이에게 비현실적인 기대를 품는 부모
- 아이의 소망과 기분을 생각지 않고 아이의 생활을 하나에서 열까지 관리하는 부모
- 아이가 곧 자기 인생의 전부인 부모

- 자기 욕구를 채우기 위해 아이를 이용하는 부모
- 자신의 두려움이나 불안을 아이에게 전염시키는 부모
- 아이를 허물없는 친구처럼 여기고 할 말, 못할 말 없이 다 하는 부모
- 부부 간의 갈등에 아이를 끌어들이는 부모

혹은, 이런 부모는 없는가?

- 지나치게 아이를 통제하는 부모
- 간섭이 심한 부모
- 아이가 보는 앞에서 성적 암시를 하거나 외설적인 언행을 일삼는 부모
- 자기 인생을 살기에도 너무 바빠서 아이들에게 아무 관여도 하지 않는 부모

두 가지 나르시시즘적 발상이 우리를 지배하고 있다. 하나는 '나는 뭐든지 소유할 수 있고, 그래야만 한다.'라는 발상이다. 다른 하나는 '내가 행복을 추구하고 내 욕구를 충족시키겠다는데 끼어들 수 있는 사람은 아무도 없다.'라는 것이다. 이 두 가지 발상은 오늘날의 양육 방식에 분명히 들어와 있고, 앞으로 당분간 '나르시시즘의 일곱 가지 죄악'을 계속 보게 되리라는 전망을 확

실히 굳혀준다.

아이를 나르시시스트로 만드는 일곱 가지 육아 방식

1. "내 아이는 특별하다. 이애는 무엇이든 가질 만하고, 어떤 경험이나 혜택도 누릴 자격이 있다. 내가 그런 것들을 아이에게 주지 못한다면 이 사회가 나서서 주어야 한다."

'특별'이라는 말은 오늘날 그 의미를 잃어버렸다. 과거에 이 말은 '범상치 않은' 혹은 '우월한' 자질을 소유했다는 뜻으로 통하기도 했다. 하지만 오늘날 많은 사람들은 특별하다는 감정을 자존감에 내재하는 부분으로 보고, 남들이 자기에게 특별하다는 감정을 불러일으켜주기를—지극히 일상적으로—기대한다. "특별할 건 없었어."—이제 이 말은 약간 속았다든가, 실망했다든가 하는 의미로 통하게 되었다. 이것이 자기애적인 자격 부여이며, 우리의 사고방식이 지닌 무의식적이면서도 도착적인 부분이다.

물론, 부모의 눈에는 모든 아이들이 특별하다. 혹은, 부모는 으레 자기 아이가 특별하기를 바란다고나 할까. 아이는 유일무이한 존재로서 응당 그 개체성을 존중받고 친절한 보살핌을 받을 권리가 있다. 하지만 내가 내 아이를 '특별'하게 여긴다 해서 남들까지 그렇게 봐주어야 할 이유는 없다. 이러한 태도는, 타인은 분리된 존재이며 나와 똑같이 생각하고 느낄 의무가 없다는 점을 인정 못하는 자기애적 실책에서 비롯된다.

한 아이를 제대로 양육하려면 '마을 하나'가 필요하다. 이 말의 의미는 아이의 복지와 건강한 발달을 위해서는 더 넓은 공동체와 사회가 투자를 해야 한다는 데 있다. 그러나 가장 일차적이고 주요한 양육의 책임은 그 아이를 세상에 낳은 부모, 혹은 아이를 법적으로 입양했거나 돌보기로 약속한 사람에게 있다. 대부분의 부모들은 자기를 희생해서라도 아이에게 필요한 것을 주기를 원한다. 하지만 유감스럽게도 모든 부모에게 이러한 책임감이 있는 것은 아니다.

자기가 특별하게 대우받을 거라고 기대하는 아이는—혹은 어른도—그에 대한 실망과 인간 관계의 문제로 점철된 운명을 약속받았다 해도 과언이 아니다. 이런 아이는 타인이 자신의 비현실적인 이미지를 비추어주지 않을 때 어려움을 겪을 것이다.

2. "내 아이는 고통받아서는 안 된다(아이가 불행하다면 그것은 내가 나쁜 부모라는 뜻이다). 실패는 항상 부정적이기만 한 경험이므로 무슨 일이 있어도 피하는 것이 좋다."

고통은 인간 조건의 일부이다. 이 사실을 정면으로 받아들이자.

아이를 고통으로부터 차단하면 할수록 우리의 통제력을 벗어나는 일들이 벌어지게 마련이다. 때때로 이런 일들은 질병, 재난, 심지어 죽음에 이르기까지 아주 비극적인 성격을 띠기도 한다.

대체로 아이들의 괴로움은 경쟁에서 졌다든지, 최신 유행의 장난감을 갖지 못했다든지 하는 정도의 아주 일상적인 차원에 머문다. 오늘날 부모들은 적극적으로 아이들이 크고 작은 고통을 맛보지 않게 해주려고 애쓴다. 그래서 얻는 것은 크리스마스 같은 날에 원하는 장난감을 사달라고 졸라대는 극성, 아이들 문화의 최신 유행에 뒤떨어지면 안 된다는 압박감뿐인데도 말이다.

이렇게 유별난 극성에 단련된 부모들은 한 가지 중요한 핵심을 놓치고 있다. 아이들도 어른들처럼 인생의 실망스러운 면, 심지어 위기까지도 맞닥뜨리고 그 과정을 거침으로써 더욱 강해지는 훈련을 받아야 한다. 어른은 바로 그런 과정을 도와주어야 하는 것이다. 부모가 따뜻한 시선으로 지켜보면서 격려하고 응원한다면 장애물은 물론이고 실패까지도 인성을 형성하는 밑거름이 될 수 있다.

아이에게 품는 온화한 감정은 아주 좋은 부모의 자질이다. 그러나 때로는 부모의 마음이 약해져서 아이의 고통을 차마 지켜보지 못하는 어려움이 있을 수 있다. 이것은 부모가 그 고통을 마치 자기 것인 양 느끼기 때문이다. 그러한 고통은 아이와 지나치게 동일시한 탓에 촉발된 고통으로 보아야 한다. 이것은 두 가지 방향에서 해롭다. 첫째, 이것은 아이의 경험을 온전히 '나와 관련된 것'으로 만들어버림으로써 오히려 아이가 스트레스를 받을 때 적절하게 공감 어린 반응을 해주기 어렵게 한다.

둘째, 때때로 우리가 감내할 수 없는 고통은 '통제'하기도 어려운 법이다. 아이가 고통받는 것을 견딜 수 없다면 아이의 응석을 한없이 받아주고 걱정스러운 나머지 과잉 보호로 일관하면서 현실과 동떨어진 세상을 만들 위험이 있다. 아이는 자기가 현실과 동떨어진 이 세상에서 제멋대로 할 수 있다고 믿게 될 뿐 아니라 걱정과 고통을 극복할 수 있는 기회마저 놓치기 쉽다.

이러한 아이들이 '제멋대로 자격을 부여하는 괴물들'로 자란다. 그런 아이들의 짜증이나 화는 단순히 나쁜 행실 차원으로 볼 문제가 아니라, 그들에게 일상적인 장애물에 대처하는 기술이 진정으로 결핍되어 있음을 보여주는 것이다. 아이에게는 좌절감, 상실감, 실망, 외로움, 지루함, 시기, 죄책감, 분노를 견뎌내고 넘어설 기회가 필요하다. 그러기 위해 아이에게 공감하고 도움을 주는 어른이 곁에 있어야 한다. 아이들은 이 세상에서 자기를 현실적으로 지각할 수 있는 경험을 쌓아야 한다. 승자와 패자, 선과 악, 자기 충족과 의존, 주는 자와 받는 자, 강경한 주장과 다정한 공감이 함께하는 이 세상에서의 경험을.

3. "나에게 좋은 것이 내 아이에게도 좋은 것이다. 내가 아이를 위

해 희생하면 나의 자아 실현에 방해가 되고, 그 때문에 내가 불행하면 아이에게도 좋지 않다. 따라서 아예 처음부터 희생 따위는 하지 않는 것이 좋다."

이러한 태도는 아이와 자신을 분리된 존재로 보지 못하는 잘못에서 나온다. 가장 곤혹스러운 사실은, 부모의 욕구와 아이의 욕구가 종종 매우 다르고 상호 경쟁적이며 둘 중 하나만을 선택해야 한다는 것이다.

1970년대 이후 부모들은 이따금 자기에게는 이롭지만 아이에게는 치명적인 트라우마(trauma)가 될 수 있는 선택을 단행했다. 부모가 막을 수도 있었던 이혼으로 한쪽 부모 혹은 양친 모두와 소원해진 아이들, 부부 싸움과 양육권 쟁탈전에 휘말린 아이들, 그리고 부모의 재혼이나 동거 생활로 등장한 의붓부모 혹은 그 비슷한 존재들의 개입—이로써 아이들은 안전한 애착을 느끼지 못하고 망가져버렸다. 약물 중독이나 그 밖의 중독이나 충동적 행동에 탐닉하는 부모들은 아이를 정서적으로 무력하게 만들거나 아주 망쳐버린다. 자기 일이나 라이프 스타일을 추구하느라 오랫동안 아이 옆자리를 비우거나 일관성 없이 아이를 키우는 부모들도 많다.

물론 때로는 그런 선택을 하지 않을 수 없는 경우도 있다. 그러나 부모가 순전히 자기밖에 모르기 때문에, 아이의 감정이나 처지를 현실적으로 고려하지 못해서 그런 선택을 하는 경우도 많다. '나에게 좋은 것이 내 아이에게도 좋은 것'이라는 사고방식은, 아이를 독립된 존재로 보지 못하는 것이다. 이는 아이의 욕구와 관심을 놓치게 할 뿐 아니라 아이를 적절하게 지원하지 못하도록 가로막는다. 이러한 태도는 자기 아이가 고통받는 모습 앞에서 눈을 감고 외면하거나 엉뚱한 데를 바라보는 것과 조금도 다를 바 없다.

이러한 태도는 자신과 타인 사이의 경계를 흐리게 하고 아이가 스트레스를 받을 때 미처 발달하지 않은 능력에 기대게 하므로 아이의 나르시시즘을 오히려 조장하는 셈이다. 이런 아이들은 자기가 전능하다는 설익은 기분에 기대어 '혼자 일어서는' 듯 보이지만 사실 마음속 깊은 곳에서 의존 욕구, 분노, 타인에 대한 불신으로 갈등한다.

아이들이 불행한 부모보다는 행복한 부모와 사는 편이 좋다는 점에는 의심의 여지가 없다. 하지만 부모가 부모 노릇을 하는 것에서 행복을 발견하는 것이 아이에게는 최선이다.

4. "아이에게는 표현의 자유를 주어야 한다. 아이들의 정신은 '순수'하기 때문에 어른이 전혀 간섭하지 않아도 고결한 존재로 자연스럽게 자랄 것이다. 그러므로 어른의 권위를 내세워 아이들의 행실 문제를 바로잡으려 애쓸 필요는 없다. 그래봤자 쓸데없이 아이

에게 창피만 주어 소외감을 느끼게 할 뿐이다."

나쁜 사람 역이 좋아서 맡는 사람은 없다. 특히 자기 자식을 혼내고 타이르는 역할을 좋아하는 사람은 없다. 그러나 '자연 상태의 아이'가 순수하기만 한 존재라는 믿음은 현실에 대한 자기애적 왜곡일 뿐이다. 그러한 왜곡은, 아이가 장차 사회의 일원이 될 수 있도록 사회화를 시켜야 하는 부모의 역할을 슬쩍 회피하기 좋은 핑곗거리가 된다. 부모에게 훈계를 받지 못하고 자란 아이들은 대개 '좋은' 사람으로 발전하기 어렵다. 이런 아이들은 문제 행동을 보일 확률이 높고, 나아가 유아기의 나르시시즘을 평생 극복하지 못할 수도 있다. 여덟 살 조니의 경우를 보자.

"누군가 그 아이에게 친구들과 사이좋게 지내는 법을 가르쳐야 해요." 여덟 살짜리 소년 조니가 또다시 운동장에서 소란을 피우기 시작했다는 말이 나오자 교무실에서 수군거림이 일었다. 모두들 조니의 담임인 루스도 참 안됐다고 속으로 생각했다. 루스는 수많은 부모들에게 왜 그들의 아이가 옷이 찢어지고, 멍이 들고, 가끔 코피까지 터져서 집에 돌아가야 했는지 설명해야만 했으니까. 루스는 전에도 문제 학생을 더러 지도해보았지만 조니 같은 아이는 정말 처음이었다. 쉬는 시간만 되면 조니 주변에서 문제가 터지는 것 같았다.

루스는 조니와 대화를 하려고 했으나 잘 풀리지 않았다. 아이는 항상 자기가 옳고 다른 아이가 나쁘다는 식의 변명만 늘어놓았다. 조니는 다른 애들이 무조건 자기 방식에 따라주기를 바라는 듯 보였다. 그래서 아이들이 반발하면 아주 오만하게 싸움을 거는 것이었다. 결론적으로 이 아이는 일상 속의 '주고받기'가 전혀 되지 않았다.

루스는 조니의 부모에게 면담을 요청했다. 솔직히 그 부모들이 아무 말도 않고 있는 것이 되레 약간 놀라울 정도였다. 조니 역시 상처를 달지 않고 집에 가는 날이 드물었고, 여기저기 깨지고 부딪힌 자국이 그냥 봐도 눈에 띌 정도였으니까. 그러나 그 부모와 마주앉아 조니의 행동에 대한 이야기를 구구절절 늘어놓았음에도 불구하고 그들은 전혀 당혹스러워하는 기색이 없었다.

조니의 어머니 크리스는 이렇게 말했다. "우리는 항상 조니에게 싸울 일이 있으면 싸우라고 가르쳐왔어요." 루스는 속으로 생각했다. '사실, 이건 더 큰 문제로 발전될 수도 있는 건데.' 조니의 아버지 그레그는 한술 더 떴다. "조니도 나름대로 항상 생각이 있는 애입니다." 그의 목소리에 깃든 자신감은 루스에게도 전해졌다. 루스는 조심스럽게 말했다. "네, 조니는 자기에 대한 확신이 아주 강한 아이입니다. 그리고 자기가 원하는 것을 표현하는 데에는 아무 문제가 없죠." 이 말에 크리스와 그레그는 서로 미소를 지어 보였다.

그러나 루스의 말은 거기서 끝이 아니었다. "하지만 조니는 타인이 원하는 것을 들어주는 데 문제가 있는 것 같아요. 그리고 유감스럽지만 다른 사람 기분을 존중한다는 면에서도 그렇습니다. 조니는 자기 방식이 받아들여지지 않으면 공격적이 됩니다." 그러면서 루스는 마음의 준비를 단단히 했다. 이제 곧 너무나 익숙해진 조니의 울화통이 어른 버전으로 나타날 테니까. 아니나 다를까, 그레그가 아무렇지도 않다는 듯 그녀의 말을 무시했다. "애들이 원래 그렇죠! 애들은 싸우면서 크는 겁니다. 선생님이 내버려두면 걔들끼리 다 알아서 해요! 우리는 집에서 그런 식으로 키웁니다. 그리고 아무 문제도 없고요!"

아이가 유년기 초반의 나르시시즘에서 벗어나기 위해서는 어른의 도움이 필요하다. 전능함이나 위대함에 대한 유아적인 생각이 쪼그라들면서 나르시시즘의 거품이 빠질 때 찾아오는 수치심을 제어할 수 있도록 적절히 도움을 주어야 하는 것이다. 아이는 이상화의 모델이 되어줄 수 있는 강력하고 도움이 되는 부모의 존재를 필요로 한다. 또한 부모는 옳고 진실하고 중요하다고 생각하는 것에 대해 아이에게 올바른 피드백을 주어야 한다. 요컨대, 아이에게는 자기 통제력이 있고 언행이 일치하는 부모가 필요하다.

아이는 이상화된 부모의 가치들을 내면화하면서 의식을 발달시킨다. 아이가 옳고 그름을 분별하기 바란다면 아이에게 시시비비를 가르치는 데에서 그치지 말고 아이가 존경할 만한 모범을 보여야 한다.

5. "아이에게 공감한다는 것은 곧 아이를 친구처럼 대하고 나의 모든 감정을 공유하며 '유사 행동을 통해 어떤 행동을 이끌어내는 것'이다. 아이에게 정직하다는 것은 아이에게 내 생각과 감정을 몽땅 털어놓고 나의 과거의 오점이나 내가 현재 안고 있는 문제까지 낱낱이 밝히는 것이다. 아이는 항상 자기 부모에 대한 진실을 알아야 한다."

티나의 엄마는 자기 딸이 '강하게 타고난 아이'라고 떠들고 다니기를 좋아했다. 티나는 엄마가 의지할 수 있는 딸이었다. 엄마가 침실에 처박혀 커튼을 드리우고 싶을 때면 티나가 집안일이나 동생들을 잘 돌보아주었으니까. 티나는 또래 아이들 같지 않았다. 엄마가 우울해질 때면—사실 그녀는 자주 우울했다.—고작 열 살 밖에 안 된 이 딸이 그렇게 위안이 될 수가 없었다. 티나는 심지어 엄마가 왜 아빠와 함께 지내면서 행복하지 못한지도 이해했다.

티나는 엄마 때문에 슬펐지만 사실 아빠를 아주 좋아했다. 아빠의 인생에서도 티나는 특별한 자리를 차지하고 있었다. 두 사람은 어떤 일을 처리할 때나 엄마를 돌볼 때 손발이 착착 맞았다. 티나와 아빠는 함께 장을 보고, 함께 요리도 하고, 일요일에는 같이 카드 놀이도 했다. 두 사람은 호흡이 잘 맞았다. 아빠도 엄마처럼 티나를 허물없는 친구로 여겼다. 티나는 아빠의 슬픔과 짜증을 다 이해했다. 사실, 티나는 내심 아빠 편이었다.

심지어 티나는 유치원 때부터 '어른처럼 말하는 꼬마 소녀'로 통했다. 그때부터 티나는 항상 일등을 놓치지 않았고 선생님의 귀여움을 독차지했다. 그러던 티나가 학교에서 반항적으로 행동하고 집에서도 말대꾸를 하기 시작하자 모두들 놀라 자빠졌다. 티나의 부모는 그 애가 다른 애들보다 빨리 사춘기를 맞은 것이 분명하다고 생각했다.

아이에게 공감한다는 것은 아이의 실질적 욕구와 발달 단계에 맞는 능력을 이해하는 데 기초를 둔다. 또한 아이만의 독특한 리듬과 기질, 그 시점에서 아이가 무엇을 처리할 수 있고 무엇을 혼자 힘으로 처리할 수 없는가를 현실적으로 파악하는 일도 그 토대에 있다. 또한 기본적으로 부모는 아이가 경계를 잘 유지할 수 있도록 돌보아야 한다.

좋은 부모는 경계 의식이 확고하여 아이를 허물없는 친구처럼, 고해 신부처럼 대하지 않는다. 사실 이러한 처신은 아이에게 '특별'하다는 감정, 특히 바람직하지 않은 특별함을 일깨운다. 아이를 어른처럼 대하면 아이는 자기가 부모와 맞먹을 수 있는 사람이라고 생각하게 되고 그 때문에 아이 고유의 역할은 밀려난다. 아이를 이렇게 다루기 좋아하는 부모는 종종 아이가 권위―부모의 권위든, 다른 어른들의 권위든―를 존중하지 않는다는 사실을 알고는 깜짝 놀란다. 이것은 부모가 아이의 진정한 자아 발달을 저해하면서까지 부모의 위대하고 전능한 기분을 아이와 공유했기 때문에 빚어진 결과이다. 아이에게 다정하고 온화한 어른은 그러한 처사가 얼마나 부적절한 것인지 선뜻 파악하기 어렵겠지만, 아이 입장에서는 부모의 막역한 태도를 종종 정도를 벗어난 간섭이나 어울리지 않게 유쾌해하는 모습으로 간주한다. 따라서 다시 한 번 부모의 욕구가 아이에게 좋은 것보다 우선하는 셈이며, 이것은 결코 바람직하지 않은 처사이다.

6. "성(性)은 자연스러운 것이다. 아이는 어른들처럼 '억압적인' 행동을 함으로써 성에 대해 부끄러움을 느껴서는 안 된다."

어느 주말, 영화관에서 있었던 일이다. 한창 떠들썩하게 광고를 하고 있는 'PG-13(13세 이하 어린이는 부모 동반시에만 관람가)' 등급 영화가 낮 시간에도 손님을 끌고 있었다. 60여 명의 관객 중에서 4분의 1은 부모와 동반한 10세 미만의 아이들이었다.

한 4인 가족이 뒷좌석에 앉아서 콜라와 팝콘을 서로 건네주며 즐거운 시간을 보내고 있었다. 영화가 시작하자마자 침대에 널브러진 남녀가 등장했다. 이제 막 섹스를 마친 듯한 두 사람의 대화가 잠시 오갔다. 여자가 일어나는가 싶더니 갑자기 이상한 행동을 한다. 여자는 갑자기 무자비한 '여성형 로봇'으로 변해버렸다. 거의 순식간에 젖꼭지에서 총알이 발사되는가 싶더니 얼굴이 무너지고 그 뒤에 감춰져 있던 사이보그 회로 같은 것이 드러났다. 뒷좌석에 앉은 여자아이가 비명을 질렀다. "엄마, 무서워!" 엄마가 대답한다. "무섭긴 뭐가 무섭니." 그러자 아이는 금세 조용해진다. 다시 팝콘이 오간다.

그 영화는 사실상 섹스를 기나긴 농담처럼 다룬 데 지나지 않았다. 배우들은 수시로 성행위를 암시하는 몸짓을 해 보였고, 신체의 일부나 신체적 기능을 노골적으로 풍자했다. 배우들은 침대에 뛰어들거나 온갖 상황을 이용해서 각종 체위를 선보였다. 이 모든 것이 아주 수준 낮은 유머로 덧칠이 되어 있는 영화였다. 극장에 앉아 있는 아이들은 부산하고 시끄러웠다. 그러나 어떤 아이도―단 한 가족도―중간에 나가지는 않았다.

때때로 아이들은 영화나 책, 광고 등에서 보여지는 수많은 성적 이미지의 홍수 때문에 과도한 자극을 받는다. 성적 자극에 대한 어른들의 열망이 아이들을 위한 환경 전체를 위협하고 있다는 사실만으로도 자기애적 시대의 징후를 발견하기에 충분하다.

이 사태를 걱정하는 부모들은 이러한 성적 자극의 범람에 아이들이 압도당하거나 혼란을 느끼거나, 아예 무관심해지는 경향을 경계하고 맞서야 한다. 아이를 과도한 성적 자극에서 완전히 보호하지는 못하더라도—사실, 그렇게 할 수도 없다.—그렇게 경계를 정하려는 부모의 노력에 힘입어 아이는 자기 방어적인 울타리를 내면화할 수 있을 것이다. 아이가 발달상 받아들일 준비가 아직 되어 있지 않을 것들에 대해서는 우리가 제공할 수 있는 모든 보호 수단을 동원할 필요가 있다.

물론 부모는 결국에는 아이에게 어른 세계의 사랑과 애정을 가르쳐야 한다. 또한 성과 임신에 대해 아이가 물어보면 아이가 받아들일 수 있는 적절한 선에서 숨김없이 답해주어야 한다. 아이의 자발적인 성욕은 물론 자연스럽게 받아들여야 한다. 그러나 아이들도 때로는 성적인 감정을 느끼고 부모의 벗은 몸, 공공연한 성적 행위나 그에 대한 풍자, 성의 본질에 대한 지나친 정보 등을 보면서 자극을 받을 수 있다. 서로 사랑하는 건강한 어른들에게는 자연스러운 것이 아이에게는 지나친 것이 될 수도 있다. 그리고 '성적 억압'을 뿌리뽑는 것이 아이의 성적·정서적 건강을 보전하기 위해 존중되어야 할 현실보다 더 큰 문제는 아니다.

아이가 집에서 보고 듣는 것 때문에 성적으로 지나치게 자극을 받는다면 정서적 근친상간의 위험이 있다. 정서적 근친상간은 육체적 근친상간 못지않게 그 피해가 극심하며 어른조차 극복하기 어렵다. 아이를 희생시켜 부모를 만족시키는 등 경계 관념이 투철하지 못한 가정 분위기만큼 치명적인 정신적 외상을 남기는 것이

달리 없기 때문이다. 이러한 아이들은 성적으로 조숙한 경우가 많으며 사람들이 보는 데서 자위 행위를 한다든가 하는 식으로 불분명한 경계 관념을 표출하기도 한다.

7. "아이의 자존감을 길러주기 위해 아이가 얼마나 '특별'한지 자주 말해주고 규칙적으로 '긍정적인 말'을 반복하게 한다. 아이는 자기를 믿기 위해 특별히 무엇을 이루어야 할 필요가 없어야 한다. 또한 아이들은 경쟁의 해로운 효과에 노출되지 않아야 한다."

자신감은 어디에서 비롯되는가? 스스로 '나는 무엇을 할 수 있다.'라고 되뇌는 걸로 끝인가? 아니면, 실제로 위험을 무릅쓰고 시도를 해보고 정말로 무엇을 할 수 있는지 확인해야 하는가?

자존감도 똑같이 작용한다. 노력을 기울일 수 있도록 격려받은 아이는 자기만의 능력을 발견하고 요령을 깨치는 경험을 한다. 이것이 아이가 자기 자신을 바라보는 방식의 일부가 된다. 아이가 어설프게 하거나 실패하더라도 그런 경험은 또 그 자체로 배움이 되어, 아이가 더 강하고 현실적인 눈으로 자신을 볼 수 있게 잠재적으로 도와준다. 뭐든지 잘하는 사람은 세상에 없다. 그러나 내가 무엇을 잘하는지 발견하는 것은 긍정적인 자기 정체성을 형성하는 과정의 일부이다. 부모는 그러한 발견의 기회를 제공하고, 노력이 가치를 인정받으며, 아이가 실망감을 제어하는 기술을 개발할 수 있는 환경을 조성함으로써 아이를 도와야 한다.

아이가 자신의 진짜 자아를 정직하게 알 수 있도록 해주는 것이 중요하다. 아이가 자기가 볼 때나 남이 볼 때나 아무것도 제대로 하는 게 없다면 부모가 아무리 "너는 특별해."라고 말해봤자 아이는 속지 않는다. 그런 아이는 단지 유아적인 위대함과 전능함에 매달림으로써 '특별'해질 뿐이다. 속 빈 강정처럼 공허한 자기 긍정은 진정한 자아의 발달을 저해하면서까지 아이의 나르시시즘만 조장한다.

아이는 태어나는 순간부터 부모로부터 독립할 때까지 사랑 말고도 많은 것들을 필요로 한다. 일관성, 생활의 틀, 자신과 타인의 명확한 경계, 공감 어린 반응, 그리고 '어른다운 어른'을. 아이들은 누가 자기 가족이고 누가 자기 가족이 아닌지, 어디를 집이라고 부를 수 있고 어디는 집이 될 수 없는지, 언제 어디서 밥을 먹고 잠을 자야 하는지, 집안의 규칙이 무엇이고 그 규칙이 누구에게 적용되는지(역할과 책임), 무엇이 자기에게 속하고 무엇이 자기 것이 아닌지 잘 안다. 아이들은 무엇이 자기만의 영역인지, 누가 어떤 상황에서 그 경계를 침범할 수 있는지 배워야 한다. 타인도 존중받아야 할 영역이 있다는 점 역시 배울 필요가 있다.

아이는 욕구를 채우기 위해 누구에게 의존해야 하는지를 알아야 한다. 그들이 놀라고 상처받고 병들었을 때 누가 위로를 해줄 것인가, 그들이 위험에 빠질 때 누가 보호해줄 것인가, 누가 삶에 필요한 것들을 공급해줄 것인가. 그들이 점점 더 자기 힘으로 설 수 있어야 한다는 사실을 누가 가르칠 것인가. 이 모든 '앎'의 전체가 그들 삶의 경계를 형성한다.

  부모는 마땅히 이러한 구조를 제대로 세우고 유지하면서 시간이 흐름에 따라 적절히 변화시켜야 한다. 우리 자신도 이런 측면에 문제를 안고 있다면 자식을 키울 때도 문제가 발생하리라는 것은 굳이 말할 필요가 없을 것이다. 당신 인생이 혼란스러운가? 그렇다면 그 이유를 찾아내고 정면으로 돌파해야 한다. 당신이 어느 정도 통제력을 발휘할 수 있다면 당신에게 영향을 미치는 것들, 타인과 관계를 맺는 방식을 중심으로 경계를 설정하라. 당신은 이러한 것들을 해가면서 부모 노릇을 하는 것이 필요하며, 아이는 아이로 살도록 해주어야 한다. 이것이 소위 건강한 세대 간 경계의 의미이다.

  부모는 아이의 나르시시즘을 예방하는 데 도움이 될 수 있다. 그렇게 우리는 다음 세대를 건강하게 키워야 한다.

■ 주석

1부

1) Masterson, J. F.(1993), *The emerging self : A developmental, self, and object relations approach to the treatment of the closet narcissistic disorder of the self.* New York : Brunner/ Mazel.
2) Schore, A. N. (1994). *Affect regulation and the origin of the self : The neurobiology of emotional development,* Hillsdale, N. J. : Erilbaum, 241.
3) Schore, A. N. (1994). *Affect regulation and the origin of the self : The neurobiology of emotional development.* Hillsdale, N. J. : Erilbaum, 339-41.
4) Schore, A. N. (1994). *Affect regulation and the origin of the self : The neurobiology of emotional development.* Hillsdale, N. J. : Erilbaum, 350-51.
5) White, B. (1985). *The first three years of life.* Englewood Cliffs, N. J. : Prentice-Hall, 181.
6) American Psychiatric Association. (1994). *Diagnostic and statistical manual of mental disorders,* fourth edition(DSM-Ⅳ). Washington, D. C. : American Psychiatric Association, 658-61.

2부

1) Mahler, M. S.(1986). In P. Buckley(ed.), *Essential papers on object relations.* New York : New York University Press, 200-21(원전은 1968년에 발표).
2) Freud, S. (1955). Beyond the pleasure principle. In *The standard edition of the complete psychological works of Sigmund Freud.* London : Hogarth Press(원전은 1920년에 발표).
3) Stern, D. N.(1985). *The interpersonal world of the infant : A view from psychoanalysis and developmental psychology.* New York : Basic Books.
4) Schore, A. N. (1994). *Affect regulation and the origin of the self : The neurobiology of emotional development.* Hillsdale, N. J.:Erilbaum, 24.
5) Ibid., 227.
6) Izard, C. E.(1991). *The psychology of emotions.* New York : Plenum.
7) White, B. (1985). *The first three years of life.* Englewood Cliffs, N. J. : Prentice-Hall, 181.
8) Speers, R. W., and D. C. Morter(1980). Overindividuation and underseparation in the pseudomature child. In R. F. Lax, S. Bach, and J. A. Burland(eds.), *Rapprochement : The critical subphase of seperation-inviduation.* Northvale, N. J. : Jason Aronson, 457~477.

4부

1) 나르시시스트에게 "자기애적으로 부과된 대상(narcissistically cathected object)"은 "자기 마음대로 메아리처럼 이용될 수 있는 사람, 통제될 수 있는 사람, 완전히 자기를 중심으로 삼고 절대로 버리지 않을 사람, 자기

에게 모든 주의와 찬사를 집중적으로 제공할 사람"이다. Miller, A.(1986). Depression and grandiosity as related forms of narcissistic disturbances. In A. P. Morrison(ed.), *Essential papers on narcissism*. New York : Basic Books.

2) 에텔 퍼슨(Ethel Person)은 다음과 같이 썼다. "상대를 합병시키고자 하는 충동은 다른 종류의 굴복으로 변질될 수 있다. 어떤 경우에는 사랑에 빠진 사람이 자신의 정체성을 타자의 정체성에 묻어버리고 싶어한다. (……) 이 연인은 자기 인격의 결함으로 경험하는 것을 보충하기 위해 자아를 초월하기보다는 자아를 뒷받침하는 데 더 골몰한다." Person, E. S.(1988). *Dreams of love and fateful encounters : The power of romantic passion*. New York : Penguin, 138.

3) Kernberg, O.(1995). *Love relations : Normality and pathology*. New Haven, Conn. : Yale University Press, 146.

4) Ibid., 151.

5) 에텔 퍼슨은 이렇게 썼다. "H. 코헛(1971)에 따르면 어떤 대상은 우리가 그것을 독자적인 활동의 중심으로 보지 않고 우리 자신의 일부로 생각할 때에 자기애적으로 부과된다. 그 대상이 우리가 기대하거나 소망하는 방식대로 행동하지 않으면 때때로 엄청난 실망을 맛보거나 공격당했다는 느낌을 받는다. 마치 내 몸에 붙은 팔이 내 뜻을 따르기 거부한 것처럼, 당연하다고 생각했던 신체적 기능(기억력 같은 기능)이 말을 듣지 않는 것처럼 말이다. 이 갑작스러운 통제력 상실이 강렬한 자기애적 분노로 이어질 수도 있는 것이다." Person, E. S.(1988). *Dreams of love and fateful encounters : The power of romantic passion*. New York : Penguin, 323-24.

6) Ibid., 156.

7) Masterson, J. F.(1993), *The emerging self : A developmental, self, and object relations approach to the treatment of the closet narcissistic disorder of the self*.

New York : Brunner/Mazel.

8) 에텔 퍼슨은 이렇게 쓴다. "미묘한 힘의 양상(……)은 부양으로 위장된다. 어떤 연인들은 받아들일 수 없는 의존적 감정을 위장하기 위해 극도로 상대를 부양하고 보살피는 데 몰두한다. (……) 이러한 태도가 때로는 사랑하는 상대에 대한 의식적 경멸감이나 깔보는 마음을 숨기는 구실도 한다. 그러나 좀 더 빈번하게는, 사랑하는 사람의 의존적 소망들에 대한 깊은 동일시를 감추는 경우가 많다." Person, E. S.(1988). *Dreams of love and fateful encounters : The power of romantic passion*. New York : Penguin, 176.

9) 자기애적 상처가 어떻게 커플 테라피(연인이 함께 받는 치료)를 통해 치유될 수 있는가에 대한 흥미로운 견해에 대해 좀 더 알고 싶다면, 이 책을 보라. Solomon, M. F.(1989). *Narcissism and intimacy : Love and mariage in an age of confusion*. New York : Norton.

10) 에텔 퍼슨은 이렇게 썼다. "정신분석학적 관점에서 성숙한 사랑의 성공적인 성취는 연인이 앞서 있었던 어떤 경험들을 성공적으로 처리할 수 있느냐에 달려 있다. 앞서 있었던 경험들을 처리 못하면 사랑에 빠지는 능력이 심각하게 제한된다." Person, E. S.(1988). *Dreams of love and fateful encounters : The power of romantic passion*. New York : Penguin, 91.

11) 에텔 퍼슨은 이렇게 썼다. "자기를 확대하는 사랑(혹은 허영적인 사랑)에서 연인은 상당 부분 목적을 위한 수단으로서 애착 관계를 이룬다. 혹은 돈처럼 특정한 것을 얻기 위한, 좀 더 추상적으로는 사회적 이익 같은 것을 얻기 위한, 혹은 허영심이나 자아를 부풀리기 위한 수단일 수 있다." 또 이런 대목도 있다. "신경증적인 사랑은 허영적인 사랑과 유사하게 현실적이기는 하지만 서로 주고받는 사랑이 제기하는 욕구와는 그 종류가 전혀 다른 욕구를 충족시키려 한다. 신경증적인 애착은 혼자가 될

지 모른다는 두려움 혹은 의존적 욕구에 바탕을 두고 있는 경우가 많다." Ibid., 52-54.

12) 에텔 퍼슨의 글. "사랑에 빠진다는 것―그리고 궁극적으로 진정한 사랑을 완성한다는 것―은 나와 타인을 모두 신뢰할 수 있는 능력을 요구한다. 나의 약점과 결점을 밝히고, 두려움이나 증오, 경멸이나 모욕이나 거부의 대상이 될지도 모른다는 위험을 무릅쓰려면 그러한 신뢰감이 반드시 필요하다." Ibid., 44.

13) 에텔 퍼슨의 글. "사랑이 요구하는 역설적인 입장을 가장 잘 유지할 수 있는 개인들은―이러한 능력은 자율성을 위협하지 않고 결합을 이루며 자기를 무너뜨리지 않고 고독도 감내할 수 있게 해준다―확고한 자아 감각을 지닌 사람들일 때가 많다." Ibid., 328.

14) Greene, R., and J. Elffers(1998). *The 48 laws of power.* New York : Viking.

15) Berger, K. S.(2001). *The developing person through the life span,* 5th ed. New York : Worth, 382-387.

16) Ibid., 407-416.

17) Lewinsohn, P. M., et al. (1994). *Major depression in community adolescents : Age of onset, episode duration, and time to recurrence.* Journal of the American Academy of Child and Adolescent Psychiatry, 33(6):809-818.

18) Erikson, E.(1963). *Childhood and society,* 2d rev. ed. New York : Norton.

19) *The Psychoanalytic Study of the child,* 23 : 245-263.

20) Esman, A. H. (1980). Adolescent psychopathology and the rapprochement process. In R. F. Lax, S. Bach, and J. A. Burland(eds.), *Rapprochement : The critical subphase of seperation-*

invduation. Northvale, N. J. : Jason Aronson.

21) Blos, P.(1968). Character formation in adolescence. *The Psychoanalytic Study of the child,* 23 : 252.

22) Berger, K. S.(2001). *The developing person through the life span,* 5th ed. New York : Worth, 436.

23) Kantrowitz, B., and P. Winger(1999, May 10). How well do you know your kid? *Newsweek,* 36-40.

24) Cloud, J.(1999, May 31). Just a routine school shooting, *Time,* 34-43.

25) Kantrowitz, B., and P. Winger(1999, May 10). How well do you know your kid? *Newsweek,* 36.

26) Dodge, K. A., and D. R. Somberg(1987). Hostile attributional biases among aggressive boys are exacerbated under conditions of threat to self, *Child Development,* 58 : 213-24.

27) Glueck, E. T., and S. Glueck(1966). Identification of potential delinquents at 2-3 years of age. *International Journal of Social Psychiatry,* 12:5-16.

28) Kernberg, O.(1995). *Severe personality disorder.* New Haven, Conn. : Yale University Press.

29) Rosenfeld, H(1971). Theory of life and death instincts : Aggressive aspects of narcissism. *International Journal of Psycho-Analysis,* 45 : 332-337.

30) Golomb, E.(1992). *Trapped in the mirror : Adult children of narcissists in their struggle for self.* New York : Quill/William Morrow.

■ 옮긴이 후기

내가 아주 좋아하는 친구 중에 가끔씩 어떤 문제에 대해 전혀 이해할 수 없는 반응을 보이는 친구가 있다. 그 친구는 이상할 정도로 자기를 희생해야만 하는 인간 관계에 자주 말려들었다. 충분히 그러한 상황에 개입하지 않는 길을 선택할 수도 있을 것 같은데, 친구는 괴로워하면서도—마치 그 상황이 불가피하다는 듯이—결국은 자기 주변의 강력한 타자가 원하는 것을 자기가 원하는 것으로 삼고 마는 것이었다.

　이 책을 우리말로 옮기면서 그 친구를 자주 떠올렸다. 지혜롭고 착하고 재능도 있고 모든 것을 갖춘 듯한 친구가 왜 삶을 그토록 괴로운 것으로 받아들여만 하는지, 옆에서 바라보면서 안타까울 때가 한두 번이 아니었다. 그 친구를 떠올리면서 나는 저자가 왜 나르시시즘을 문제삼게 되었는지, 어째서 나르시시스트들의 월권 행위로부터 '나'를 보호하는 법을 다루는 책이 꼭 필요하다고 생각했는지 충분히 이해할 수 있었다. 나 또한 내 친구와 같은 문제로 괴로움을 당하는 이들에게 도움이 되기를 바라는 간절한 마음에서 이 책을 우리말로 옮겼다.

저자는 나르시시스트의 문제점을 조목조목 나누어 지적하며 생생한 사례들을 제시한다. 그중에서도 특히 주목할 만한 지적은 나르시시스트는 '자기'와 '타인' 사이의 경계가 불분명하다는 점이다. 이 지적은 개인주의가 발달한 서구 사회보다 우리 사회에 더욱 많은 생각거리를 던져준다. 매일 읽는 신문에서, 주변 사람들을 둘러싼 이러저러한 소문에서, '아내가 쓴 카드 빚을 대신 갚느라 고생하는 남편', '아들 부부 일에 지나치게 간섭하는 시어머니', '자녀의 인생을 좌지우지할 수 있다고 생각하는 극성 부모'의 모습은 그리 낯설지 않다.

그들 역시 궁극적으로는 '가족'이라는 틀 안에서 나와 남 사이의 경계 관념이 희미해서 타인에게 고통을 주거나 고통을 받는 사람들로 볼 수 있을 것이다. 또한 그러한 관계에 익숙해진 나머지 '가족이니까, 연인이니까, 친구니까' 그럴 수 있다고 생각하면서 이 비정상적인 관계를 자연스럽게 받아들이는 사람들, 심지어 그러한 관계에서만 자기 존재의 의미를 찾는 사람들이 너무나 많다. 이 책은 정말 마음이 몹시 심란할 정도로 우리의 현실을 쿡쿡 쑤시고 찔러댄다.

정신의학의 도움을 구할 정도는 아니지만 주변 사람들을 심하게 괴롭히는 나르시시스트에 대해선 어떻게 해야 할까? 저자는 이런 경우 결국 주변 사람들 스스로 대책을 강구하는 수밖에 없다고 말한다. 그리하여 이 책은 본질적으로 나르시시스트들로 인해 고통받는 사람들을 위해 씌어졌다. 공사를 구분 못하며 당신을 착취하는 직장 상사나, 나이가 들수록 자기 욕구만을 고집하는 부모나, 배우자의 희생을 당연한 것으로 간주하며 자신에 대한 헛된 망상에 집착하는 사람이 주변에 있는가? 그런 사람들 때문에 내 삶이, 한 번뿐인 소중한 인생이 엉망이 되고 있다는 기분이 드는가? 이 물음에 "그렇다."라고 답하는 독자들에게는 이 책이 실질적인 도움을 줄 수 있으리라 기대한다.

또한, 출산율이 낮아지면서 각 가정에서 '귀하디귀하게' 자라나는 자녀들이 타인을 사랑할 줄 알면서 타인에게 이용당하지는 않는 건강한 정신의 소유자로 성장하기를 바라는 부모들에게도 이 책은 성찰의 단초를 제공하리라 생각한다.

이 책은 일상적 차원에서 나르시시즘의 구체적인 피해 사례와 그 대처 방안을 다룬 것으로는 최초의 저작이라 할 수 있다. 여러 가지 상황을 고려하여 제시하는 구체적 대안들은 누구나 실천에 옮길 수 있는 현실적인 방안들이다. '팔자' 혹은 '운명'이라고 생각했던 것이, 사실은 유해한 인간 관계의 반복이었을 수도 있다. 그 악순환의 고리를 과감히 끊고자 하는 이에게 이 책의 일독을 권한다.

이 책의 원서에서 저자가 미국의 현실에만 초점을 맞추어 우리나라의 현실과 거리가 먼 내용은 편집부와 상의하여 부분적으로 삭제했음을 일러둔다.

이세진

나르시시즘의 심리학

2006년 10월 30일 초판 1쇄 발행
2024년 7월 1일 초판 13쇄 발행

- 지은이 ─────── 샌디 호치키스
- 옮긴이 ─────── 이세진
- 펴낸이 ─────── 한예원
- 편집 ──────── 이승희, 윤슬기, 양경아, 김지희
- 펴낸곳 교양인
  우 04015 서울 마포구 망원로6길 57 3층
  전화 : 02)2266-2776 팩스 : 02)2266-2771
  e-mail : gyoyangin@naver.com

ⓒ 교양인, 2006
ISBN 89-91799-20-5 03180

* 잘못 만들어진 책은 바꾸어드립니다.
* 값은 뒤표지에 있습니다.